구속사의 관점에서 본

출애굽기 파노라마

유 도 순 목사 지음

도서출판 머릿돌

머 리 말

출애굽기는 儀文인가? 福音인가?

구약성경은 儀文인가? 福音인가?

이것이 이 冊이 묻고 있는 話頭다.

주님은 말씀하신다. "너희가 성경(구약)에서 영생을 얻는 줄 생각하고 성경을 상고하거니와 이 성경이 곧 내게 대하여 증거하는 것이로다"(요 5:39). 舊約聖經이 그리스도를 證據하고 있는 것이 사실이라면 이는 福音인 것이다. 육적 출애굽을 통하여 영적 출애굽을 계시하고 있는 것이 출애굽기라면 출애굽기는 복음인 것이다.

다만 光彩나는 모세의 얼굴을 수건으로 가리운(34:33) 것처럼 福音의 光彩가 儀文이라는 수건에 가리워 있었을 뿐이다. 이를 가리켜 聖經은 "모형과 그림자"(히 8:5)라고 말씀한다.

이제는 實體가 나타났고, 닫혔던 휘장도 찢어졌으며, 얼굴의 수건도 그리스도 안에서 벗어졌고(고후 3:14), 감취었던 秘密도 이제는 그의 성도들에게 밝히 나타났다(골 1:26). 그러므로 새 언약의 일군(고후 3:6)들은 구약을 說敎할 때에도 "그리스도의 영광의 복음의 광채"(고후 4:4)가 찬란하게 비치게 해야 마땅한 것이다. 사도 바울이 한 대로 "성경(구약)을 가지고 강론하며 뜻을 풀어 그리스도가 해를 받고 죽은 자 가운데서 다시 살아야 할 것을 증명(證明)"해주어야만 한다(행 17:2-3). "내 증인이 되라" 하신 설교자는 이를 위하여 세움을 입은 자이다.

"그러나 저희 마음이 완고하여 오늘까지라도 구약을 읽을때에 그 수건이 오히려 벗어지지 아니하고 있으니 그 수건은 그리스도 안에서 없어질 것이라"(고후 3:14)고 말씀한다.

거짓 선지자 발람의 變身을 알고 있는가? 그는 하나님의 백성들을 저주하기 위해서 브올산에 올라갔다가 저주대신 祝福을 했던 것이다. 어떻게 이렇게 變身하게 되었는가? 이유는 간단하다. 하나님께서 그 눈을 열어서 보게 하셨기 때문이다. 그는 告白한다. "눈을 감았던 자가 말하며 하나님의 말씀을 듣는 자가 말하며, 엎드려서 눈을 뜬 자가 말하기를",

그렇다면 그는 눈을 떠서 누구를 보았는가? "내가 그를 보아도 이 때의 일이 아니며 내가 그를 바라보아도 가까운 일이 아니로다 한 별이 야곱에게서 나오며 한 홀이 이스라엘에게서 일어나서"(민 24:15-17), 저주하기 위해서 이스라엘의 진을 내려다보다가 놀랍게도 그리스도를 본 것이다. 이것이 그로 하여금 하나님의 백성들을 祝福하게 만들었다. 만일 그가 그리스도를 보지 못했다면 그의 말은 저주가 되었을 것이다. 이런 말씀을 대할 때마다 나는 부끄러움을 느낀다.

救贖史의 觀點에서 바라본 "출애굽기 파노라마"를 통해서 그리스도를 보게만 된다면 그의 說敎는 充滿한 祝福이 될 것이다. 많은 일로 분주하여 시간이 없는 사람이라면 12장 한 장만이라도 읽기를 强力히 권하는 바이다. 만일 구약성경을 통하여 다른 것은 보면서 그리스도를 보지 못한다면 "소경이 소경을 인도"하는 격이 되어 함께 구덩이에 빠지게 될지도 모른다.

우리교회
목사 유 도 순

목 차

출애굽기

출애굽기 파노라마

출애굽기는 애굽으로 내려간 야곱의 자손들이 번성하는 것으로 시작이 됩니다. 그들이 내려갈 때는 70명에 불과하였으나 "생육이 중다하고 번식하고 창성하고 심히 강대하여 온 땅에 가득하게 되었더라"(1:7)고 말씀합니다. 이점에서 명심해야할 점은 이들은 단순한 야곱의 자손이 아니라 "네 이름을 다시는 야곱이라 부를 것이 아니요 이스라엘이라 부를 것이니"(창 32:28) 하신 선민(選民) 이스라엘 자손이라는 점입니다. 이점을 시편에서는 "여호와께서 자기를 위하여 야곱 곧 이스라엘을 자기의 특별한 소유로 택하셨음이로다"(시 135:4)고 말씀합니다. 그런데 요셉을 알지 못하는 새 왕이 하나님의 백성들을 학대하며 노예로 부리는데서 문제는 대두되게 됩니다.

출애굽기의 대 주제는 하나님의 택하신 백성들이 어떻게 바로의 속박에서 구출될 수가 있는가? 어떻게 애굽을 탈출하여 약속의 땅 가나안에 들어갈 수가 있는가? 이에 대한 해답인 것입니다. 하나님께서 야곱의 자손 70명을 애굽으로 내려보내셔서 이러한 상황에 처하게 하심은 출애굽이라는 예표를 통해서 "죽기를 무서워하므로 일생에 매여 종노릇하는 모든 자들"(히 2:15)이 사탄의 속박에서 해방되어 하나님의 나라에 이르게 되는 영적 출애굽을 계시하시려는 의도에서였던 것입니다. 그러므로 출애굽기는 비록 그림자로, 모형으로, 예표로 말씀하고 있으나 중심점은 복음인 것입니다. 핵심은 그리스도입니다.

출애굽기는 크게 두 부분으로 나누어집니다. 첫 부분(1-18장)은 애굽을 출발하여 시내산까지의 여정이고, 둘째 부분(19-40장)은 시내산 산록에 약 1년 간 머무르면서 율법을 받고 성막을 짓는 내용으로 되어있습니다.

애굽으로 내려간 70명이 장정만 60만 명으로 번성할 수 있었던 것은 하나님께서 야곱을 애굽으로 내려보내시면서 "두려워 말라 내가 거기서 너로 큰 민족을 이루게 하리라"(창 46:3) 하신 약속의 성취이고, 또한 그들이 바로의 압제를 받게 된 것도 하나님께서 아브라함에게 "네 자손이 이방에서 객이 되어 그들을 섬기겠고 그들은 사백 년 동안 네 자손을 괴롭게 하리니 그 섬기는 나라를 내가 징치할지며 그 후에 네 자손이 큰 재물을 이끌고 나오리라"(창 15:13-14)에서 예시되었던 것입니다.

"여러 해 후에 애굽 왕은 죽었고 이스라엘 자손은 고역으로 인하여 탄식하며 부르짖으니 그 고역으로 인하여 부르짖는 소리가 하나님께 상달한지라 하나님이 그 고통 소리를 들으시고 아브라함과 이삭과 야곱에게 세운 그 언약을 기억하사 이스라엘 자손을 권념하셨더라"(2:23-25) 합니다. 언제나 그러하듯이 이점에서 강조해야할 점은 애굽에서 해방될 수 있었던 것이 그들이 부르짖었기 때문이 아니라 선수적인 하나님의 언약이 있었음을 증거해야만 하는 것입니다. 하나님의 언약은 언제나 "때가 찬 경륜을 위하여 예정하신"(엡 1:9) 것입니다. 어찌하여 430년(12:40) 후인가?

① 쫓아 내야할 가나안 족속의 죄악이 아직 관영치 아니했기 때문(창 15:16)입니다.

② 메시아가 탄생할 민족의 순수성을 보존하기 위해서였습니다. 소수의 무리로 가나안에 머물러 있다는 것은 혼잡될 위험(창 38:1-2)이 있었기 때문입니다. 그러므로 그들은 애굽으로 내려가서도 "고센"이라는 구별된 곳에서 살게 하셨습니다.

③ 궁극적으로는 출애굽 사건을 통해서 영적 출애굽을 계시하시려는 의도가 있었기 때문입니다.

그러므로 출애굽기의 핵심 주제는 "구속"(救贖)입니다. 이를 이해하는데 중요한 말씀이 6:5-8입니다. 이 말씀을 보면 애굽에서 고역을 당하고 있는 그들을 세 가지로 부르고 있는데 ① "이스라엘 자손"(6상)이라고 부릅니다. 그들은 야곱, 곧 이스라엘의 자손입니다. ② 그런데 애굽 사람이 "종"(5상)을 삼았다는 것입니다. ③ 바로의 종이 된 그들을 하나님께서 "내 백성을 삼고"(7상) 하십니다. 이것이 어떻게 해서 가능하여지는가? 그것이 "구속"을 통해서만이 가능해지는 것입니다. 구속이란 종으로 팔린 자를 값을 지불하고 사서 해방시켜줌을 뜻합니다. 하나님께서 그렇게 해주시겠다는 것입니다. 6:5-8은 세 가지로 요약이 됩니다.

① "너희(애굽 사람이 종을 삼은)를 구속하여"(6하),

② "너희로 내 백성을 삼고"(7상),

③ "내가 아브라함과 이삭과 야곱에게 주기로 맹세한 땅으로 너희를 인도하고 그 땅을 너희에게 주어 기업을 삼게 하리라 나는 여호와로라"(8).

그렇다면 그들을 어떤 방식으로 구속하여 하나님의 백성으로 삼으시는가? 그 내용이 12장에 나오는 "유월절 양"입니다. 흠 없는 수양을 잡아 그 피를 문 좌우 설주와 인방에 바르고 아침까지 한 사람도 그 문 밖으로 나가지 말라고 하십니다. 그 밤에 애굽 땅에 두루 다니며 처음 난 것을 멸하실 때에 "내가 그 피를 볼 때에 너희를 넘어가리라"(12:13)고 말씀합니다. 죽음의 천사가 인방과 좌우 설주에 피가 낭자하게 뿌려진 집에 당도하게 되었을 때에 그 피를 보고 "이 집은 벌써 심판이 시행이 되었군" 하고 건너고 넘어가게 된다는 것입니다.

그러므로 명심해야할 것은 이스라엘 집에서도 죽임 당함은 있었다는 사실입니다. 그것을 뿌려진 피가 말해주고 있습니다. 다만 죄가 없는 어린양이 장자를 대신하여 죽었을 뿐입니다. 하나님은 그 피를 볼 때에 넘어가실 수가 있으셨던 것입니다. 하나님께서 애굽의 장자를 심판하신 것은 죄 때문이지 보복이라고 생각해서는 아니 됩니다. 그런데 이스라엘 자손들도 죄 아래 있기는 애굽 사람들이나 매 한가지였습니다. 그러므로 피를 보심이 없이 이스라엘 집을 넘어간다면 그것은 공평치 못한 일이 되고 하나님의 공의가 용납지 아니했을 것입니다.

이것이 구속의 교리입니다. 이스라엘 백성이 애굽에서 구출될 수 있었던 것은 전적으로 어린양의 피에 있었던 것입니다. 이 사건은 가히 구약에 나타난 십자가 사건이었던 것입니다. 그러므로 이는 영적 출애굽을 이해하는 데도 결정적으로 중요합니다. 죄 값에 팔려 사탄의 노예가 된 자들이 구원받아 하나님의 자녀가 될 수 있는 길은 죄 값을 대신 지불하는 구속이외에 다른 방도는 없었던 것입니다. 사도 바울은 "우리의 유월절 양 곧 그리스도께서 희생이 되셨느니라"(고전 5:7)고 말씀합니다. "아담 안에서 모든 사람이 죽게 된" 죄인이 하나님의 자녀가 될 수 있는 길은 신약의 성도들만이 아니라 구약의 성도들까지도 오직 예수 그리스도의 구속을 통해서 뿐임을 명심해야만 합니다. 구약의 성도들은 어린양이라는 그림자를 통해서 세상 죄를 지고 가는 하나님의 어린양을 바라봄으로 구원을 얻을 수가 있었고, 신약의 성도들은 이미 오신 그리스도를 믿는 차이 뿐입니다.

이점에서 유념해야할 것은 하나님의 나라건설에 있어서 "구속"이 핵심적인 요점이지만 구속 자체가 목적은 아니라는 점입니다. 하나님은 구속하신 후에 방치하신 것이 아니라 자기백성으로 삼으셨던 것입니다. 인류의 시조가 범죄 함으로 에덴에서 추방당한 사건은 하나님께서 자기 백성을 잃어버린 사건이었던 것입니다. 그러므로 구속의 목적은 잃어버린 "하나님의 백성"을 찾으심에 있는 것입니다. 그리하여 "하나님은 저들의 하나님이 되시고, 저들은 하나님의 백성이 되는", 이것이 출애굽기의 중심 주제인 것입니다. 그러므로 하나님께서 모세를 바로에게 보내셔서 한 말이 일관되게 "내 백성을 보내라 그들이 나를 섬기리라"(5:1, 7:16, 8:1, 9:1, 13, 10:3)였던 것입니다.

① 40년 동안 매일 같이 만나를 내려주시고,

② 생수를 마시게 하심도 그들이 하나님의 백성들이었기 때문입니다.

③ 또한 율법을 주심도 자기 백성들이 "법 없는 자"(행 2:23) 되는 것을 원치 아니하시고 하나님의 백성답게 살아가게 하기 위해서였습니다. 그러므로 십계명의 서문은 "나는 너를 애굽 땅 종 되었던 집에서 인도하여 낸 〈너의 하나님 여호와〉로라"(20:2)고 말씀하십니다. 하나님의 백성들이 모든 규례를 지켜 행할 때에 이방인들이 "이르기를 이 큰 나라 사람은 과연 지혜와 지식이 있는 백성이로다 하리라"(신 4:6), 다시 말하면 과연 하나님의 백성은 다르구나 할 것이라는 뜻입니다.

④ "여호와 닛시" 곧 대적을 물리쳐주심도 그들이 하나님의 백성들이었기에 보호하여주신 것입니다.

⑤ 가나안을 향하여 구름 기둥 불기둥으로 앞에서 인도하여주심도 그들이 하나님의 백성들이었기 때문입니다.

우리는 한 걸음 더 나아가야만 합니다. 하나님은 "그들 중에 거할 성소를 지으라"(25:8)고 명하셨기 때문입니다. 왜냐하면 하나님은 자기 백성들과 동거(同居) 동행(同行)하기를 원하셨기 때문입니다. 하나님께서 사람들과 함께 거하시다니! 하나님은 저들을 출애굽시킨 목적을 분명히 밝히시고 있습니다. "그들은 내가 그들의 하나님 여호와로서 그들 중에 거하려고 그들을 애굽 땅에서 인도하여 낸 줄을 알리라 나는

그들의 하나님 여호와로라"(출 29:46). 〈하나님이 그들 중에 거하시는〉,
이것이 하나님 나라인 것입니다. 바로 이것입니다. 이는 출애굽의 목적
일 뿐만이 아니라 성경 전체의 중심 주제인 것입니다. 그리고 하나님의
나라건설은 "보라 하나님의 장막이 사람들과 함께 있으매 하나님이 저
희와 함께 거하시리니 저희는 하나님의 백성이 되고 하나님은 친히 저
희와 함께 계셔서 모든 눈물을 그 눈에서 씻기시매 다시 사망이 없고
애통하는 것이나 곡하는 것이나 아픈 것이 다시 있지 아니하리니 처음
것들이 다 지나갔음이러라"(계 21:3-4)에서 완성되는 것입니다.

성막 계시는 이를 이루시기 위하여 "말씀이 육신이 되어 우리 가운데
거하시매"(요 1: 14)에서 성취 될 임마누엘의 모형이었던 것입니다. 성
자 그리스도께서 육신의 몸을 입고 임마누엘 하심은 우리 죄를 구속하
기 위해서였으며, 구속으로 말미암아 우리들을 성전 삼으시고 우리 가
운데 거하심이 가능한 하나님 나라건설에 있었던 것입니다.

출애굽기는 고역으로 인하여 탄식하며 부르짖는 것으로 시작하여 하
나님의 영광이 성막에 충만한 것으로 끝나고 있습니다. 출애굽기에서
그리스도는 유월절 양으로, 중보자인 제사장으로, 생명의 양식인 만나
로, 생수를 솟아내는 반석으로, 인간의 장막을 입고 임마누엘 하실 성막
으로 계시되어 있습니다. 출애굽기에서 모세는 하나님의 대리자로, 바
로는 사탄의 대리자로 등장합니다. 모세가 "내 백성을 보내라"고 말하
자 바로는 "여호와가 누구관대 내가 그 말을 듣고 이스라엘을 보내겠느
냐"(5:2)고 대항을 합니다. 애굽에 내린 재앙은 이에 대한 응답이었으
며 사탄은 패배하였고 하나님은 승리하셨습니다. 출애굽기, 이는 "죽기
를 무서워하므로 일생에 매어 종노릇" 하던 내가 어떻게 해서 구원을
얻어 하나님의 백성이 되었는가 하는 우리들의 이야기요, 바로 복음인
것입니다.

1장

생육하고 번성케 하신 하나님

출 1:7

"이스라엘 자손은 생육이 중다하고 번식하고 창성하고 강대하여 온 땅에 가득하게 되었더라".

야곱이 거느리고 애굽으로 내려간 권속이 70인이었더라 합니다. 이 적은 무리, 즉 한 가문이 4대(창 15:16) 만에 "생육이 중다하고 번식하고 창성하고 강대하여 온 땅에 가득하게 되었더라" 하고, 한 민족으로 번성하게 됩니다. 여기에는 하나님의 섭리와 계획하심이 있었기 때문입니다.

그런데 바로는 번성하는 것을 두려워한 나머지 "남자여든 죽이라, 남자가 나거든 하수에 던지라" 하고 발악적으로 저지하려고 합니다. 이처럼 죽이고 멸망시키려는 것이 사탄의 본성입니다. 사탄의 파괴공작은 계시록에 가서 멸망당할 때까지 계속될 것입니다. "그러나 학대를 받을수록 더욱 번식하고 창성"했다고 말씀합니다. 그러므로 1장의 주제는 "생육하고 번성케 하신 하나님"이 됩니다. 이를 두 단원으로 나누어 상고하겠습니다.

> 첫째 단원(1-7) 70인이 땅에 가득하게 번성함
> 둘째 단원(8-22) 이를 대적하는 바로

첫째 단원(1-7) 70인이 땅에 가득하게 번성함

"야곱과 함께 각기 권속을 데리고 애굽에 이른 이스라엘 아들들의 이름은 이러하니"(1).

하나님이 이루어 나가시는 구속의 역사는 한마디로 "모든 것이 합력하여 선을 이루느니라"(롬 8:28)고 말할 수가 있습니다. 사도 바울이 "모든 것"이라고 말을 할 때는 "좋은 것"보다는 "나쁜 것"을 더 염두에 두었을 것이 분명합니다. 왜냐하면 좋은 것을 가지고 선을 이룬다는 것은 쉬운 일이지만 나쁜 것을 합력하여 선을 이룬다는 것은 하나님만이 하실 수 있기 때문입니다.

출애굽기는 야곱이 거느리고 애굽으로 내려간 11명(요셉은 이미 애굽에 있고)의 아들들의 이름으로 시작이 됩니다. 우리는 창세기를 통해서 야곱이 12명의 아들들을 어떤 경로로 얻게 되었는가를 알고 있습니다. 그것은 결코 자랑할 만한 가문은 못되었던 것입니다. 그런데 출애굽기에서 이를 언급하므로 시작하고 있는 의도가 무엇일까요?

① 세상의 천한 것을 들어서 이루심을 보여주고 있습니다. 그러므로 자랑할 자가 없습니다.

② 약하고 보잘것없는 소수의 무리가 하나님의 섭리하심으로 번성하게 되어 강한 자가 되었음을 나타내기 위해서입니다.

③ 보다 중요한 것은 야곱의 열 두 아들을 이스라엘의 12 족장으로

삼으셔서 이루어나가시는 구속사역을 계시하시기 위해서인 것입니다. 우리가 믿는 하나님은 참으로 모든 것을 합력하여 선을 이루시는 하나님이십니다.

번성케 하시는 하나님의 의도

야곱의 자손이 이처럼 번성할 수 있었던 것은 야곱을 애굽으로 내려 보내시면서 "두려워 말라 내가 거기서 너로 큰 민족을 이루게 하리라"(창 46:3) 하신 약속의 성취였던 것입니다. 우리는 좀 더 거슬러 올라가야만 합니다 하나님은 야곱의 할아버지인 아브라함에게 "내가 네 자손으로 땅의 티끌 같게 하리니"(창 13:16), "하늘을 우러러 뭇별을 셀 수 있나 보라 네 자손이 이와 같으리라"(창 15:5)고 약속하셨던 것입니다. 또한 아버지 이삭에게도 "나는 네 아비 아브라함의 하나님이니 두려워 말라 내 종 아브라함을 위하여 내가 너와 함께 있어 네게 복을 주어 네 자손으로 번성케 하리라"(창 26:24) 고 약속하셨습니다. 하나님은 그 약속을 지켜주신 것입니다.

그러므로 1장의 강조점이 "번식"에 있음을 보게 됩니다. "번식하고 창성하고 심히 강대하여 온 땅에 가득하게 되었더라"(7) 합니다. 그렇다면 하나님은 어찌하여 아브라함과 이삭과 야곱의 자손으로 하여금 이처럼 번성케 하시는가? 그 의도가 무엇일까요? 여기에 1장에 감추어진 비밀이 숨어있는 것입니다. 하나님은 지금 구속사역 곧 하나님 나라건설을 이루어 나가는 중입니다. 그렇다고 이스라엘 자손이 번성한다고 하나님의 나라가 건설되는 것이 아닙니다. 하나님의 의도는 분명합니다. 아브라함에게 "또 네 씨로 말미암아 천하 만민이 복을 얻으리니"(창 22:18) 하고 언약하신 대로 이 민족을 통해서 그리스도를 보내셔서 만민을 구원하시려는 계획을 이루어 나가고 계시는 것입니다. 이 계획이

"이는 구원이 유대인에게서 남이니라"(요 4:22)고 성취되었던 것입니다. 그렇다면 바로는 누구를 대적하고 있는 것이 됩니까?

둘째 단원(8-22) 이를 대적하는 바로

"그러나 학대를 받을수록 더욱 번식하고 창성하니 애굽 사람이 이스라엘 자손을 인하여 근심하여"(12).

진정 "근심"한 것은 사탄이었던 것입니다. 본 단원을 관찰해보면 바로는 이스라엘 자손의 번식을 억제시켜보려고 파상적(波狀的)인 작전을 펴는 것을 보게 됩니다.

① "자 우리가 그들에게 대하여 지혜롭게 하자 두렵건대 그들이 더 많게 되면 전쟁이 일어날 때에 우리 대적과 합하여 우리와 싸우고 이 땅에서 갈까 하노라 하고 감독들을 그들 위에 세우고 그들에게 무거운 짐을 지워 괴롭게"(10-11) 함으로 그들의 번성을 억제시키려합니다. "그러나 학대를 받을수록 더욱 번식"했다고 말씀합니다. 하나님의 역사는 학대를 받을수록 더욱 번식하고 창성해 지는 역사였습니다. 첫 번 작전은 실패로 돌아갑니다.

② 그리하여 두 번째 작전으로 "애굽 왕이 히브리 산파 십브라라 하는 자와 부아라 하는 자에게 일러 가로되 너희는 히브리 여인을 위하여 조산할 때에 살펴서 남자여든 죽이고 여자여든 그는 살게 두라"(15-16)고 명합니다. 어느 영이라고 거역할 수가 있겠습니까? 형제가 만일 산파였다면 어찌 했겠습니까? "그러나 산파들이 하나님을 두려워하여 애굽 왕의 명을 어기고 남자를 살린지라" 합니다. 그들은 바로에게 "히브리 여인은 애굽 여인과 같지 아니하고 건장하여 산파가 그들에게 이르기 전에 해산하였나이다"(17-19)고 변명합니다.

③ 이 작전도 실패로 돌아가자 바로는 세 번째로 "남자가 나거든 너희는 그를 하수에 던지고 여자여든 살리라"(22)는 잔학(殘虐)하기 비할 데 없는 명을 내리기에 이릅니다. 이는 구속사의 맥락에서 보면 사탄의 일관된 작전임을 알 수가 있습니다. 가인이 아벨을 쳐죽인 것을 시발로 하여 이스마엘이 이삭을 핍박하고, 에서가 야곱을 죽이려 하고, 사울이 다윗을 죽이려 하고, 아달랴가 "왕의 씨를 진멸"(왕하 11:1)하고, 급기야 헤롯이 베들레헴 영아를 학살하게 되고, 종래는 그리스도를 십자가에 못박으므로 그 절정을 보게 되는 것입니다.

그러므로 바로의 행위는 하나님을 대적한 것이요, 궁극적으로는 그리스도를 보내시려는 하나님의 계획을 파괴하려는 사탄의 하수인 노릇을 했던 것입니다. 그런데 히브리 산파들은 바로 편에 서지 아니하고 하나님 두려운 줄 알고 하나님의 편에 서므로 "하나님이 그 산파들에게 은혜를 베푸시고", "하나님이 그들의 집을 왕성케"(20-21) 하셨다고 말씀합니다.

바로를 위하여? 하나님을 위하여?

여기에 주목할만한 말이 있는데 바로는 이스라엘 자손들을 학대하면서 그들을 동원하여 "바로를 위하여 국고성 비돔과 라암셋을 건축하게"(11) 했다는 것입니다. 하나님께서 이스라엘을 창성케 하심은 "하나님을 위하여" 하나님 나라건설에 쓰시기 위해서였습니다. 그런데 바로는 "바로를 위한" 종으로 붙들어 두려는 것입니다. "국고성"(國庫城)을 건축하게 했다는 것은 다름이 아니라 하나님을 대적하기 위한 군수품 창고였던 것입니다. 1장에서 바로는 하나님을 대적하는 사탄의 대리자로 등장합니다. 하나님은 다음 장에서 바로와 대결할 하나님의 대리자로 모세를 준비하심을 보게 될 것입니다. "생육하고 번성케 하신 하나

님"이라는 주제를 구속사의 맥락에서 고찰해보면

① 인류의 시조에게 주셨던 축복(창 1:28)이었습니다.

② 홍수심판 후에 노아에게 주신 축복(창 9:1)입니다.

③ 아브라함을 택하셔서 주신 축복(창 12:2)입니다.

④ 그런데 "좋은 포도 맺기를 바랐더니 들포도를 맺혔도다"(사 5:2)고 탄식하십니다. 그러나 하나님은 이 축복을 포기하시지 않고 성취하시고야 맙니다.

⑤ "내가 진실로 너희에게 이르노니 한 알의 밀이 땅에 떨어져 죽지 아니하면 한 알 그대로 있고 죽으면 많은 열매를 맺느니라"(요 12:24)하신 예수 그리스도의 구속으로 말미암아 천하만민이 복을 받게 되는 번성으로 성취되는 것입니다. 이들이 영적인 아브라함의 자손이며, 영적 이스라엘인 것입니다. 하나님께서 이처럼 번성케 하시려는 최종적인 목적은 잃어버린 하나님의 백성을 찾으셔서 "하나님의 나라"를 건설하시는데 있습니다.

2장

하나님의 언약과 인간의 믿음

2장의 내용은 모세의 이야기가 주를 이루고 있습니다. 그의 태어남과, 버림받음과, 건져냄을 받음과, 바로의 딸의 아들이 됨과, 장성한 후에 자기 백성을 돌아보다가 망명길에 오르게 되는 내용입니다. 그렇다고 초점을 모세에게 맞춰서는 아니 됩니다. 왜냐하면 본 장의 핵심은 "하나님이 그 고통 소리를 들으시고 아브라함과 이삭과 야곱에게 세운 언약을 기억하사 이스라엘 자손을 권념하셨더라"(24-25)한 "그 언약"에 있기 때문입니다.

2장을 관찰해보면 크게 두 부분으로 나누어짐을 보게 됩니다. 1-22절은 "사람들"이 한 일입니다. 이 부분에는 "하나님"이라는 말이 없습니다. 그런데 23-24절에서 비로소 "하나님"이 등장합니다.

① 하나님이 그 고통 소리를 "들으시고",

② 언약을 "기억하시고",

③ 이스라엘 자손을 "권념하셨더라" 합니다.

하나님은 "그 언약을 기억하셨다"고 말씀하고 있는데 문제는 "이스라엘 자손들이 고역으로 인하여 탄식하며 부르짖을"(23) 때 그 언약을 기억하고 있었느냐에 있습니다. 이것이 2장을 해석하는 키워드입니다. 이스라엘 자손들은 하나님께서 아브라함에게 세워주신 언약을 기억하고 있었다고 보아야만 합니다.

이에 대한 증거가 "모세가 요셉의 해골을 취하였으니 이는 요셉이 이스라엘 자손으로 단단히 맹세케 하여 이르기를 하나님이 필연 너희를 권고하시리니 너희는 나의 해골을 여기서 가지고 나가라 하였음이었더라"(13:19)는 말씀이 뒷받침 해줍니다. 그렇다면 앞 부분에서 사람들이 행한 일 즉 왕의 영을 어기고 모세를 석 달을 숨긴 일, 갈 상자를 만들어 모세를 거기 담아 하숫가 갈대 사이에 둔 일, 바로의 공주에 의하여 구출 된 모세를 어머니 요게벳이 유모가 되어 젖을 먹인 일 등은 하나님의 "언약"을 믿는 믿음(히 11:23)에서 나온 행위였다고 보아야만 하는 것입니다. 이는 그들이 애굽에서 종살이를 하면서도 하나님의 언약을 믿고 있었다는 증거가 됩니다.

그러므로 2장의 주제가 "하나님의 언약과 인간의 믿음"이 될 수가 있습니다. 이러한 주제가 성립 될 수 있는 것은 본 강해가 구속사의 관점에서 보고 있기 때문에 가능한 것입니다. 이를 네 단원으로 나누어 상고하겠습니다.

첫째 단원(1-10) **믿음으로 모세가 구원받음**

둘째 단원(11-15) **믿음으로 자기 백성을 돌아봄**

셋째 단원(16-22) **믿음의 훈련기간 40년**

넷째 단원(23-25) **언약을 기억하사 권념하심**

첫째 단원(1-10) **믿음으로 모세가 구원받음**

"그 여자가 잉태하여 아들을 낳아 그 준수함을 보고 석 달을 숨겼더니"(2).

"남자가 나거든 그를 하수에 던지라"는 법령 하에서 모세가 태어났는데 모세의 부모는 그를 "석 달을 숨겼다"고 말씀합니다. 우리 중에 누구도 이 본문을 해설해주고 있는 성경보다 더 낫게 강해할 자는 없습니다. 성경은 이를 해석하기를 "믿음으로 모세가 났을 때에 그 부모가 아름다운 아이임을 보고 석 달 동안 숨겨 임금의 명령을 무서워 아니"(히 11: 23) 했다고 이것이 "믿음"이었음을 말씀합니다.

그렇다면 누구의 무엇을 믿었다는 말입니까? 다름이 아니라 24절에서 말씀하고 있는 하나님께서 "아브라함과 이삭과 야곱에게 세운 그 언약"을 믿은 것이 됩니다. "그 언약"이라고 말씀합니다. "네 자손이 이방에서 객이 되어 그들을 섬기겠고 그들은 400년 동안 네 자손을 괴롭게 하리니 그 섬기는 나라를 내가 징치할지며 그 후에 네 자손이 큰 재물을 이끌고 나오리라"(창 15:13-14) 하고 언약하신 "그 언약"을 믿었다는 말씀이 되는 것입니다. 그리하여 요셉이 임종 머리에서 "나는 죽으나 하나님이 너희를 권고하시고 너희를 이 땅에서 인도하여 내사 아브라함과 이삭과 야곱에게 맹세한 땅에 이르게 하시리라" 하고 유언한 것을 믿은 것입니다. 이 "믿음"이 바로의 명령을 무서워 아니하고 모세를 숨겼다고 성경은 말씀하고 있는 것입니다.

그런데 "더 숨길 수 없이 되매 그를 위하여 갈 상자를 가져다가 역청과 나무진을 칠하고 아이를 담아 하숫가 갈대 사이에 두고"(3) 합니다.

석 달을 숨긴 것만이 "믿음"이 아니라 갈 상자에 담아 하숫가에 둔 것도 "믿음"으로 하나님께 맡긴 행위였던 것입니다. "그 누이가 어떻게 되는 것을 알려고 멀리 섰더니" 하는 말씀이 이를 뒷받침 해줍니다. 아기 모세가 마침 목욕하러 나왔던 바로의 딸에 의하여 건져냄을 입게 되고, 친 엄마에 의하여 양육 받게 되고, "아이가 자라매 바로의 딸에게로 데려가니 그의 아들이 되니라"(10) 한 것을 어찌 우연한 일이라고 말 할 수가 있겠습니까?

요셉이 고백한 것같이 말할 수밖에 없습니다. "당신들은 나를 해하려 하였으나 하나님은 그것을 선으로 바꾸사 오늘과 같이 만민의 생명을 구원하게 하시려 하셨나니"(창 50:20), 이것이 하나님께서 이루어 오신 구속의 역사인 것입니다. 바로의 딸은 말합니다. "이 아이를 데려다가 나를 위하여 젖을 먹이라"(9). 이는 의미심장한 말입니다.

① 과연 이스라엘 백성들은 "바로를 위한" 국고성을 건축하기 위하여 종이 되고(1:11),

② 모세는 바로의 딸의 아들이 되기 위하여 태어났으며,

③ 믿음의 어머니 요게벳은 바로의 딸을 위하여 젖을 먹일 것인가?

둘째 단원(11-15) 믿음으로 자기 백성을 돌아봄

"모세가 장성한 후에 한번은 자기 형제들에게 나가서 그 고역함을 보더니 어떤 애굽 사람이 어떤 히브리 사람 곧 자기 형제를 치는 것을 본지라"(11).

모세가 장성한 후에 있었던 사건입니다. "한번은 자기 형제들에게 나가서 그 고역(苦役)함을 보더니" 합니다. 스데반 집사는 이를 해설해주기를 "나이 40이 되매 그 형제 이스라엘 자손을 돌아볼 생각이 나더니"

(행 7:23) 합니다. 이 장면을 영상으로 그려보기를 바랍니다. 어떤 애굽 사람이 어떤 히브리 사람을 치는 것을 모세가 보게 되었습니다. 지금 모세는 40세가 된 장년입니다. 그 동안 "모세가 애굽 사람의 학술을 다 배워 그 말과 행사가 능하더라"(행 7:22) 합니다. 자, 과연 모세는 애굽 사람과 히브리 사람 중 어느 편을 들 것인가? 누구를 자기의 형제로 여길 것인가?

성경은 애굽 사람에게 매를 맞고 있는 "어떤 히브리 사람 곧 자기 형제"라고 말씀하고 있습니다. 히브리 사람을 곧 자기 형제라고 부르고 있는 것입니다. 놀랍지 않습니까? 어머니 요게벳이 아기 모세에게 젖을 먹인 기간이 얼마나 되었을 것인가? 다섯 살을 넘지 않았을 것이라는데 학자들은 동의하고 있습니다. 모세의 유아시절, 그것도 짧은 기간을 어머니 요게벳은 바로의 딸을 위해서가 아니라 이스라엘을 위하여, 곧 하나님을 위하여 믿음으로 젖을 먹였던 것입니다. 그 후 35년 간을 애굽의 학술과 문물을 교육받은 모세입니다. 그러나 모세의 정신과 사상을 빼앗거나 바꿔놓지를 못했던 것입니다.

정체성

열 두 살 때 주님은 모친 마리아에게 이렇게 말씀합니다. "어찌하여 나를 찾으셨나이까 내가 내 아버지 집에 있어야 될 줄을 알지 못하셨나이까"(눅 2:49). 소년 예수는 벌써 이때에 자기가 누구이며, 왜 오셨는가 하는 자기의 정체성(正體性)을 알고 있었음을 나타냅니다. 이 말씀 앞에서 오늘의 우리와 자식들을 생각하게 합니다. 그리스도인 부모들은 자기 자녀들을 자신의 정체성이 무엇인지 분명히 깨닫도록 양육하고 있는가? 현대교회는 청소년들을 투철한 신앙정신과 사상으로 무장을 시키고 있는가? 사사시대를 가리켜 "그 후에 일어난 다른 세대는 여호와를 알지 못하며 여호와께서 이스라엘을 위하여 행하신 일도 알지 못하였더라"(삿 2:10)고 말씀하고 있는데 지금이 그런 것은 아닌가 하는 우려를 하게 됩니다.

"좌우로 살펴 사람이 없음을 보고 그 애굽 사람을 쳐죽여 모래에 감추니라"(12) 합니다. 모세가 하나님의 때를 기다림이 없이 인간적인 방법으로 해결하려한 것을 문제 삼을 수도 있습니다. 그러나 모세의 행위를 무시하듯 하는 것도 옳게 보는 것이 아닙니다. 그런 사람이 있다면 "당신이라면 그렇게 행동할 수 있었겠느냐?"고 묻고 싶습니다. 성경은 어느 곳에서도 모세가 "좌우를 살핀 것"을 문제삼고 있지 아니합니다. 그러하기는커녕 "한 사람의 원통한 일 당함을 보고 보호하여 압제받는 자를 위하여 원수를 갚아 애굽 사람을 쳐죽이니라"(행 7:24) 합니다. 믿음 장에서는 모세의 행동을 "믿음으로 모세는 장성하여 바로의 공주의 아들이라 칭함을 거절하고 도리어 하나님의 백성과 함께 고난 받기를 잠시 죄악의 낙을 누리는 것보다 더 좋아하고 그리스도를 위하여 받는 능욕을 애굽의 모든 보화보다 더 큰 재물로 여겼다"(히 11:24-26)고 말씀하고 있습니다.

그리스도를 위하여 받은 능욕

모세는 종살이를 하고 있는 히브리 사람이 애굽 사람에게 맞는 장면을 목격하고는 속으로 분히 여기면서도 모른 척하고 지나칠 수도 있었습니다. 그러나 모세는 우리들처럼 그렇게 비굴하지 않았습니다. 이 광경을 보자 참을 수 없는 의분이 발했던 것입니다. 왜냐하면 그 초라하고 불쌍한 히브리 사람을 자기 형제로 인정했기 때문입니다. 그리하여 애굽 사람을 쳐죽였던 것입니다. 이것은 아무나 할 수 있는 일은 아닙니다. 이렇게 하는 그 순간 모세는 모든 것을 포기했던 것입니다.

① 바로의 공주의 아들이라 칭함을 거절하고 하나님의 백성과 함께 고난 받는 편을 택했다고 말씀합니다.

② 잠시 죄악의 낙을 누리는 것보다 그리스도를 위하여 받는 능욕을 택했다고 말씀합니다.

③ 애굽의 모든 보화보다 하나님 믿는 것을 더 큰 재물로 여겼다고 말씀합니다.

④ 그렇다면 모세가 믿은 믿음은 누구의 무엇을 믿은 것인가? 성경은 "그리스도를 위하여 받는 능욕"(히 11:26상)이라고 말씀하고 있습니다. 참으로 경탄(驚歎)할 일이 아닙니까! 모세가 받는 능욕이 "그리스도를 위하여 받는 능욕"이었다니! 이런 논리가 성립이 되는 것은 모세는 하나님의 나라를 건설하는 구속사역에 몸을 던진 것이며, 구속 주는 그리스도이시기 때문에 이런 논리가 성립이 되는 것입니다. 그러므로 구약의 모든 전사들은 그리스도의 군사들이었다고 말할 수가 있는 것입니다. 기생 라합이 정탐꾼을 접대함으로 의롭다 함을 받았다는 말씀(약 2:25)도 이 원리에 근거를 둔 것입니다.

모세의 희생적인 행동을 통해서 희생제물이 되어주신 예수 그리스도를 보게 됩니다. "그는 근본 하나님의 본체시나 하나님과 동등 됨을 취할 것으로 여기지 아니하시고 오히려 자기를 비어 종의 형체를 가져 사람들과 같이 되었고 사람의 모양으로 나타나셨으매 자기를 낮추시고 죽기까지 복종하셨으니 곧 십자가에 죽으심이라"(빌 2:6-8). 주님께서 왜 이렇게 행동을 하셨습니까? "일생에 매어 종노릇하는 우리들을 형제"(히 2:15, 11)로 여겨주셨기 때문입니다.

그러나 히브리 사람은 이러한 모세를 향하여 "누가 너로 우리의 주재와 법관을 삼았느냐"(14상)고 배척했던 것입니다. 그렇습니다. 우리 주님도 자기 백성에 의하여 배척을 당하셨습니다. 그리하여 모세는 미디안 지방으로 망명의 길을 떠나가게 됩니다. 그리스도의 복음도 이방인에게로 옮겨지게 되었던 것입니다.

셋째 단원(16-22) **믿음의 훈련기간 40년**

"모세가 그와 동거하기를 기뻐하매 그가 그 딸 십보라를 모세에게 주었더니"(21).

미디안 땅이란 미디안 족속들이 살던 땅을 의미하는데 3:1과 결부시켜 생각할 때 시내 반도의 남쪽, 즉 호렙산 부근으로 여겨집니다. 그곳에서 모세는 40년 간 훈련을 받았던 것입니다.

둘째 단원에서 살펴본 대로 모세가 "나이 사십이 되매 그 형제 이스라엘 자손을 돌아볼 생각이 나더니"(행 7:23) 라는 묘사는 어떤 분기점에 이르게 되었음을 나타내는 말입니다. 즉 애굽에서의 40년 간 연수를 마치고 다음 과정을 밟기 위해서 애굽을 떠날 "때"가 되었음을 의미합니다. 모세는 언제까지 애굽에 머물러 있어야할 사람이 아니었던 것입니다. 하나님께서는 그를 다음 훈련장소로 보내셨는데 그곳이 시내광야였던 것입니다. 하나님께는 모세가 애굽 사람을 쳐죽인 일을 선용하셔서 애굽을 떠나게 하셨던 것입니다. 그것은 마치 요셉이 형들의 미움을 받아 애굽으로 팔려간 것과도 같은 것입니다. 그런데 성경은 "한 사람을 앞서 보내셨음이여 요셉이 종으로 팔렸도다"(시 105:17) 하고 하나님의 섭리 중에 이루어진 사실임을 말씀합니다. 성경은 또다시 "40년이 차매"(행 7:30) 하고 모세가 시내 광야에서의 훈련기간이 찼음을 말씀하고 있습니다. 모세는 언제까지 광야에 머물러 있어야 할 사람이 아니었던 것입니다.

하나님의 백성과 "함께"(히 11:25) 고난받기 위하여 모든 것을 포기한 모세를 자기 동족들이 배척하자 그가 미디안으로 가 이방 여인 십보라를 아내로 맞이하게 되는 것은 주님께서 배척을 당하자 이방인 우리들을 신부로 맞이하신 것에 대한 예표로 볼 수도 있습니다.

넷째 단원(23-25) 언약을 기억하사 권념하심

"하나님이 그 고통 소리를 들으시고 아브라함과 이삭과 야곱에게 세운 언약을 기억하사 이스라엘 자손을 권념하셨더라"(24-25).

여기 성경을 통틀어 핵심이 되는 말씀이 있습니다. 그것은 "언약"이라는 말입니다. 이스라엘 민족이 하나님의 선민 됨의 표시(標示)가 무엇입니까? "저희는 이스라엘 사람이라 저희에게는 양자 됨과 영광과 언약들과 율법을 세우신 것과 예배와 약속들"(롬 9:4)이 있었기 때문입니다.

그렇다면 이방인의 비참함이 어디에 있습니까? "그 때에 너희는 그리스도 밖에 있었고 이스라엘 나라 밖의 사람이라 약속의 언약들에 대하여 외인(外人)이요 세상에서 소망이 없고 하나님도 없는 자"(엡 2:12)였기 때문입니다. 한마디로 하나님께서 세워주신 "언약"이 있느냐 없느냐에 달려있는 것입니다. 언약이 없으면 "소망도 없고 하나님도 없는" 것입니다. 언약이 없으면 믿음도 없습니다. 왜냐하면 성경이 말씀하고 있는 믿음이란 언약을 믿는 믿음을 의미하기 때문입니다. 그러므로 언약이 없으면 "하나님"이 없다는 말이 성립이 되는 것입니다. 언약이 없으면 모든 것이 없는 것입니다.

그런데 이스라엘 민족이 비록 애굽에서 종노릇을 하고 있고 고역으로 인하여 부르짖고 있는 처지라 하여도 그들은 "언약"을 간직하고 있는 "언약의 자손"(행 3:25)이었던 것입니다. 여기에 소망이 있는 것입니다. "하나님이 그 고통 소리를 들으시고 아브라함과 이삭과 야곱에게 세운 그 언약을 기억하사 이스라엘 자손을 권념하셨더라"(24-25) 합니다. 그들이 부르짖었기 때문에 구원하여 주신 양 말해서는 아니 됩니다. 왜냐하면 그렇게 한다면 중심이 하나님의 "언약"이 아니라 인간의 "기도"로 옮겨지게 되기 때문입니다. 부르짖기 이전에 선수적인 하나님의 "언약"(言約)이 있었음을 강조해야만 하는 것입니다. 이렇게 하는 것이 하나님의 주권을 세워드리는 일입니다. 그들은 언약을 믿고, 붙들고 부르짖었던 것입니다.

하나님께서 "권념하셨더라"고 말씀합니다. 요셉은 임종머리에서 "하나님이 너희를 권고하시고", "하나님이 정녕 너희를 권고하시리니"(창 50:24-25) 하고 "권념"하여주실 것을 믿고 고백하면서 죽었습니다. 그로부터 수 백년이 지난 후 때가 차매 하나님이 "이스라엘 자손을 권념하셨더라"(출 2:25)고 말씀합니다. 참으로 신실(信實)하신 하나님을 찬양하십시다. 형제여, 새 언약의 백성들도 더욱 "권고"(眷顧)하심을 믿으시기 바랍니다. 성경은 말씀합니다. "너희 염려를 다 주께 맡겨 버리라 이는 저가 너희를 권고하심이니라"(벧전 5:7).

3장

아브라함과 이삭과 야곱의 하나님

3장은 2장 마지막 부분에서 "하나님이 그 고통 소리를 들으시고 아브
라함과 이삭과 야곱에게 세운 그 언약을 기억하사 이스라엘 자손을 권
념하셨더라"(2:24-25) 한 것을 시행(施行)에 옮기시기 위하여 모세를
부르셔서 사명을 주시는 내용입니다. 이 장면에서 주목해야할 말씀이
있는데 "아브라함의 하나님, 이삭의 하나님, 야곱의 하나님"이라는 말씀
입니다. 이점은 이미 2장 마지막 절에서 대한 바가 있습니다만 3장에서
는 세 번(6, 15, 16)이나 반복적으로 강조되어 있습니다.

모세에게 나타나신 하나님은 누구의 하나님이라고 말씀하시는가?
"나는 네 조상의 하나님이니 아브라함의 하나님, 이삭의 하나님, 야곱의
하나님이니라"(6)고 말씀하십니다. 그리고 백성들에게 가서 "나를 너희

에게 보내신 이는 아브라함의 하나님, 이삭의 하나님, 야곱의 하나님 여
호와라 하라"(15) 하십니다. 또 장로들을 모으고 그들에게 "여호와 너
희 조상의 하나님 곧 아브라함과 이삭과 야곱의 하나님이 내게 나타나
이르시기를" 너희를 애굽에서 인도하여 가나안 땅으로 올라오게 하리
라 하셨다 하라(16-17)고 말씀합니다. 그러므로 본 장의 주제는 "아브
라함과 이삭과 야곱의 하나님"이라 말할 수가 있습니다. 이는 아브라함
과 이삭과 야곱에게 언약하신 "언약의 하나님"이심을 나타내는 말씀인
것입니다. 하나님은 이 언약을 지켜주시려는 것입니다. 세 단원으로 나
누어 상고합니다.

첫째 단원(1-6) **모세를 부르시는 하나님**
둘째 단원(7-12) **너를 바로에게 보내리라**
셋째 단원(13-22) **너희 조상의 하나님 여호와라 하라**

첫째 단원(1-6) **모세를 부르시는 하나님**

"여호와께서 그가 보려고 돌이켜 오는 것을 보신지라 하나님이 떨기
나무 가운데서 그를 불러 가라사대 모세야, 모세야 하시매 그가 가로되
내가 여기 있나이다"(4).

3장은 "모세가 그 장인 미디안 제사장 이드로의 양 무리를 치더니 그
무리를 광야 서편으로 인도하여 하나님의 산 호렙에 이르매"(1) 하고
시작이 됩니다. 2:23에서 "여러 해 후에"라고 말씀했는데 몇 년의 세월
이 지난 것일까요? 성경은 이를 설명하기를 "사십 년이 차매"(행 7:30)
라고 말씀합니다. 모세는 애굽에서 도피한 후에 40년 동안 호렙산 기슭
에서 양 무리를 돌보고 있었던 것입니다. 이는 무의미한 세월의 낭비가

아니었습니다. 애굽의 문물을 익힌 모세는 이제 영적인 훈련을 받고 있었던 것입니다. 성경 상으로 볼 때에 "양 무리를 치더니" 라는 말은 의미 있는 말인 것입니다. 왜냐하면 애굽 사람들은 다 목축을 가증히 여긴다(46:34)고 했는데 애굽에서 40년 간 고등교육을 받은 모세가 "목축"을 하고 있다는 것은 그의 사명이 목자의 사명으로 바뀌었음을 상징적으로 나타내고 있기 때문입니다.

사십 년이 차매, 그렇습니다. "때가 찬 경륜"(엡 1:9) 가운데 역사하시는 하나님께서 모세에게 나타나시되 "떨기나무 불꽃 가운데서"(2) 나타내신 것입니다. 떨기나무에 어떤 의미를 부여함이 없이 시내 광야에 흔히 있는 나무로 보아 넘길 수도 있을 것입니다. 그러나 여기에는 상징성이 있다고 봄이 마땅합니다.

떨기 나무

이스라엘 족속은 실로 "떨기나무"같이 무가치한 존재였습니다. 그런데 이 떨기나무마저도 온전한 것이 아니라 "떨기나무에 불이 붙음" 같이 불같은 시련과 환난 가운데 있었던 것입니다. 훗날 모세는 "너희를 쇠풀무 곧 애굽에서 인도하여 내사"(신 4:20) 라고 떨기나무 같은 이스라엘 백성들이 불같은 시련을 당했음을 회고하고 있습니다. 모세가 이상히 여긴 것은 떨기나무도, 불도 아니었습니다. "내가 돌이켜 가서 이 큰 광경을 보리라 떨기나무가 어찌하여 타지 아니하는고"(3) 한 "타지 않음"을 이상히 여겼다고 성경은 말씀함으로 이에 함축된 의미를 깨닫기를 원하고 있는 것입니다.

타지도 아니하고 사라지지 않을 수가 있었던 것은 즉 이스라엘 자손들이 "학대를 받을수록 더욱 번식하고 창성"(1:12)할 수 있었던 것은 "떨기나무 불꽃 가운데서 그에게 나타나시니"(2상) 하신 대로 하나님께서 그들 중에 계셨기 때문입니다. 타서 살아지기는커녕 "생육이 중다하고 번식하고 창성하고 심히 강대하여 온 땅에 가득하게 되었더라"(1:7)고 말씀합니다. 하나님이 그들 가운데 계셨기 때문에 400년의 세월이 지나는 동안에도 애굽에 동화되지도 않고, 쇠퇴하지도 않고, "생육이 번성하고 심히 강대"(1:20)할 수가 있었던 것입니다.

잠간 그들에게 성소가 되리라

인간이란 얼마나 망각하기를 잘하는지요. 창세기 46:3-4을 기억하시기를 바랍니다. "나는 하나님이라 네 아비의 하나님이니 애굽으로 내려가기를 두려워 말라 내가 거기서 너로 큰 민족을 이루게 하리라 〈내가 너와 함께 애굽으로 내려가겠고〉 정녕 너를 인도하여 다시 올라오게 할 것"이라고 말씀하셨습니다. 하나님은 그들의 출애굽을 통하여 보여주기를 원하시는 원대한 계획을 수행하고 있었던 것입니다. 그런 하나님께서 야곱을 애굽으로 내려보내시면서 혼자 보내셨겠습니까? 천만 에요. 그렇게 하셨다면 하나님의 계획은 무산되고 말았을 것입니다.

그러므로 애굽으로 내려보내는 그들을 방치하신 것이 아니라 "내가 너와 함께 애굽으로 내려가겠다"고 말씀하시는 것입니다. 그들은 이를 망각하고 있었을는지 모르지만 하나님은 약속하신 대로 400년 동안 그들 가운데 계셨던 것입니다. 이것이 그들이 학대를 받을수록, 즉 불이 붙었으나 사라지지 아니하고 더욱 번식하고 창성할 수가 있었던 원동력이요, 하나님께서 "떨기나무 불꽃 가운데서 그에게 나타나신" 까닭이었던 것입니다. 이제 분명합니까?

이 계시는 에스겔 선지자를 통해서도 나타나고 있는데 이를 인식한다는 것은 하나님을 아는 일에 중요한 요점이 됩니다. "내가 비록 그들을 멀리 이방인 가운데로 쫓고 열방에 흩었으나 그들이 이른 열방에서 내가 잠 간 그들에게 성소가 되리라"(겔 11:16) 하십니다. 이는 남쪽 유다를 징벌하셔서 바벨론으로 내어쫓는 장면입니다. 그러시면서 "그들이 이른 열방에서 잠 간 그들에게 성소가 되리라"고 말씀하시는 것입니다. 이것이 무슨 뜻일까요? 하나님께서 그들과 함께 바벨론으로 내려가시겠다는 말씀인 것입니다. 하나님께서 자기 백성들을 포로로 내어주실 때에 그들만 보내신 하나님이 아니십니다. 그들과 함께 바벨론으로 내려가셔서 그들과 함께 거기 거하시겠다는 의미인 것입니다. 그래서 "잠 간 그들에게 성소가 되리라"고 말씀합니다. 임시로 천도(遷都)하는 셈입니다. 복역(服役)이 끝나는 70년 후에 그들과 함께 올라오실 것이기 때문에 잠간이라고 말씀하시는 것입니다. 왜 그러하셔야만 했습니까? 이유는 단 한가지 그들이 하나님의 백성이기 때문입니다. 이것입니다. 사드락, 메삭, 아벳느고가 극렬히 타는 풀무 가운데 던짐을 받았으나 머리털도 그슬리지 않을(단 3:26-27) 수가 있었던 것이나, 다니엘이 사자굴에 던짐을 받았으나 조금도 상하지 아니(단 6:23) 할 수가 있었던 것은 하나님께서 바벨론으로 내려가셔서 그들과 함께 계셨기 때문에 가능했던 것입니다. 이것이 자기 백성에게 향하신 하나님의 마음입니다.

7절을 보십시오. 하나님은 이스라엘 족속을 "내 백성"이라고 부르십니다. 떨기나무 같이 보잘것없고 무가치한 그들이 불같은 시련 중에서도 타지 않을 수 있었던 것은 그들이 "하나님의 백성"이었기 때문입니다. 그들이 하나님의 백성이 될 수 있었던 것은 아브라함과 이삭과 야곱에게 세워주신 "언약"을 통해서인 것입니다. 그래서 "나는 네 조상의 하나님이니 아브라함의 하나님, 이삭의 하나님, 야곱의 하나님이니라"(6)고 이점을 강조해서 말씀하시는 것입니다. 그렇다면 신약의 성도들에게는 어떠한 하나님으로 계시하여주실 까요?

우리 주 예수 그리스도의 하나님

더 이상 아브라함과 이삭과 야곱의 하나님이 아니라 "우리 주 예수 그리스도의 하나님"(엡 1:17)이라고 말씀하십니다. 왜 그렇습니까? 그 언약의 성취자로 오신 분이 예수 그리스도이시기 때문입니다. 우리가 믿는 언약의 근거는 더 이상 아브라함의 언약에 있는 것이 아닙니다. 성부자간에 세우신 "새 언약"에 있기 때문입니다. 이것이 "우리 주 예수 그리스도의 하나님"이라는 의미인 것입니다.

성경은 말씀합니다. "내가 너를 구속하였고 내가 너를 지명하여 불렀나니 너는 내 것이라 네가 물 가운데로 지날 때에 내가 함께 할 것이라 강을 건널 때에 물이 너를 침몰치 못할 것이며 네가 불 가운데로 행할 때에 타지도 아니할 것이요 불꽃이 너를 사르지도 못하리니"(사 43:1-2). 어떻게 이것이 가능해지는 것일까요? 그들이 하나님의 백성이요 하나님이 그들과 함께 계시기 때문입니다.

"하나님이 떨기나무 가운데서 그를 불러 가라사대 모세야 모세야 하시매 그가 가로되 내가 여기 있나이다 하나님이 가라사대 이리로 가까이 하지 말라 너의 선 곳은 거룩한 땅이니 네 발에서 신을 벗으라"(4-5) 하십니다. 4절과 5절은 우리의 신앙에 균형과 조화를 이루게 합니다. "떨기나무 가운데서" 부르시는 하나님은 삭개오의 집에 유하러 들어가신 주님처럼 사랑과 긍휼과 인자하신 하나님으로 계시되어 있습니다. 그러나 5절은 "이리로 가까이 하지 말라 너의 선 곳은 거룩한 땅이니 네 발에서 신을 벗으라" 하십니다. 이는 하나님의 거룩하심과 엄위하심을 나타내주고 있습니다. 이점이 고린도전서 3장 16절과 17절에서도 나타납니다. 16절은 "너희가 하나님의 성전인 것과 하나님의 성령이 너희 안에 거하시는 것을 알지 못하느뇨" 하십니다. 하나님은 떨기나무 가운데 거하시는 것입니다. 그런데 17절에서는 "누구든지 하나님의 성전을

3장 아브라함과 이삭과 야곱의 하나님 37

더럽히면 하나님이 그 사람을 멸하시리라 하나님의 성전은 거룩하니 너희도 그러하니라"고 "하나님의 엄위"(롬 11:22)를 대하게 됩니다.

그러므로 모세에게 계시하시는 이 장면은 교회에도 적용이 됩니다. 우리들의 부르심을 돌이켜보면 "미련한 것들과, 약한 것들과, 천한 것들과, 멸시받는 것들과, 없는 것들"(고전 1:27-28)뿐입니다. 실로 떨기나무 같은 존재들입니다. 그러나 기독교 2000년 사를 돌이켜 보십시오. "떨기나무에 불이 붙었으나 사라지지" 않았던 것입니다. 성경은 이를 가리켜 "이 큰 광경을 보리라"고 말하고 있습니다. 하나님의 교회야말로 그 영광스러움을 비할 데 없는 "큰 광경"인 것입니다. 교회의 구성원들인 성도 한 사람 한사람도 말입니다. 모세에게 말씀하신 하나님은 우리에게도 "네 발에서 신을 벗으라"고 말씀하십니다. 그런데 우리들은 하나님이 함께 하신다는 영광스러움과 "발에서 신을 벗으라" 하신 경외심을 함께 간직하고 있습니까?

둘째 단원(7-12) **너를 바로에게 보내리라**

"이제 내가 너를 바로에게 보내어 너로 내 백성 이스라엘 자손을 애굽에서 인도하여 내게 하리라"(10).

본 단원은 모세에게 사명이 주어지는 내용입니다. 하나님께서는 "내가 애굽에 있는 내 백성의 고통을 정녕히 보고 그들이 그 간역자로 인하여 부르짖음을 듣고 그 우고를 알고"(7) 하십니다. 하나님은 자기 백성들을 "보고, 듣고, 알고" 계신다고 말씀하십니다. 보고, 듣고, 알고만 계시는 것이 아니라 "내가 내려와서 그들을 애굽인의 손에서 건져내겠다"(8상)고 말씀하십니다. 주목하시기를 바랍니다. 하나님께서 애굽으로 내려가서 인도해 내시겠다는 것입니다. 우리가 믿는 하나님은 이러하신 하나님이십니다.

여기 중요한 요점이 있습니다. 8절과 10절을 대조해 보십시오. 8절에서 "내가 내려와서 그들을 애굽인의 손에서 건져내겠다" 하신 하나님은 10절에서는 "이제 내가 너를 바로에게 보내어 너로 내 백성 이스라엘 자손을 애굽에서 인도하여 내게 하리라" 하십니다. 이는 구출하는 것은 하나님이 하시되 이 일에 너를 종으로 쓰시겠다는 의미가 됩니다. 이것이 모세에게 주어진 사명입니다.

모세는 즉각적으로 "내가 누구관대 바로에게 가며 이스라엘 자손을 애굽에서 인도하여 내리이까"(11) 라고 거절합니다. 이것이 모세의 첫 변명입니다. "내가 누구관대", 그렇습니다. 모세가 누구이기에 이 임무를 감당할 수가 있다는 말입니까? 모세는 "두 히브리 사람이 서로 싸우는 것"(2:13)도 해결해주지 못했던 위인이 아니었던가! 이 일은 모세뿐만이 아니라 그 누구도 감당할 수가 없는 것입니다. 여기에 모세의, 그리고 우리 모두의 착각이 있는 것입니다. 모세보고 감당하라는 것이 아닙니다. "내가 내려와서 그들을 애굽인의 손에서 건져내겠다"는 것입니다. 다만 너는 내가 명하는 일에 믿음으로 순종만 하면 된다는 것입니다. 그래서 "하나님이 가라사대 내가 정녕 너와 함께 있으리라"(12상)고 말씀하십니다. "너더러 하라는 것이 아니다. 네가 할 수 없다는 것은 너보다 내가 더 잘 알고 있다. 내가 할 것이다. 너는 내가 시키는 대로 순종하기만 하라"는 그런 뜻이 함의되어 있는 것입니다.

"네가 백성을 애굽에서 인도하여 낸 후에 너희가 이 산에서 하나님을 섬기리니 이것이 내가 너를 보낸 증거니라"(12하) 하십니다. 이 말씀을 듣는 모세에게는 꿈같은 이야기로 들렸을 것입니다. 지금 양 몇 마리를 돌보고 있는 자신이 양이 아니라 장정만 60만이나 되는 이스라엘 족속을 애굽에서 해방시켜 "이 산에서"(시내산) 하나님께 예배하게 되리라는 말씀이기 때문입니다. 그러나 하나님은 "이것이 내가 너를 보낸 증

거니라"고 이를 증거로 제시하십니다. 기필코 그렇게 되고야 말리라는
확증인 것입니다.

이럴 경우 "믿음"은 무엇이라 말하고 있는가? "아브라함이 바랄 수
없는 중에 바라고 믿었으니"(롬 4:18) 라고 말씀합니다. 바랄 수 없는
중에 "믿음이 약하여지지 아니하고 믿음이 없어 하나님의 약속을 의심
치 않고 믿음에 견고하여져서 하나님께 영광을 돌리며 약속하신 그것을
또한 능히 이루실 줄을 확신하였으니"(롬 4:19-21) 라고 말씀합니다.
모세도 이와 같이 화답할 수 있을 것인가?

셋째 단원(13-22) **너희 조상의 하나님 여호와라 하라**

"모세가 하나님께 고하되 내가 이스라엘 자손에게 가서 이르기를 너
희 조상의 하나님이 나를 너희에게 보내셨다 하면 그들이 내게 묻기를
그의 이름이 무엇이냐 하리니 내가 무엇이라고 그들에게 말하리이까"
(13).

이것이 모세의 두 번째 변명입니다. 본문에는 하나님에 대한 중요한
계시가 있습니다. 신학이란 하나님을 아는 것으로부터 출발합니다. 그
러므로 사도 바울의 첫 기도제목은 "하나님을 알게 하시고"(엡 1:17)였
습니다. 열심의 정도가 신앙의 본질을 좌우하는 것이 아닙니다. 그가 하
나님을 어떤 하나님으로 알고 고백하고 있는가가 문제입니다. 그런데
본문은 하나님을 계시하시기를

① "나는 스스로 있는 자니라"(14) 하십니다. 이는 하나님은 피조(被
造) 된 존재가 아니라 시작도 끝도 없으신 홀로 영원하신 분임을 의미
합니다. 만물은 티끌 하나까지라도 스스로 있지를 못합니다. 그것들은
모두가 다 스스로 있는 자에 의해서 지음 받은 피조물인 것입니다. 그러

므로 이 계시는 문맥과 무관하게 주어진 것이 아님을 유의해야합니다.

② "그의 이름이 무엇이냐"고 물을 것이라고 말합니다. "어찌하여 모세는 그들이 이렇게 물을 것을 예상했을까요? 이는 그들의 신앙이 유치하여 유일신 신앙에 굳게 서 있지 못함을 나타내는 말인 것입니다. 각 나라와 족속들에게는 각기 섬기는 신들이 있었는데 다른 신들과 구별하기 위하여 이름을 갖고 있었던 것입니다. 예를 들면 모압 족속의 신은 "그모스"이고 암몬 족속의 신은 "몰록"(왕상 11:7)과 같습니다.

이스라엘 자손들은 조상의 하나님을 그런 신들 중의 하나로 여길 것이라는 말이 되는 것입니다. 이에 대하여 하나님께서 "나는 스스로 있는 자니라" 하십니다. 이는 우상들과 같지 아니함을 나타내신 말씀인 것입니다. 우상이란 다 수공물(手工物)에 지나지 않기 때문입니다. 이 점을 시편 기자는 "천지는 없어지려니와 주는 영존(永存)하시겠고 그것들은 다 옷같이 낡으리니 의복같이 바꾸시면 바뀌려니와 주는 여상(如常)하시고 주의 연대는 무궁(無窮)하리이다"(시 102:26-27)고 찬양하고 있습니다. 우리가 믿는 하나님은 "스스로 있는 자"이십니다.

③ "아브라함의 하나님, 이삭의 하나님, 야곱의 하나님"(6, 15)이라 하십니다. 이는 "언약의 하나님"이심을 나타냅니다. 그들은 이름을 물을 것이 아니라 "언약"으로 만족해야만 옳았습니다. 그렇습니다. 기사와 이적의 하나님, 축복의 하나님을 구할 것이 아니라 언약의 하나님, 그 언약을 성취하여주시는 하나님으로 족한 것입니다.

④ "여호와라 하라 이는 나의 영원한 이름이요 대대로 기억할 나의 표호니라"(15하) 하십니다. "여호와"라는 계시가 "아브라함의 하나님 이삭의 하나님 야곱의 하나님 〈여호와〉라 하라" 하고 조상들에게 세우신 언약과 결부되어 있음을 주목해야만 합니다. 그러므로 여호와는 언약과 결부된 성호인 것입니다. 그러므로 언약 밖에 있는 이방인들은 "하나님"이라고 부를 수는 있으나 "여호와"라고는 부를 자격이 없는 것

입니다.

이러한 하나님이 나를 너희에게 "보내셨다"(13, 14, 15) 하라고 말씀합니다. 모세를 보내심에 얼마나 힘을 실어주는 말씀입니까! 이러한 하나님이 나를 너희에게 보내셔서 너희를 애굽에서 "인도하여"(8, 10, 11, 12, 17) 조상들에게 약속하신 땅으로 "이르려 하노라"(8), "올라가게 하리라"(17)고 말해주라는 것입니다.

생각나는 예화가 있습니다. 어느 교회에 젊은 목사님이 오셔서 설교를 했는데 좀 가볍게 행동했나 봅니다. 예배 후에 한 늙은 성도가 다가와서 물었더랍니다. "당신은 보내서 왔오? 스스로 왔오?" 형제의 소명감(召命感)과 사명감(使命感)은 분명합니까? 누가 형제에게 "당신을 보낸 분은 누구냐"고 묻는다면 무엇이라고 대답하시겠습니까? "아브라함의 하나님, 이삭의 하나님, 야곱의 하나님이 나를 보내셨다"고 대답할 것입니까? 주님은 말씀하십니다. "하늘과 땅의 모든 권세를 내게 주셨으니 그러므로 너희는 가라"(마 28:18-19).

이만하면 모세가 소명감과 사명감에 확신을 가질 만 하지 않겠습니까? 이제 하나님은 바로가 쉽게 승복하지 않으리라(19-20)는 것과, 이스라엘 족속이 떠날 때에 빈손으로 보내게 하지 않겠다(21-22)는 말씀을 부언하심으로 모세를 격려하십니다.

*4*장

의의 병기가 된 모세의 손과 입

출 4:20

"모세가 그 아내와 아들들을 나귀에 태우고 애굽으로 돌아가는데 하나님의 지팡이를 손에 잡았더라.

4장의 중심점은 드디어 모세가 사명을 받고 애굽으로 돌아가는 데 있습니다. 모세는 4장에서도 세 번(1, 10, 13)이나 사명을 거절합니다. 그러나 하나님의 강권적인 섭리에 의하여 결국 복종하게 됩니다. 4장의 핵심적인 단어는 "손과, 입"입니다. 손이라는 단어가 13번, 입이 7번이나 나옵니다. 하나님은 모세의 손과 입을 의의 병기(롬 6:13)로 사용하시려는 것입니다.

모세는 빈손으로 돌아가고 있는 것이 아니라 "애굽으로 돌아가는데 하나님의 지팡이를 손에 잡았더라"(20)고 말씀합니다. 이 지팡이는 모세가 양을 치던 지팡이였습니다. 그런데 하나님은 "너는 이 지팡이를 손에 잡고 이것으로 이적을 행할지니라"(17) 하시고 이 지팡이가 하나님의 양 무리(백성)를 애굽에서 인도하여 내는 영적 목자의 지팡이가 되게 하셨습니다. 이 지팡이로 홍해를 가르게 되고, 반석에서 생수를 솟게 하며, 아말렉을 격퇴시키는 "하나님의 지팡이"가 된 것입니다. 모세는 이 지팡이를 손에 잡고 애굽으로 돌아가고 있는 것입니다.

또 있습니다. 하나님께서는 "내가 네 입과 함께 있어서 할 말을 가르치리라"(12) 하십니다. 모세와 아론이 애굽으로 돌아가 장로들을 모아 놓고 "모든 말씀을 전하고 백성 앞에서 이적을 행하니"(30) 백성이 믿었다고 말씀합니다. 그렇습니다. 말씀은 입에서 나오고 이적은 손으로 행한 것입니다. 그러므로 4장의 주제가 "의의 병기가 된 모세의 손과 입"이 될 수가 있습니다. 이를 네 단원으로 나누어 상고하겠습니다.

첫째 단원(1-9) 네 손에 있는 것이 무엇이냐
둘째 단원(10-17) 네 입과 함께 있으리라
셋째 단원(18-25) 하나님의 지팡이를 손에 잡고 애굽으로 가는 모세
넷째 단원(26-31) 돌아보셨다 함을 듣고 경배하니라

첫째 단원(1-9) 네 손에 있는 것이 무엇이냐

"모세가 대답하여 가로되 그러나 그들이 나를 믿지 아니하며 내 말을 듣지 아니하고 이르기를 여호와께서 네게 나타나지 아니하셨다 하리이다"(1).

이는 모세의 세 번째 변명입니다. 그래서 하나님은 모세에게 몇 가지 표징을 주시는데 그것이 "손"을 통해서 나타납니다. 본 단원의 핵심적인 단어는 "손"입니다. 무려 13번이나 나옵니다. 하나님께서 "내가 정녕 너와 함께 있으리라"(3:12)고 보장해주셨건만 모세는 4장에서도 "여호와께서 네게 나타나지 아니하셨다 하리이다" 하고 변명을 하고 있습니

다. 그리하여 하나님께서는 모세에게 세 가지 표징을 주십니다.

① "여호와께서 그에게 이르시되 네 손에 있는 것이 무엇이냐 그가 가로되 지팡이니이다 여호와께서 가라사대 그것을 땅에 던지라 곧 땅에 던지니 그것이 뱀이 된지라 모세가 뱀 앞에서 피하매"(2-3), 만일 여기서 끝났다면 모세는 사명을 감당하지 못했을 것입니다. 왜냐하면 그는 뱀 앞에서 피하고 있는 자이기 때문입니다. 그러나 "네 손을 내 밀어 그 꼬리를 잡으라" 하십니다. 그리하여 뱀이 "그 손에서 지팡이가 된지라"(4) 합니다. 여기서 "뱀"은 애굽 왕을, 그리고 궁극적으로는 사탄을 상징합니다. 모세는 그 앞에서 피하여 광야까지 도망을 온 자이었으나 이제는 능히 제어(制御)하게 될 것을 보여주심으로 모세를 믿게 하셨습니다.

② "여호와께서 또 가라사대 네 손을 품에 넣으라 하시매 손을 품에 넣었다가 내어보니 그 손에 문둥병이 발하여 눈같이 흰지라"(6) 합니다. 만일 여기가 끝이라면 이스라엘 백성은 모세를 신뢰하지 않았을 것입니다. 오히려 기피하는 인물이 되었을 것입니다. 그러나 "그가 다시 손을 품에 넣었다가 내어보니 그 손이 여상 하더라" 합니다. 이는 모세가 고역으로 인하여 탄식하며 부르짖는 이스라엘 백성을 능히 구원할 자임을 나타내는 표징이었던 것입니다. 그래서 "처음 이적의 표징을 받지 아니하여도 둘째 이적의 표징은 믿으리라"(8)고 말씀하셨던 것입니다.

③ "그들이 이 두 이적을 믿지 아니하며 네 말을 듣지 아니하거든 너는 하수를 조금 취하여다가 육지에 부으라 네가 취한 하수가 육지에서 피가 되리라"(9) 하십니다. 그러니까 이것이 두 이적보다 결정적인 표징이 되리라는 뜻입니다. 나일강의 하수가 피로 변하는 것을 보게 될 때에 무엇을 예감(豫感)하게 되었을까요? 말할 것도 없이 불길한 죽음을 예감하게 되었을 것입니다. 그렇습니다. 23절에서 만일 바로가 놓기를 거절하면 "내가 네 아들 네 장자를 죽이리라 하셨다 하라"는 말씀을 대하게 됩니다. 그러므로 이 피는 애굽 천지에서 장자를 멸하게 될 죽음의

재앙을 예시해주고 있습니다. 이 표징이 이스라엘에는 유월절의 표징으로, 바로에게는 머리를 상하게 되는 결정적인 표징이 되었던 것입니다. 이제 모세의 손은 하나님의 의의 병기가 된 것입니다.

둘째 단원(10-17) 네 입과 함께 있으리라

"모세가 여호와께 고하되 주여 나는 본래 말에 능치 못한 자라 주께서 주의 종에게 명하신 후에도 그러하니 나는 입이 뻣뻣하고 혀가 둔한 자니이다"(10).

이는 모세의 네 번째 변명입니다. "입이 뻣뻣하고 혀가 둔하다"는 것입니다. 그러므로 본 단원의 핵심적인 단어는 "입"이라는 말입니다. 무려 7번이나 등장합니다. 그를 향하여 "누가 사람의 입을 지었느뇨"(11) 하십니다. "이제 가라 내가 네 입과 함께 있어서 할 말을 가리치리라"(12) 하십니다. 모세는 더 이상 변명할 말이 없었든지 "주여 보낼 만한 사람을 보내소서"(13) 합니다. 이는 다섯 번째 변명이자 이제까지 말한 변명을 한마디로 집약해서 말한 셈입니다.

"보낼 만한 사람을 보내라", 그렇다면 보낼 만한 자가 있다는 것입니까? 자격 있고, 능력 있고, 그래서 감당할 자가 세상 천지에 누구란 말입니까? 아무도 없습니다. 이점을 성경은 "사람이 없음을 보시며 중재자 없음을 이상히 여기셨으므로 자기 팔로 스스로 구원을 베푸시며"(사 59:16) 라고 말씀합니다. 이런 뜻입니다. "보낼 만한 사람"이 없었다는 것입니다. 그래서 "스스로 구원"하시기로 작정하셨다는 것입니다. 그리하여 임마누엘 사건은 있게 된 것입니다. 모세는 다만 그분의 예표일 뿐입니다.

모세의 지금의 모습은 2:11-13에서 자신 만만하게 나서던 모습과는 너무나 대조적임을 보게 됩니다. 이는 광야 40년의 훈련을 통하여 다듬어진 결과라고 말할 수밖에는 없는 것입니다. 모세는 임종머리에서 이렇게 회고합니다. "네 하나님 여호와께서 이 사십 년 동안에 너로 광야의 길을 걷게 하신 것을 기억하라 이는 너를 낮추시며 너를 시험하사 네 마음이 어떠한지 그 명령을 지키는지 아니 지키는지 알려하심이라" (신 8:2). 하나님께서는 모세를 광야 40년의 훈련을 통해서 이와 같이 낮추시며 겸비케 하셨던 것입니다. 하나님이 그를 너무 낮추신 것일까요? 아닙니다. 이 대목을 상고하면서 우리는 겸비한 마음으로 물어야할 것입니다. 나는 2장의 모세 같은 "자원병"(自願兵)인가? 아니면 3장의 모세 같이 "징집"(徵集)을 받은 군사"(딤후 2:4)인가? 이 시대는 "내가 누구관대, 보낼 만한 자를 보내소서" 하는 겸양보다는 매사에 "자기가 아니면 안 되는 양" 너무 나서기를 좋아하는 사람들이 많은 시대이기 때문입니다.

징집을 받은 군사

하나님은 "모세를 향하여 노를 발하셨다"고 말씀합니다. 그럴수록 하나님은 모세가 더욱 마음이 드셨으리라고 믿어집니다. 모세가 이토록 자신의 연약함을 깨닫지 못했다면 "이제 가라 내가 네 입과 함께 있어서 할 말을 가르치리라"는 천금같은 진리의 말씀을 받아내지 못했을 것이 아닙니까! 모세를 위해서 하는 말이 아닙니다. "내가 네 입과 함께 있어서 할 말을 가르치리라", 이 말씀은 하나님의 대언자로 세움 받은 말씀의 사역자들이 꼭 받아 내고 확신함에 거하여야할 표징이 아니겠습니까? 그리하여 바울 사도가 사모했던 "우리는 수다한 사람과 같이 하나님의 말씀을 혼잡하게 하지 아니하고 곧 순전함으로 하나님께 받은 것같이 하나님 앞에서와 그리스도 안에서 말하노라"(고후 2:17)를 사모해야 하지 않겠습니까?

성경은 말씀합니다. "내 형제들아 너희는 선생 된 우리가 더 큰 심판 받을 줄을 알고 많이 선생이 되지 말라". 어찌하여 선생 된 자가 더 큰 심판을 받게 된다는 것입니까? "말의 실수" 때문입니다(약 3:1-2). 하나님의 말씀을 대언 해야할 선생 된 자의 말의 실수는 뭇 영혼을 죽일 수도 있기 때문입니다. 루터는 목사를 지망하는 젊은이에게 말했다고 합니다. "피할 수 있으면 피해보라". 피해보려고 몸부림을 쳤지만 끝내 니느웨로 보냄을 받아 외치지 않을 수 없었던 요나나, 다섯 번이나 거절 하다가 하나님의 강권에 의하여 바로에게 보냄을 받은 모세가 오히려 부러운 시대입니다.

하나님께서는 아론을 동역자로 주시면서 "너는 그에게 말하고 그 입에 말을 주라 내가 네 입과 그의 입에 함께 있어서 너의 행할 일을 가르치리라"(15) 하십니다. 이제 모세의 입은 하나님께서 쓰시는 의의 병기가 된 것입니다. 입을 통해서 선포되는 "말씀"과, 손에 있는 "하나님의 지팡이", 이것이 바로를 굴복시키고 하나님의 백성을 해방시키라는 대사명을 받고 애굽으로 내려가는 모세의 무기였던 것입니다.

셋째 단원(18-26) 하나님의 지팡이를 손에 잡고 애굽으로 가는 모세

"여호와께서 모세에게 이르시되 네가 애굽으로 돌아가거든 내가 네 손에 준 이적을 바로 앞에서 다 행하라 그러나 내가 그의 마음을 강퍅케 한즉 그가 백성을 놓지 아니하리니"(21).

모세는 장인 이드로에게 작별을 고하고 "모세가 그 아내와 아들들을 나귀에 태우고 애굽으로 돌아가는데 하나님의 지팡이를 손에 잡았더라"(20) 합니다. 그 모세에게 하나님께서 다시 당부하십니다.

① 내가 네게 준 이적을 바로 앞에서 다 행하라.

② 내가 그의 마음을 강팍케 한즉 백성을 놓지 아니하리라.

③ 네가 놓기를 거절하니 내가 네 아들 네 장자를 죽이리라 하셨다 하라(23).

이 대목을 이해하기 위해서는 예민한 통찰력이 필요합니다. 누가 바로의 마음을 강팍하게 하겠다는 것입니까? 하나님이십니다. 그런데 23절에서는 "네(바로)가 놓기를(이적을 보면서도) 거절하니 내가 네 아들 네 장자를 죽이리라" 하고 "바로" 자신이 마음을 강팍케 한 것으로 말씀합니다. 이 두 절의 조화는 바로가 강팍케 함을 하나님이 내버려(허용)두셨다는 뜻입니다. 그렇다면 이를 왜 허용하시는 것일까요? 여기에 핵심적인 비밀이 숨어있습니다. 바로를 굴복시키기 위해서 열 가지 재앙이 다 필요했던 것은 아닙니다. 마치 권투선수의 펀치가 약해서 열 번만에 KO 시키듯 한 것이 아니라는 말씀입니다. 그렇다면 어찌하여 열 번째 가서야 바로를 굴복시키셨는가?

① 사탄(바로)의 사악성을 들어내기 위해서입니다(참고 롬 7:13).

② 자력구원의 불가능성을 보여주기 위해서입니다.

③ 구원은 오직 어린양의 대속의 피로만이 가능함을 증거하기 위해서입니다.

④ 이 계시가 너무나 중요하기 때문에 모든 초점을 어린양으로 모아가기 위해서입니다.

⑤ 이것은 복음이었던 것입니다.

하나님께서는 복음 즉 "유월절 어린양"의 표적을 계시하시기 위해서 그때까지는 바로의 마음이 강팍한 대로 놓아두시겠다는 말씀인 것입니다. 복음이란 율법으로 하시려다가 안되니까 주신 것이 아닙니다. 구약성경의 중심은 복음이요, 핵심은 그리스도인 것입니다. 성경은 말씀합니다. "옛적에 선지자들로 여러 부분과 여러 모양으로 (복음을) 말씀하신 하나님이 이 모든 날 마지막에 아들로 우리에게 말씀하셨으니"(히 1:1-2), 그러므로 복음은 "율법과 선지자들에게 증거를 받은 것이라" (롬 3:21) 하십니다.

모세를 죽이려 하신 하나님

그런데 여기 돌발상황이 벌어집니다. "여호와께서 길의 숙소에서 모세를 만나사 그를 죽이려 하시는지라"(24)고 말씀합니다. 그를 강권적으로 부르시고 대 사명을 주셔서 바로에게 보내시는 모세를 길의 숙소에서 죽이려 하시다니? 표면적으로는 아내 십보라의 고집 때문에 아들에게 할례를 행하지 않은데 원인이 있었던 것으로 볼 수가 있습니다. 이것이 전부라면 하필 애굽으로 내려가는 길의 숙소에서 벌하려할 것이 무엇이냐는 것입니다. 그러므로 이 사건의 시점(時點)과 문맥을 통하여 볼 때 여기에는 이면적인 의미가 있다고 보아야만 할 것입니다.

① 문맥적으로 보면 모세를 죽이려 하셨다는 말씀이 "장자를 죽이리라 하셨다 하라"(23)는 말씀에 이어져 나오고 있음을 주목하게 됩니다. 그렇다면 어찌하여 아들이나 아내를 죽이려하지 않고 모세인가 하는 점입니다. 하나님께서는 이 표면적인 원인을 통해서 "바로의 공주의 아들"이라는 옛 모세는 죽고 하나님의 사람 모세로 태어나게 하신 영적인 의미가 있다 하겠습니다.

② 시점으로 볼 때 하필 애굽으로 내려가는 "길의 숙소"에서 죽이려 하셨는가 하는 점입니다. 모세가 대 사명을 감당하기 위해서는 옛 사람으로는 불가능했기 때문일 것입니다. 마치 하란 생활 20년을 청산하고 약속의 땅으로 돌아가는 야곱에게 나타나셔서 "네 이름을 다시는 야곱이라 부를 것이 아니요 이스라엘이라 부를 것이니"(창 32:28) 하심과도

같은 맥락인 것입니다.

③ "십보라가 차돌을 취하여 그 아들의 양피를 베어 모세의 발 앞에 던지며 당신은 참으로 내게 피 남편이로다 하니 여호와께서 모세를 놓으시니"(25-26) 합니다. 그리고 해설하여 주기를 "피 남편이라 함은 할례를 인함이었더라" 합니다. 그렇다면 "할례"가 무엇을 의미하기에 죽이려던 모세를 살렸단 말인가? 성경은 말씀합니다. "또 그 안에서 너희가 손으로 하지 아니한 할례를 받았으니 곧 육적 몸을 벗는 것이요 그리스도의 할례라"(골 2:11) 합니다. 할례란 "육적 몸을 벗는 것", 즉 옛 사람의 죽음을 상징한다는 말씀입니다.

④ 훗날 이스라엘 백성들은 홍해에서 바로의 종 되었던 옛 사람이 죽고 하나님의 백성으로 다시 태어나는 세례를 받게 될 것입니다. 그들의 인도자가 되기 위해서는 모세 자신이 먼저 죽고 살리심을 받아야만 했던 것입니다. 성경은 말씀합니다. "우리가 알거니와 우리 옛 사람이 예수와 함께 십자가에 못 박힌 것은 죄의 몸이 멸하여 다시는 우리가 죄에게 종노릇하지 아니하려 함이니"(롬 6:6). 묻습니다. 당신의 옛사람은 확실히 죽었습니까?

넷째 단원(27-31) 돌아보셨다 함을 듣고 경배하니라

"백성이 믿으며 여호와께서 이스라엘 자손을 돌아보시고 그 고난을 감찰하셨다 함을 듣고 머리 숙여 경배하였더라"(31).

본 단원은 하나님께서 아론을 불러 모세와 만나게 하셔서 동역 하게 하시는 내용입니다. 이 말씀을 대할 때에 모세가 믿고 순종하지 않았기 때문에 축복을 나눠 가지게 된 양 말해서는 아니 됩니다. 물론 그런 것이 계기가 된 것은 분명하지만 이는 하나님의 경륜 가운데 예정하신 일로 보아야만 합니다. 모세는 왕 같은 지도자로, 아론은 제사장으로 메시아를 예표하게 되겠기 때문입니다.

그리하여 "모세와 아론이 가서 이스라엘 자손의 모든 장로를 모으고 아론이 여호와께서 모세에게 명하신 모든 말씀을 전하고 백성 앞에서 이적을 행했다"(29)고 말씀합니다. "백성이 믿으며 여호와께서 이스라엘 자손을 돌아보시고 그 고난을 감찰하셨다 함을 듣고 머리 숙여 경배하였더라"(31) 합니다. 여호와께서 이스라엘 백성을 "돌아보셨음"이 어떻게 구체적으로 나타났는가?

① 모세를 그들의 목자로, 또는 중보자로 주신 것입니다. 전에는 그들이 "목자 없는 양과 같이 고생하며 유리"(마 9:36)하던 무리였습니다. 이제 그들은 더 이상 고아와 같은 자들이 아닌 것입니다. 이제부터 이스라엘 백성들은 모세를 신뢰하고 그의 명에 전적으로 복종하기만 하면 되는 것입니다.

② 반면 이스라엘 백성들을 모세에게 주신 것입니다. 이는 멍에를 메웠다는 뜻이 됩니다. 즉 십자가를 지게 하신 것입니다. 훗날 모세는 "이 모든 백성을 내게 맡기사 나로 그 짐을 지게 하시나이까"(민 11:11) 하고 말하는 것을 보게 됩니다. 모세가 이를 감당할 수가 있겠습니까? 모세는 그리스도에 대한 예표의 인물이었습니다. 하나님께서는 예수 그리스도를 우리들의 목자로 주셨습니다. 또한 택하신 우리들을 예수 그리스도에게 맡기셨습니다. 주님은 잡히시던 날 밤에 이렇게 기도하셨습니다. "아버지께서 아들에게 주신 모든 자에게 영생을 주게 하시려고 만민을 다스리는 권세를 아들에게 주셨음이로소이다"(요 17:2). 그리고 주님은 그들의 죄를 책임지시기 위해서 대신 죽으셨던 것입니다.

승천하시면서 주님은 "혹은 사도로, 목사와 교사로 주셨다"(엡 4:11)고 말씀합니다. 그렇다면 맡기신 "소자 하나라도 잃지 않도록" 돌보아야 할 책임이 우리에게 있는 것입니다. "

5장

내 백성을 보내라 그들이 나를 섬길 것이니라

출 5:1

그 후에 모세와 아론이 가서 바로에게 이르되 이스라엘 하나님 여호와의 말씀에 내 백성을 보내라 그들이 광야에서 내 앞에 절기를 지킬 것이니라 하셨나이다.

　드디어 모세와 아론이 바로에게 가서 "내 백성을 보내라" 하고 하나님의 말씀을 대언하는 장면입니다. 이는 바로에게는 폭탄적인 선언이었을 입니다. 달리 말하면 선전포고(宣戰布告)인 셈입니다. 이에 대해 바로가 어떻게 반응을 할 것인가? 그리고 이 폭탄적인 선언은 어떤 결과를 몰고 올 것인가? 이로 인하여 이스라엘 자손들은 모세에게 어떻게 나올 것이며, 결국 모세는 하나님께 무엇이라 불평하게 되는가? 이것이 6장에서 관찰하게 될 과제입니다. 이를 세 단원으로 나누어 상고하겠습니다.

첫째 단원(1-5) **여호와가 누구관대 보내겠느냐**
둘째 단원(6-21) **우리를 죽이게 하는도다**
셋째 단원(22-23) **어찌하여 나를 보내셨나이까**

첫째 단원(1-5) **여호와가 누구관대 보내겠느냐**

"바로가 가로되 여호와가 누구관대 내가 그 말을 듣고 이스라엘을 보내겠느냐 나는 여호와를 알지 못하니 이스라엘도 보내지 아니하리라"(2).

모세가 바로 앞에 들어가서 대언(代言)한 말은 일관되게 "내 백성을 보내라 그들이 나를 섬기리라"(7:16, 8:1, 20, 9:1, 13, 10:3)는 말씀입니다.

하나님의 말씀은,

① 바로가 노예로 부리고 있는 이스라엘 자손들이 하나님의 백성이라는 것과,

② 그러므로 그들을 보내라는 것과,

③ 왜냐하면 그들이 바로가 아니라 나를 섬기리라 하십니다.

이에 대한 바로의 반응은,

① 여호와가 누구관대,

② 내가 그의 말을 듣고 이스라엘을 보내겠느냐,

③ 나는 여호와를 알지 못하니 이스라엘도 보내지 아니하리라. 이것이 바로의 반응입니다. 바로의 입장에서야 "이제 나라에 이 백성이 많거늘 너희가 그들로 역사를 쉬게 하는도다"(5) 한 대로 많은 노동력을 잃고싶지가 않았을 것입니다. 그러므로 앞으로의 싸움은 "여호와가 누구인가"를 알게 하는(7:5, 17, 8:10, 22)데 집중될 수밖에 없는 것입니

다. 열 가지 재앙들은 다름 아닌 여호와가 누구인가를 알리기 위한 자기 계시였던 것입니다.

모세와 아론이 바로에게 재차 말합니다. "히브리인의 하나님이 우리에게 나타나셨은즉 우리가 사흘 길쯤 광야에 가서 우리 하나님 여호와께 희생을 드리려 하오니 가기를 허락하소서"(3). 이는 3:18에서 하나님께서 명하신 대로 한 것입니다. 여기에는 출애굽에 대한 분명한 목적이 제시되어 있습니다. 구원의 목적은 해방만 시키는데 있는 것이 아닙니다. 영원토록 하나님을 섬기게 하기 위한 하나님의 나라건설에 있는 것입니다. 이점에서 문제가 되는 것은 "사흘 길쯤 광야에" 가려는 것이 아니라 약속의 땅 가나안까지 인도하시려는 것인데 이것은 거짓말이 아닌가 하는 점입니다.

이를 깨닫기 위해서는 하나님께서 모세에게 "네가 백성을 애굽에서 인도하여 낸 후에 너희가 이 산(시내산)에서 하나님을 섬기리니 이것이 내가 너를 보낸 증거니라"(3:12) 하신 말씀을 기억할 필요가 있습니다. 출애굽의 1차 목적지는 가나안이 아니라 시내산이었던 것입니다. 왜냐하면 그곳에서 "첫 언약"(히 9:18)을 체결해야만했기 때문입니다. 이스라엘 자손들이 하나님의 백성이 될 수 있었던 것은 아브라함과 이삭과 야곱에게 세워주신 언약에 의해서였습니다. 말하자면 그들은 하나님의 약속어음을 갖고 있었던 셈입니다. 그 약속이 시내산에서 언약으로 체결(24:7-8)이 된 것입니다.

"너희가 이 산에서 하나님을 섬기리니"(3:12) 하셨는데 그들은 출애굽 한 후에 시내산에 1년을 머물면서 정성을 다하여 성막을 만들므로 실제로 하나님을 섬겼던 것입니다. 그러므로 "사흘 길쯤 광야에 가서"란 말속에는 이런 의도가 함의되어 있었다고 여겨집니다. 육적 출애굽 때에는 가나안에 들어가기 위해서 먼저 "시내산"에 가서 짐승의 피로 뿌림(24:8)을 받아야만 했던 것입니다. 그러나 이것은 그림자로 보여주신 것입니다. 영적 출애굽 때는 시내산이 아니라 "너희가 이른 곳은 시온산과…새 언약의 중보이신 예수와 및 아벨의 피보다 더 낫게 말하는 뿌린 피니라"(히 12:22-24) 하신 갈보리 산에 이르러 예수 그리스도의 피로 뿌림(벧전 1:2)을 받아야함을 명심하기를 바랍니다.

둘째 단원(6-21) 우리를 죽이게 하는도다

"그 사람들의 고역을 무겁게 함으로 수고롭게 하여 그들로 거짓말을 듣지 않게 하라"(9).

모세와 아론이 바로에게 들어가 "내 백성을 보내라 그들이 나를 섬기리라"는 하나님의 말씀을 선포한 결과는 이스라엘 족속들에게 평안을 준 것이 아니라 더욱 무거운 고역과 수고를 가져다 주게 되었습니다. 바로는 간역자들과 패장들에게 명합니다. "너희는 백성에게 다시는 벽돌 소용의 짚을 전과 같이 주지말고 그들로 스스로 줍게 하라 또 그들의 전에 만든 벽돌 수효대로 그들로 만들게 하고 감하지 말라 그들이 게으르므로 소리질러 이르기를 우리가 가서 우리 하나님께 희생을 드리자 하나니 그 사람들의 고역을 무겁게 함으로 수고롭게 하여 그들로 거짓말을 듣지 않게 하라"(6-9)고 명합니다. 그러므로 고역이 배나 가중되게 된 것입니다. 뿐만이 아니라 할당된 벽돌 수효를 채우지 못하게 되자 "바로의 간역자들이 자기들의 세운바 이스라엘 자손의 패장들을 때리는"(14) 박해를 받게 된 것입니다.

고역을 무겁게 함으로 거짓말을 듣지 않게 하라

이점은 복음전도자들도 경험하게 되는 바입니다. 누군가에게 복음을 전해줌으로 인하여 그가 시련과 핍박을 당하게 되는 것을 목도하게 되기 때문입니다. 이유는 분명합니다. "그 사람의 고역을 무겁게 함으로 수고롭게 하여 그들로 〈복음〉을 듣지 않게" 하려는 사탄의 궤계인 것입니다.

이는 의외(意外)의 상황이 벌어진 것이 아닙니다. 하나님께서 미리 말씀하신 바입니다. "내가 아노니 강한 손으로 치기 전에는 애굽 왕이 너희의 가기를 허락지 아니하다가 내가 내 손을 들어 애굽 중에 여러 가지 이적으로 그 나라를 친 후에야 그가 너희를 보내리라"(3:19-20)고 말씀하셨던 것입니다.

그러나 이스라엘의 패장들은 말하기를 "너희가 우리로 바로의 눈과 그 신하의 눈에 미운 물건이 되게 하고 그들의 손에 칼을 주어 우리를 죽이게 하는도다"(21)고 원망하였던 것입니다. 하나님은 살리려하시는데 그들은 말하기를 "우리를 죽이게 하는도다"고 말하고 있는 것입니다. 그들에게는 자손 대대로 대물림을 하고 있는 노예상태에서 벗어나고자 하는 결의도 몸부림도 찾아볼 수가 없는 것입니다. 이 상태가 로마서에서 "우리가 아직 연약할 때에"(롬 5:6) 한 연약함입니다. 그들은 자력으로는 물론 하나님께서 구출해 내시려는 데도 일어설 힘조차 없을 만큼 연약한 상태에 빠져있었던 것입니다. 이것이 우리가 복음을 전해야할 불신자들의 영적인 상태이기도 합니다.

셋째 단원(22-23) 어찌하여 나를 보내셨나이까

"모세가 여호와께 돌아와서 고하되 주여 어찌하여 이 백성으로 학대를 당케 하셨나이까 어찌하여 나를 보내셨나이까"(22).

"내가 바로에게 와서 주의 이름으로 말함으로부터 그가 이 백성을 더 학대하며 주께서도 주의 백성을 구원치 아니하시나이다"(23)고 불평합니다. 모세의 불평이나 백성들의 원망하는 그 마음은 이해할 만 합니다. 이것이 오늘날 우리들의 모습이기도 하기 때문입니다. 그런데 그들이나 오늘 우리들에게 중요한 오해가 있다는 점입니다. "구원"을 만사형통이나 부귀영화를 누리는 것쯤으로 착각하고 있다는 오해입니다. 그리하여 시내산 기슭에서 황금으로 송아지를 만들어 숭배하기도 하고, 내려주시는 만나를 매일 같이 먹으면서도 "우리가 애굽에 있을 때에는 값없이 생선과 외와 수박과 부추와 파와 마늘들을 먹은 것이 생각나거늘 이제는 우리 정력이 쇠약하되 이 만나 외에는 보이는 것이 아무것도 없도다"(민 11:5-6) 하고 어처구니없는 불평을 하기도 합니다. 광야생활이 고생스러워지자 "너희가 어찌하여 우리를 애굽에서 나오게 하여 이 악한 곳으로 인도하였느냐 이곳에는 파종할 곳이 없고 무화과도 없고 포도도 없고 석류도 없고 마실 물도 없도다"(민 20:5) 하고 물질적인 것을 추구하면서 애굽에서 구출해 낸 것을 도리어 원망하였던 것입니다.

아닙니다. 영혼구원운동은 "피 흘리기까지"(히 12:4) 싸워야 하는 영적 전투인 것입니다. 이를 알았기에 바울 사도는 제자들에게 "우리가 하나님의 나라에 들어가려면 많은 환난을 겪어야할 것이라"(행 14:22)고 미리 말해주었던 것입니다. 주님께서도 "어디로 가시든지 저는 좋으리이다"고 말하는 사람에게 "여우도 굴이 있고 공중의 새도 집이 있으되 인자는 머리 둘 곳이 없도다"(눅 9:57-58)고 대답하셨던 것입니다. 형제에게는 이 각오가 되어있습니까?

6장

구속하여 내 백성을 삼고

출 6:7

너희를 구속하여 너희로 내 백성을 삼고 나는 너희
하나님이 되리니 나는 애굽 사람의 무거운 짐 밑에
서 너희를 빼어 낸 너희 하나님 여호와인줄 너희가
알지라.

6장에는 출애굽기, 나아가 성경 전체를 이해하는데 중요한 계시가 있
습니다. 본문에는 이스라엘 백성들을 애굽에서 인도하여 내시는 목적
(目的)과, 그 방법(方法)과, 근거(根據)가 계시되어 있습니다. 이를 통
해서 우리를 구원하시는 목적과, 방법과, 근거를 깨닫게 되는 중요한 진
리인 것입니다.

① 목적(目的)은 "너희로 내 백성을 삼고 나는 너희 하나님이 되리
니"(7상)에 있습니다. 이는 성경 전체의 주제라고 말씀드릴 수가 있습
니다. 하나님의 백성들이 있고, 하나님이 계셔서 다스리시는 그곳이 "하
나님의 나라"이기 때문입니다. 하나님께서는 창세기 3장에서 파괴되었

던 하나님의 나라를 회복하시려는 것입니다. 이것이 목적입니다.

② 그 방법은 오직 "구속"(6하)이라는 방법으로 말미암아서만 가능해지는 것입니다. 왜냐하면 우리가 죄 값으로 팔렸기 때문입니다.

③ 그 근거는 아브라함과 이삭과 야곱에게 세워주신 "언약"(4하)에 있는 것입니다. 그러므로 6장의 주제가 "구속하여 내 백성을 삼고" 라고 말할 수가 있습니다. 이점을 두 단원으로 나누어 상고하겠습니다.

첫째 단원(1-8) **너희 하나님, 나의 백성**
둘째 단원(9-30) **모세와 아론을 들어서 역사하심**

첫째 단원(1-9) **너희 하나님, 나의 백성**

"그러므로 이스라엘 자손에게 말하기를 나는 여호와라 내가 애굽 사람의 무거운 짐 밑에서 너희를 빼어 내며 그 고역에서 너희를 건지며 편 팔과 큰 재앙으로 너희를 구속하여 너희로 내 백성을 삼고 나는 너희 하나님이 되리니"(6-7).

본 단원은 두 부분으로 되어 있습니다.

① 1절은 "어찌하여 나를 보내셨나이까"(5:22하) 하고 불평하는 모세 자신에게 하신 말씀입니다. "이제 내가 바로에게 하는 일을 네가 보리라 강한 손을 더하므로 바로가 그들을 보내리라 강한 손을 더하므로 바로가 그들을 그 땅에서 쫓아내리라"(1) 하십니다. 이 말은 바로가 쉽게 보내지 않으리라는 말씀입니다. "너는 바로가 쉽게 보낼 것이라고 생각했느냐?" 아닙니다. 바로는 쉽게 보내지 않을 것이요, 쉽게 보내서도 안 되는 것입니다. 왜냐하면 바로는 사탄을 상징하고 있는 인물이기 때문입니다. 사탄이 사로잡고 있는 영혼을 쉽게 내어줄 성싶습니까? 쉽

게 보내 줄 것으로 생각하고 있기 때문에 전도하다가 쉽게 단념하고 중단하게 되는 것입니다.

바로가 쉽게 보내지 않을 것이라는 점은 이미 3장에서 "강한 손으로 치기 전에는 애굽 왕이 너희의 가기를 허락지 아니하다가 내가 내 손을 들어 애굽 중에 여러 가지 이적으로 그 나라를 친 후에야 그가 너희를 보내리라"(19-20)고 말씀한 바입니다. "여러 가지 이적"이란 1-9까지의 이적을 가리키는 것일 겁니다. 그래도 보내는 듯 하다가 안 보내는 것을 보게 될 것입니다. 그러다가 결정적으로 장자를 치는 유월절의 밤에야 보낼 것을 하나님은 아시고 계시는 것입니다. 이는 "너희가 알거니와 너희 조상의 유전한 망령된 행실에서 구속된 것은 은이나 금같이 없어 질 것으로 한 것이 아니요 오직 흠 없고 점 없는 어린양 같은 그리스도 의 보배로운 피로 한 것이니라"(벧전 1:18-19)를 계시하기 위해서인 것입니다. 그들이 해방될 수 있는 "구속"의 방도는 오직 "유월절 어린양의 피"에 있었던 것입니다.

② 2-8까지는 "우리를 죽이게 하는도다"(5:21) 하고 원망하는 백성 들에게 전하라고 주신 말씀입니다. 우선적으로 강조하시는 것이 "언 약"(4, 5, 8)입니다. "내가 아브라함과 이삭과 야곱에게 주기로 맹세(약 속)한 땅으로 너희를 인도하고 그 땅을 너희에게 주어 기업을 삼게 하 리라 하셨다 하라"(8)고 말씀하십니다. 언약한 바를 지켜주시겠다는 말 씀입니다. 우리가 믿는 하나님은 한 번 언약하신 바는 반드시 지켜주시 는 하나님이심을 성경을 들어서 증거해야만 하는 것입니다. 그리고 성 경전체를 통틀어 언약의 핵심은 아브라함의 자손으로 그리스도를 보내 셔서 인류를 구원하여 주시겠다는 오직 "메시아 언약"으로 집중이 되는 것입니다. 하나님께서는 그 언약을 지켜주셨습니다. 이제 하나 남은 약 속, "내가 다시 와서 너희를 내게로 영접하여 나 있는 곳에 너희도 있게 하리라"(요 14:3)는 약속도 지켜주실 것을 확신하게 되는 것입니다.

바로의 종에서 하나님의 백성으로

5-7을 주의 깊게 관찰해 보면 이스라엘 자손들의 신분(身分)이 세 가지로 바뀌는 것을 주목하게 됩니다.

① 본래 그들은 "이스라엘 자손"(6상) 즉 야곱의 자손이었습니다.

② 그들을 "이제 애굽 사람이 종"(5상)을 삼았다는 것입니다.

③ 그런데 하나님께서 "애굽 사람의 무거운 짐 밑에서 너희를 빼어내며 그 고역에서 너희를 구속하여 너희로 내 백성을 삼고 나는 너희 하나님이 되리니"(6-7상) 하십니다. 그들의 신분이 야곱의 자손-바로의 종-하나님의 백성으로 바뀌는 것을 보게 됩니다. 우리는 야곱의 12 아들의 출생성분이 별 볼일 없는 신분임을 창세기를 통해서 알고 있습니다. 더욱이나 지금은 바로의 노예신분입니다. 그런데 그들을 구속하여 "하나님의 백성"을 삼으시겠다고 말씀합니다. 저들을 하나님의 백성으로 삼으신다면 하나님은 저들의 하나님이 되심이 분명한 것입니다. "너희 하나님, 나의 백성"을 삼으시려는 여기에 출애굽의 목적이 있고 구속사역을 이루시는 목적이 있는 것입니다. 이것이 "하나님의 나라건설"입니다. 중요한 대목이므로 몇 곳을 인용하여 이점을 확증하려 합니다.

① 출 29:45-46, 내가 이스라엘 자손 중에 거하여 〈그들의 하나님〉이 되리니 그들은 내가 〈그들의 하나님〉 여호와로서 그들 중에 거하려고 그들을 애굽 땅에서 인도하여 낸 줄을 알리라 나는 〈그들의 하나님〉 여호와니라.

② 레 11:45, 나는 〈너희의 하나님〉이 되려고 너희를 애굽 땅에서 인도하여 낸 여호와라 내가 거룩하니 너희도 거룩할지어다.

③ 레 22:23, 〈너희 하나님〉이 되려고 너희를 애굽 땅에서 인도하여 낸 자니 나는 여호와니라.

④ 레 26:12-13, 나는 너희 중에 행하여 〈너희 하나님이 되고 너희는 나의 백성〉이 될 것이니라 나는 너희를 애굽 땅에서 인도하여 내어 그 종 된 것을 면케 한 〈너희 하나님〉 여호와라 내가 너희 멍에 빗장목을 깨뜨리고 너희로 바로 서서 걷게 하였느니라.

하나님께서 그들에게 왜 이렇게 해주시겠다는 것입니까? 이점을 모세는 임종머리에서 이렇게 회상합니다. "너는 여호와 네 하나님의 성민이라 네 하나님 여호와께서 지상 만민 중에서 너를 자기 기업의 백성으로 택하셨나니 여호와께서 너희를 기뻐하시고 너희를 택하심은 너희가 다른 민족보다 수효가 많은 연고가 아니라 너희는 모든 민족 중에 가장 적으니라 여호와께서 다만 너희를 사랑하심을 인하여, 또는 너희 열조에게 하신 맹세(언약)를 지키려 하심을 인하여 자기의 권능의 손으로 너희를 인도하여 내시되 너희를 그 종 되었던 집에서 애굽 왕 바로의 손에서 속량하셨나니"(신 7:6-8)

너희 아버지, 나의 자녀

그리고 이점은 신약성경에 와서 이렇게 성취가 되는 것입니다.

① "그가 우리를 대신하여 자신을 주심은 모든 불법에서 우리를 구속하시고 우리를 깨끗하게 하사 선한 일에 열심 하는 친 백성이 되게 하려 하심이니라"(딛 2:14).

② "너희에게 아버지가 되고 너희는 내게 자녀가 되리라 전능하신 주의 말씀이니라"(고후 6:18). 구약시대는 "너희 하나님, 나의 백성"이라고 말씀하셨으나 신약시대에 와서는 "너희 아버지, 나의 자녀"라고 더욱 친근한 관계로 발전이 된 것입니다.

③ 그리고 신구약을 통하여 이루어오신 하나님의 나라건설은 "내가 들으니 보좌에서 큰 음성이 나서 가로되 보라 하나님의 장막이 사람들

과 함께 있으매 하나님이 저희와 함께 거하시리니 저희는 하나님의 백성이 되고 하나님은 친히 저희와 함께 계셔서 모든 눈물을 그 눈에서 씻기시매 다시 사망이 없고 애통하는 것이나 곡하는 것이나 아픈 것이 다시 있지 아니하리니 처음 것들이 다 지나갔음이러라 보좌에 앉으신 이가 가라사대 보라 내가 만물을 새롭게 하노라 하시고 또 가라사대 이 말은 신실하고 참되니 기록하라 하시고 또 내게 말씀하시되 이루었도다 나는 알파와 오메가요 처음과 나중이라"(계 21:3-6)에서 완성이 되는 것입니다.

이것이 하나님께서 백성들에게 전해주라고 모세에게 명하신 말씀입니다. 이를 요약하면 ① "너희를 구속하여"(6하), ② "너희로 내 백성을 삼고"(7상), ③ "내가 아브라함과 이삭과 야곱에게 주기로 맹세한 땅으로 너희를 인도하고 그 땅을 너희에게 주어 기업을 삼게 하리라"(8)는 말씀입니다. 이는 율법이 아닙니다. 기쁜 소식입니다. 십자가 복음인 것입니다. 그런데 미련한 인간은 "우리를 죽이게 하는도다"고 원망하는 것입니다.

둘째 단원(9-30) 모세와 아론을 들어서 역사하심

"모세가 이와 같이 이스라엘 자손에게 전하나 그들의 마음의 상함과 역사의 혹독함을 인하여 모세를 듣지 아니하였더라"(9).

모세가 이 기쁜 소식을 전해주었으나 "그들의 마음의 상함과 역사의 혹독함을 인하여 듣지 않았다"고 말씀합니다. 참으로 안타깝고도 답답한 노릇입니다. 이스라엘 자손들만 생각하고 하는 말이 아닙니다. 바로 이것이 우리들의 이야기이기도 합니다.

그런 후에 모세와 아론의 족보가 수록되어있음을 보게 됩니다. 이 시점에서 모세의 족보를 기록하고 있는 의도가 무엇일까요? 이는 모세와 아론의 사명이 얼마나 중차대(重且大)한 임무임을 나타내는 증표입니다. 이점이 26절에 나타납니다. "이스라엘 자손을 그 군대대로 애굽 땅에서 인도하라 하신 여호와의 명을 받은 자는 이(족보를 통해 밝힌) 아론과 모세요" 합니다. "내 백성을 애굽 땅에서 인도하여 내라"는 "여호와의 명"을 받았다는 것보다 더 중대한 사명이 무엇이 있겠습니까? 이 모세와 아론은 예표의 인물이요, 신약에 와서 "하나님의 백성을 사탄의 속박으로부터 인도"할 사명이 실체이신 예수 그리스도에게 주어지는 것입니다. 그리고 복음서는 주님의 족보(마 1장)를 수록하는 것으로 시작하고 있습니다.

모세의 족보를 통해서 믿음으로 모세를 양육한 아버지 아므람과 어머니 요게벳(20)을 만나게 된다는 것은 기쁜 일입니다. 그러므로 모세의 사명이 영광스럽고도 중차대함을 나타내기 위해서 그의 족보를 수록하였다고 볼 수가 있는 것입니다.

하나님의 대언자 모세

여기서 주목해야할 점은 우리는 "모세" 하면 열 가지 재앙이나 홍해를 가른 그런 일을 연상하게 됩니다만 모세의 사명이 하나님의 말씀을 전하여야할 "대언자"의 사명으로 나타나 있다는 점입니다. "애굽 왕 바로에게 이스라엘 자손을 애굽에서 내어 보내라 〈말한 자〉도 이 모세와 아론이었더라"고 말씀하고 있습니다. 이점이 어째서 중요하냐 하면 신구약을 막론하고 하나님의 역사는 대언(代言)한 하나님의 말씀의 성취로 나타나기 때문입니다. 하나님은 말씀과 함께 역사하시는 것입니다. 그러므로 계 19:10에서는 "예수의 증거는 대언의 영이라"(계 19:10)고 말씀하고 있습니다. 모세가 대언을 해야할 대상(對象)은 두 가지 방면

인데 첫째는 "백성들"이요, 둘째는 "바로"입니다.

① 먼저 회중에게 말씀을 전해야만 했습니다. "모세가 이와 같이 이스라엘 자손에게 전하나 그들의 마음의 상함과 역사의 혹독함을 인하여 모세를 듣지 아니하였더라"(9) 합니다. 바로만 듣지 않은 것이 아닙니다. 먼저는 이스라엘 자손들이었습니다. 여기서 설교자가 "낙망하고 피곤"(갈 6:9)함을 느끼게 되는 것입니다. 그래서 십자가 복음으로는 안 되겠다 하고 "철학과 세상의 초등학문"(골 2:8)으로 설득하려는 유혹에 빠지게 되는 것입니다.

하나님은 이를 아셨기에 에스겔 선지자에게 "그러나 이스라엘 족속은 이마가 굳고 마음이 강팍하여 네 말을 듣고자 아니 하리니 이는 내 말을 듣고자 아니함이니라 내가 그들의 얼굴을 대하도록 네 얼굴을 굳게 하였고 그들의 이마를 대하도록 네 이마를 굳게 하였으되 네 이마로 화석보다 굳은 금강석같이 하였으니 그들이 비록 패역한 족속이라도 두려워 말며 그 얼굴을 무서워 말라"고 격려하셨습니다. 그리고 "그들이 듣든지 아니 듣든지 그들에게 고하여 이르기를 주 여호와의 말씀이 이러하시다 하라"(겔 3:7-11)고 명하셨던 것입니다. 전도자는 구하기를 하나님이여 내 이마를 "화석보다 굳은 금강석같이" 되게 하여주옵소서 해야할 것입니다. 박치기의 왕 김일 선수의 이마처럼 말입니다.

② 다음으로 모세는 바로에게 대언을 해야만 했습니다. "여호와께서 모세에게 일러 가라사대 들어가서 애굽 왕 바로에게 말하여 이스라엘 자손을 그 땅에서 내어 보내게 하라"(10-11) 하십니다. 모세가 무어라고 대답했을 것 같습니까? "모세가 여호와 앞에 고하여 가로되 이스라엘 자손도 나를 듣지 아니하였거든 바로가 어찌 들으리이까"(12) 합니다. 형제가 불신자들을 향하여 입이 열리지 않는 이유가 여기에 있는 것은 아닙니까? 그러면서 "나는 입이 둔한 자니이다"(12하) 하고 말재주가 없다는 타령만 합니다. 마지막 절을 보십시오. "모세가 여호와 앞에

서 고하되 나는 입이 둔한 자이오니 바로가 어찌 들으리이까” 합니다. 참으로 답답한 노릇입니다. 하나님께서는 “이제 가라 내가 네 입과 함께 있어서 할 말을 가르치리라”(4:12) 하시지 않았습니까? 주님께서도 “어떻게 무엇으로 대답하며 무엇으로 말할 것을 염려치 말라 마땅히 할 말을 성령이 곧 그 때에 너희에게 가르치시리라”(눅 12:11-12)고 약속하셨습니다. 그러므로 답답한 것은 모세만이 아닙니다. 확신을 가지십시다. 담대함을 가지십시다. 감당할 자신이 없노라고 그토록 핑계를 대던 모세가 감당하지를 못했습니까?

성경은 말씀합니다. “여호와께서 모세와 아론에게 말씀하사 그들로 〈이스라엘 자손〉과 애굽 왕 〈바로〉에게 명을 전하고 이스라엘 자손을 애굽 땅에서 인도하여 내게 하시니라”(13). 기어코 인도하여 내셨습니다. 모세는 훌륭하게 사명을 감당했던 것입니다. 형제에게 맡겨진 사명은 영광스러운 사명입니다. 형제의 사명은 중차대한 사명입니다.

7장

나를 여호와인줄 알리라

출 7:5

내가 내 손을 애굽 위에 펴서 이스라엘 자손을 그 땅에서 인도하여 낼 때에야 애굽 사람이 나를 여호와인줄 알리라 하시매.

모세가 바로에게 들어가서 "내 백성을 보내라"는 여호와 하나님의 명을 전했을 때에 바로의 반응은 "여호와가 누구관대 내가 그 말을 듣고 이스라엘을 보내겠느냐"(5:1-2)였습니다. 그렇다면 그에게 여호와가 누구인가를 명백히 보여줄 수밖에 없는 것입니다. 그러므로 본문에는 "나를 여호와인줄 알리라"는 말씀이 5절과 17절에 나옵니다. 그런데 유념해야할 점은 "여호와인줄 알게" 하여 그 앞에 무릎을 꿇고 입으로 시인케 하는 일은 영적인 전투를 통해서만 가능해진다는 사실입니다. 이제부터는 모세는 하나님의 대리자로, 바로는 사탄의 대리자가 되어 대결하는 양상이 전개되는 것입니다. 그러므로 "모세에게 이르시되 볼지어다 내가 너로 바로에게 신이 되게 하였다"(1)고 말씀하시는 것입니다. 그러므로 7장의 주제가 "나를 여호와인줄 알리라"가 됩니다. 이를 두 단원으로 나누어 상고하겠습니다.

첫째 단원(1-7) **내 군대, 내 백성**
둘째 단원(8-25) **원리적인 표적과 첫 재앙**

첫째 단원(1-7) **내 군대, 내 백성**

"바로가 너희를 듣지 아니할 터인즉 내가 내 손을 애굽에 더하여 여러 재앙을 내리고 내 군대, 내 백성 이스라엘 자손을 그 땅에서 인도하여 낼지라"(4).

"나는 입이 둔한 자이오니 바로가 어찌 나를 들으리이까"(6:30) 하고 또다시 좌절하는 모세에게 "여호와께서 모세에게 이르시되 볼지어다 내가 너로 바로에게 신이 되게 하였은즉 네 형 아론은 네 대언자가 되리라"(1)고 말씀하십니다. "바로에게 신이 되게 하였다"는 묘사는 하나님의 대리자임을 나타내는 말입니다. 4:16에서도 "너는 그(아론)에게 하나님같이 되리라"고 말씀한 바 있습니다. 주님도 이 말씀을 인용하셔서 "너희 율법에 기록된 바 내가 너희를 신이라 하였노라 하지 아니하였느냐 성경은 폐하지 못하나니 하나님의 말씀을 받은 사람들을 신이라 하셨거든"(요 10:34-35) 하고 이것이 하나님의 말씀을 맡은 자들에게 주어진 신적인 권위였음을 말씀하셨습니다. 말씀을 맡은 자들을 더 세워줄 수 있는 이 이상의 말이 무엇이 있겠습니까?

말씀의 사역자들은 "내가 너로 바로에게 신이 되게 하였은즉" 하신 신적인 권위로 대언해야 하는 것입니다. "대저 높이는 일이 동에서나 서에서 말미암지 아니하며 남에서도 말미암지 아니"(시 75:6) 합니다.

설교자의 권위는 하나님의 말씀을 바르게 대언 할 때 주어집니다. 사람을 기쁘게 하려고 교언영색(巧言令色)으로 말을 전한다면 그를 말 잘하는 자로 여길지도 몰라도 더 이상 하나님의 말씀으로 임하지를 못하게 되는 것입니다. 이는 하나님께 부여받은 신적인 권위를 스스로가 포기하는 일인 것입니다.

제가 모든 저서를 "…하다" 체로 쓰지 않고 "…합니다"를 고집하고 있는 이유가 여기에 있습니다. 저는 강의를 하고 있는 것이 아니라 하나님의 말씀을 선포하는 심정으로 이 책을 쓰고 있는 것입니다. 그러므로 이 책의 일차 독자가 누구이든 간에 이 책을 통해서 그가 먼저 하나님의 말씀을 듣게 되기를 열망하는 바램을 가지고 그를 향하여 하나님의 말씀을 대언하고 있는 것입니다.

내 군대, 내 백성

본 단원에서 새롭게 대두되는 것이 "내 군대, 내 백성"이라는 말씀입니다. 바로의 노예로 있는 이스라엘 자손을 "내 백성"이라고 부르신 하나님은 여기서는 "내 군대"라고 말씀하시는 것입니다. 앞으로도 그렇게 부르고(12:17, 41, 51) 계십니다. "사백 삼십 년이 마치는 그 날에 여호와의 군대가 다 애굽 땅에서 나왔은즉"(12:41) 합니다. 그들은 교육도, 훈련도 받지 못한 대물림을 한 노예들이었습니다. 그런 그들을 하나님은 "내 군대"라고 부르시는 것입니다. 군대란 싸움을 싸워야할 자들입니다. 무엇을 위한 싸움입니까? 하나님이 누구이신가를 알리는 싸움입니다. 곧 하나님의 이름과 영예를 위해서입니다. 신약적으로 말하면 "그 나라와 그의 의"를 위한 선한 싸움인 것입니다.

이 사명감에 누구보다도 투철했던 사람이 사도 바울이었습니다. "네가 그리스도의 좋은 군사로 나와 함께 고난을 받을지니 군사로 다니는 자는 자기 생활에 얽매이는 자가 하나도 없나니 이는 군사로 모집한 자를 기쁘게 하려 함이라"(딤후 2:3-4)고 말씀합니다. 우리는 하나님의 백성임과 동시에 하나님의 군대임을 명심해야만 합니다. 우리는 하나님의 자녀이나 지금은 주의 종으로 섬겨야할 자들입니다. 하나님의 군대는 "여호와의 명을 좇아 진을 치며 여호와의 명을 좇아 진행하고 또 모세로 전하신 여호와의 명을 따라 여호와의 직임을"(민 9:23) 지켜야할 자들인 것입니다. 그러므로 이제부터 모세는 더 이상 불순종을 하지 않고 "모세와 아론이 여호와께서 자기들에게 명하신 대로 곧 그대로 행하였더라"(6) 하고 순종하는 모습으로 등장을 합니다. 그리하여 또다시 바로에게로 갑니다. 여호와의 말씀을 대언하기 위해서.

둘째 단원(8-25) 원리적인 표적과 첫 재앙

"여호와께서 모세와 아론에게 일러 가라사대 바로가 너희에게 이르기를 너희는 이적을 보이라 하거든 너는 아론에게 명하기를 너의 지팡이를 가져 바로 앞에 던지라 하라 그것이 뱀이 되리라"(8-9).

본 단원에는 지팡이가 뱀이 되는 이적(8-13)과, 그 지팡이로 하수를 치매 그것이 피로 변한 첫 재앙(14-25)이 기록되어 있습니다. 지팡이가 뱀이 된 이적은 애굽 천지에 내린 재앙이 아니라 바로 앞에서 행한 첫 이적으로 하나님께서 모세를 대리자로 세우셨음을 믿게 하려는(4:5) 원리적인 표적이라 말할 수가 있습니다.

애굽의 술객들이 어떻게 지팡이로 뱀이 되게 했는지(11)는 설명이 없습니다. 왜냐하면 이 이적의 목적이 이를 설명하려는데 있는 것이 아니기 때문입니다. 이 표적을 통해서 나타내시고자 하는 계시는 분명합니다. 그것은 "아론의 지팡이가 그들의 지팡이를 삼키니라"는 말씀에서 구할 수가 있습니다. 그들이 아무리 대항한다할지라도 결국은 삼킨 바 될 것을 보여주시려는 것입니다. 그래서 원리적인 표적이라는 표현을 썼던 것입니다. 성경은 말씀합니다. "이 썩을 것이 썩지 아니함을 입고 이 죽을 것이 죽지 아니함을 입을 때에는 사망이 이김의 삼킨 바 되리라고 기록 된 말씀이 응하리라"(고전 15:54). 지금까지는 바로(사탄)가 하나님의 백성, 하나님의 군대를 종으로 삼고 사망으로 왕 노릇하였으나 이제는 이김의 삼킨 바가 되고야 말 것입니다.

첫 재앙

"여호와께서 모세에게 이르시되 바로의 마음이 완강하여 백성 보내기를 거절하는도다"(14).

그리하여 열 가지 재앙이 시작이 됩니다. 본문은 그 첫 재앙입니다. "모세와 아론이 여호와의 명하신 대로 행하여 바로와 그 신하의 목전에서 지팡이를 들어 하수를 치니 그 물이 다 피로 변했다"(20)고 말씀합니다. 첫 재앙과 결부된 핵심적인 말은 "피"라는 말입니다. 모두 5번(17, 19, 19, 20, 21)이나 등장합니다. 여기에는 몇 가지 의미가 있습니다.

① 애굽의 신들을 벌(12:12)하는 의미가 있습니다. 왜냐하면 애굽에서는 나일 강이 젖줄과 같아서 이를 신성시했는데 이를 피로 변케 하여 "죽고, 악취"(21)가 나게 했다는 것은 신을 벌한 것이 되었던 것입니다. 바로가 "물로 나오리니"(15) 한 것도 어떤 종교의식과 연관이 있는 것으로 여겨집니다.

② 그것은 앞으로 애굽 전역에서 일어나게 될 죽음에 대한 전주곡으로 여겨집니다. 열 가지 재앙은 피로 시작하여 피로 끝을 맺고 있습니다.

③ 이는 모세의 직분에 대한 상징성이 있습니다. 주님은 물로 포도주

가 되게 하셨으나 모세는 피가 되게 했습니다. 이점을 성경은 "의문은 죽이는 것이요 영은 살리는 것임이니라"(고후 3:6)고 말씀하고 있습니다.

"애굽의 술객들도 자기 술법으로 그와 같이 행하므로 바로의 마음이 강팍하여 그들을 듣지 아니하니 여호와의 말씀과 같더라"(22) 합니다. 바로의 술객들은 세 가지(뱀, 피, 개구리)를 따라 함으로 모세를 대적했습니다. 사도 바울은 이 술객들을 진리를 대적하는 거짓 교사들에 비하여 "얀네와 얌브레가 모세를 대적한 것같이 저희도 진리를 대적하니 이 사람들은 그 마음이 부패한 자요 믿음에 관하여는 버리운 자들이라"(딤후 3:8)고 말씀하고 있습니다. 이로 보건대 이들은 "큰 표적과 기사를 보이어 할 수만 있으면 택하신 자들도 미혹케 하리라"(마 24:24) 하신 거짓 선지자에 대한 그림자라 할 것입니다.

8장

자기 백성을 구별하신 하나님

출 8:23

"내가 내 백성과 네 백성 사이에 구별을 두리니 내일 이·표징이 있으리라 하셨다 하라 하시고".

8장에서도 모세는 일관되게 "내 백성을 보내라 그들이 나를 섬길 것이니라"(1, 20)는 하나님의 말씀을 대언합니다. 그리고 개구리 재앙(2), 이 재앙(16), 파리 재앙(21) 등 세 가지 재앙이 임하게 됩니다. 재앙의 목적은 변함 없이 "여호와인줄을 네가 알게 될 것이라"(10, 22)에 있습니다. "그러나 바로가 숨을 통할 수 있음을 볼 때에 그 마음을 완강케 하여 그들을 듣지 아니하였으니 여호와의 말씀과 같더라"(15) 합니다.

그런데 발전된 점은 재앙이 임할 때에 "구별"(區別)하심이 나타나고 있다는 점입니다. ① "내가 내 백성의 거하는 고센 땅을 구별하여" 그곳에는 재앙이 임하지 않게 하겠다 하십니다.

② "내 백성과 네 백성 사이에 구별을 두리니 내일 이 표징이 있으리라"(22-23)고 말씀합니다. "구별"하시겠다는 말씀을 반복해서 강조하십

니다. 하나님께서 "구별하심", 여기에 죽고 사는 문제가 달려 있는 것입니다. 이점을 마지막 재앙(유월절의 밤)에서 보게 될 것입니다. 그러므로 8장의 주제가 "자기 백성을 구별하신 하나님"이 될 수가 있습니다. 이를 두 단원으로 나누어 상고하겠습니다.

첫째 단원(1-15) **내 백성을 보내라**
둘째 단원(16-32) **고센 땅을 구별하신 하나님**

첫째 단원(1-15) **내 백성을 보내라**

"여호와께서 모세에게 이르시되 너는 바로에게 가서 그에게 이르기를 여호와의 말씀에 내 백성을 보내라 그들이 나를 섬길 것이니라"(1).

이는 두 번째(5:1, 8:1) 선포입니다. "네가 만일 보내기를 거절하면 내가 개구리로 너의 온 지경을 칠지라"(1-2) 하십니다. 그리하여 "아론이 팔을 애굽 물들 위에 펴매 개구리가 올라와서 애굽 땅에 덮이니"(6) 합니다. 이는 두 번째 재앙입니다.

바로가 말합니다. "여호와께 구하여 개구리를 나와 내 백성에게서 떠나게 하라 내가 이 백성을 보내리니 그들이 여호와께 희생을 드릴 것이니라"(8). 모세는 대답하기를 "어느 때에" 떠나게 하리이까(9) 하고 묻습니다. 이는 개구리가 올라온 일이나 떠나게 된 일이 우연히 된 일이 아님을 확증하려는 의도로 여겨집니다. 바로는 "내일이니라"(10) 합니다. 이렇게 말한 것은 다급하지가 않아서가 아니라 하루쯤 지나면 혹시 저절로 없어지지 않을까 하는 계산에서 그리한 듯 합니다. 모세가 말합니다. "왕의 말씀대로 하여 왕으로 우리 하나님 여호와와 같은 이가 없는 줄을 알게 하리니"(10) 합니다. 모든 초점이 "우리 하나님 여호와와 같은 이가 없는 줄을 알게 하리니"로 모아지고 있음을 유념해야만 합니다.

"그러나 바로가 숨을 통할 수 있음을 볼 때에 그 마음을 완강케 하여 그들을 듣지 아니하였으니 여호와의 말씀과 같더라"(15) 합니다. 사탄은 "숨을 통할 수 있을" 동안, 다시 말하면 여자의 후손이 "네 머리를 상하게 할 것이요" 하기 전까지는 결코 항복하지 않을 것입니다.

둘째 단원(16-32) 고센 땅을 구별하신 하나님

"그 날에 내가 내 백성의 거하는 고센 땅을 구별하여 그곳에는 파리 떼가 없게 하리니 이로 말미암아 나는 세상 중의 여호와인 줄을 네가 알게 될 것이라"(22).

세 번째 재앙은 "이 재앙"(16-17)입니다. 술객들이 첫째와 둘째 재앙은 흉내를 내었으나 세 번째 재앙부터는 따라하지를 못하게 되자 바로에게 말합니다. "이는 하나님의 권능이니이다". 그러나 "바로의 마음이 강퍅케 되어 그들을 듣지 아니하였으니 여호와의 말씀과 같더라"(19) 합니다.

모세는 하나님의 명을 좇아 바로에게 또다시 "내 백성을 보내라 그들이 나를 섬길 것이니라"(20)고 대언을 합니다. 이는 세 번째 선포입니다. 네가 만일 내 백성을 보내지 아니하면 파리 떼로 치시겠다고 말씀합니다. 이는 네 번째 재앙입니다. 그런데 세 번째 재앙까지에서 는 언급이 없던 중대한 진보가 나타납니다. "그 날에 내가 내 백성의 거하는 고센 땅을 구별하여 그곳에는 파리 떼가 없게 하리니" 하십니다. 23절에서는 "내가 네 백성과 내 백성 사이에 구별을 두리니" 하십니다. 이것을 보고도 "저들은 내 백성이요, 나는 저들의 하나님"인줄을 모르겠느냐?

는 뜻이 있습니다. 이로 보건대 이제까지는 애굽 천지에 임한 재앙이 고센 땅에도 있었던 것으로 여겨집니다. 이는 애굽 사람이나 이스라엘 자손이나 모두가 "죄 아래" 있음을 나타내주고 있습니다. 그런데 이제부터 "구별"을 두어서 재앙이 고센 땅에는 임하지 않게 하시겠다는 말씀입니다. 명심해야할 점은 여기서 시작된 "구별하심"이 "재앙"에만 국한된 것이 아니라 유월절로 이어져 "멸망과 구원"이라는 문제와 결부됨을 놓쳐서는 아니 됩니다.

은혜로 택하여 구별하심

그러므로 "구별"을 두겠다는 말은 구속사의 관점으로 바라보게 될 때 사활(死活)을 좌우할 만큼 중요한 주제인 것입니다. 왜냐하면 이는 하나님의 주권적인 선택교리와 결부되기 때문입니다. 신명기 7:6-8에 의하면 모세는 하나님께서 천하만민 중에서 이스라엘을 택하신 뜻을 세 가지로 들고 있습니다. 이는 우리를 택하신 하나님의 의도를 아는데 중요한 말씀이 됩니다.

① 여호와께서 너희를 기뻐하시고(7),

② 여호와께서 다만 너희를 사랑하심을 인하여(8상),

③ 또는 너희 열조에게 하신 맹세를 지키려 하심을 인하여(8하) 저들을 택하시고, 구속하여 하나님의 백성을 삼으시고, 애굽 땅 바로의 종 되었던 데서 인도하여내셨다고 말씀합니다.

성경은 이 선택교리에 대하여 해설하기를 "그런즉 이와 같이 이제도 은혜로 택하심을 따라 남은 자가 있느니라 만일 은혜로 된 것이면 행위로 말미암지 않음이니 그렇지 않으면 은혜가 은혜 되지 못하느니라"(롬 11:5-6)고 전적인 하나님의 은혜에 근거하고 있음을 말씀해주고 있습니다.

그러므로 하나님께서 "내가 내 백성과 네 백성 사이에 구별을 두리니"(23) 하심이 저들이 자격이 있어서가 아니라 전적인 하나님의 은혜로 된 것임을 명심, 또 명심해야만 하는 것입니다. 다시 말하면 행위로 된 것이 아니라 하나님의 은혜로 된 것이라는 말씀입니다. 그리고 은혜란 우리는 값없이 거저 받는 것이지만 하나님께서 은혜를 베푸심은 예수 그리스도의 구속을 통해서만 가능하다는 사실입니다. 왜냐하면 하나님은 공의(公義)로우시기 때문입니다.

이점을 명백하게 보여주는 계시가 마지막 재앙에서 나타납니다. "밤중에 여호와께서 애굽 땅에서 모든 처음 난 것 곧 위에 앉은 바로의 장자로부터 옥에 갇힌 사람의 장자까지와 생축의 처음 난 것을 다 치시매 그 밤에 바로와 그 모든 신하와 모든 애굽 사람이 일어나고 애굽에 큰 호곡이 있었으니 이는 그 나라에 사망치 아니한 집이 하나도 없었음이었더라"(12:29-30). 그런데 이스라엘 집에는 재앙이 임하지 않았습니다. 이것이 어떻게 가능했습니까? 오직 "유월절 어린양"의 피로 애굽 사람의 집과 구별하셨기 때문입니다. 그들은 "피 안에, 은혜 안에" 있었기에 가능했던 것입니다.

택하심의 원리는 신구약이 동일합니다. 이점이 영적 이스라엘인 우리들을 택하심에서 명백하게 드러납니다.

① "그 기쁘신 뜻대로"(엡 1:5상) 즉 우리를 택하심이 하나님이 "기쁘셔서" 그렇게 하셨다고 말씀합니다.

② "우리로 사랑 안에서"(엡 1:4하) 즉 하나님께서 사랑하시기 때문에 택하셨다고 말씀합니다.

③ "그리스도 안에서 우리를 택하사"(엡 1:4상) 즉 그리스도의 대속의 피를 통하여 택하여주셨다는 말씀입니다. 이제 확실합니까? 하나님이 형제를 택하심이 기쁘셔서, 사랑하시기 때문에, 그리스도의 대속을 통하여 해주셨다는 말씀 앞에 형제의 심정은 어떠합니까? "내가 내 백

성과 네 백성 사이에 구별을 두리니"(23) 라는 말씀 속에는 이러한 엄청난 뜻이 내포되어 있는 것입니다.

바로의 타협안

"바로가 모세와 아론을 불러 이르되 너희는 가서 이 땅에서 너희 하나님께 희생을 드리라"(25)고 다급해지자 타협안을 제시합니다. 만일 이 타협안을 받아드린다면 어찌 될까요? 하나님께서 아브라함과 이삭과 야곱에게 세워주신 언약이 무엇인가를 상기하기를 바랍니다. ① 자손(그리스도)을 주리라. ② 땅(가나안)을 주리라. ③ 자손으로 말미암아 천하만민이 복(구원)을 얻으리라는 세 가지로 요약이 됩니다. 이는 아브라함의 자손으로 그리스도를 보내셔서 천하만민을 구원하시려는 구원계획입니다. 하나님은 이를 이루시기 위해서 선민 이스라엘을 그리스도가 태어나실 가나안 땅으로 인도하려 하시는데 바로, 즉 사탄은 악착같이 애굽에 붙잡아두려고 발악을 하고 있는 것입니다. 출애굽은 이스라엘 민족의 해방운동이 아닙니다. 하나님의 나라 건설운동인 것입니다.

모세는 한마디로 "그리함은 불가하니이다"(26)고 거부합니다. 그렇습니다. 애굽에 머물면서 바로와 하나님을 동시에 주(主)로 섬긴다는 것은 불가한 것입니다. 그런데 많은 하나님의 백성들이 사탄의 타협안에 승복하여 이 땅에 머물면서 하나님을 섬기려하고 있는 것은 아닌지요? 모세가 일언직하에 거부하자 바로는 "너무 멀리는 가지 말라"(28)는 제2의 타협안을 제시합니다. 이는 보내기는 보내되 자신의 지배권 내에 머물러두려는 술책인 것입니다. 사탄은 회유(懷柔)하기를 예수를 믿기는 믿되 "이 땅에서" 믿어라, 너무 멀리는 가지 말라" 즉 적당히 믿어라 하고 속삭입니다.

하나님께서는 애굽에서 떠나게 하고, 다시는 돌아가지 못하게 하시려는 것입니다. 그러나 바로는 그들을 잡아두려 하고, 자신의 지배권 내에 두려고 합니다. 그런데 훗날 백성들은 "애굽으로 돌아가자"(민 14:4), "우리가 애굽에 있을 때에는"(민 11:5) 하고 애굽을 못 잊어하고 있는 한심한 모습을 보게 되는 것입니다.

9장

능력을 보이시기 위한 방편

출 9:16

"내가 너를 세웠음은 나의 능력을 네게 보이고 내 이름이 온 천하에 전파되게 하려 하였음이니라"(16).

9장의 내용은 모세가 바로에게 네 번째(1)와, 다섯 번째(13), "내 백성을 보내라 그들이 나를 섬길 것이니라" 하고 하나님의 말씀을 선포하는 내용입니다. 그러나 바로의 마음이 강퍅하여 보내지 않음으로 다섯 번째로 "우양을 악질로 치는 재앙"(3)과, 여섯 번째로 "사람과 짐승에게 독종이 임한 재앙"(9)과, 일곱 번째로 "불 우박의 재앙"(18)이 임하게 됩니다. 재앙의 목적은 변함 없이 "너로 온 천하에 나와 같은 자가 없음을 알게 하리라"(14) 하신 하나님의 자기계시에 있습니다.

그런데 여기 또 발전된 계시가 있습니다. 그것은 하나님께서 바로를 향하여 "내가 너를 세웠다"(16상)고 말씀하고 있다는 점입니다. 하나님께서 모세만 세우신 것이 아니라 바로도 "세우셨다"는 데 비상한 관심을 갖게 합니다. 세우신 의도는 "나의 능력을 네게 보이고 내 이름이 온 천하에 전파되게 하려 하였음이니라" 하십니다. 본 장의 중심점이 여기에 있습니다. 그러므로 9장의 주제를 "능력을 보이기 위한 방편"으로 정하게 된 것입니다. 이를 두 단원으로 나누어 상고하겠습니다.

첫째 단원(1-12) **바로의 마음을 강퍅케 하심**
둘째 단원(13-35) **이름이 온 천하에 전파되게 하려함**

첫째 단원(1-12) **바로의 마음을 강퍅케 하심**

"여호와께서 모세에게 이르시되 바로에게 들어가서 그에게 이르라 히브리 사람의 하나님 여호와께서 말씀하시기를 내 백성을 보내라 그들이 나를 섬길 것이니라"(1).

이는 네 번째 선포입니다. "네가 만일 그들 보내기를 거절하고 억지로 잡아두면 여호와의 손이 들에 있는 네 생축 곧 말과 나귀와 약대와 우양에게 더하리니 심한 악질이 있을 것이며 여호와가 이스라엘의 생축과 애굽의 생축을 구별하리니 이스라엘 자손에 속한 것은 하나도 죽지 아니하리라"(2-4) 하십니다. 이는 다섯 번째 재앙인 것입니다. "이튿날에 여호와께서 이 일을 행하시니", 바로가 신하를 보내어 확인해보니 "애굽의 모든 생축은 죽었으나 이스라엘 자손의 생축은 하나도 죽지 아니하였더라"(6-7) 합니다. "그러나 바로의 마음이 완강하여 백성을 보내지 아니하니라"(7하) 합니다.

그리하여 여섯 번째 재앙으로 "애굽 온 땅의 사람과 짐승에게" 독종(9)이 발하는 재앙이 임하게 됩니다. "그러나 여호와께서 바로의 마음을 강퍅케 하셨으므로 그들을 듣지 아니하였다"(12)는 상식적으로는 이해하기 어려운 말씀을 대하게 됩니다. 생각해 보십시오. 하나님께서

"내 백성을 보내라" 하시면서 동시에 "바로의 마음을 강퍅케 하셨으므로" 보내지 않았다니 인간의 생각으로는 이해가 되지 않는 것입니다. 그런데 여기에는 하나님의 중요한 의도가 있는 것입니다. 이점을 다음 단원에서 살펴보겠습니다.

둘째 단원(13-35) 이름이 온 천하에 전파되게 하려함

"여호와께서 모세에게 이르시되 아침에 일찍이 일어나 바로 앞에 서서 그에게 이르기를 히브리 사람의 하나님 여호와의 말씀에 내 백성을 보내라 그들이 나를 섬길 것이니라"(13).

이는 다섯 번째 선포입니다. 이에 수반하여 "우박의 내림과 불덩이가 우박에 섞여 내리는"(24) 일곱 번째 재앙이 임하게 됩니다. 그러나 "이스라엘 자손이 거한 고센 땅에는 우박이 없었더라"(26) 합니다. 이점에서 "악질"이나 "우박이 없었더라" 만 생각해서는 너무나 근시안적인 것입니다. 하나님의 계획하심이 이것이 전부가 아니기 때문입니다. 하나님은 그들을 유월절 어린양의 피로 구별하여 약속의 땅 가나안으로 인도하시려는 계획을 갖고 계시는 것입니다. 그렇습니다. 성도들은 지옥 형벌만을 면한 것이 아닙니다. 영원한 천국으로 인도하시려는 것입니다.

그런데 여기 중요한 말씀이 등장합니다. 하나님께서 바로에게 "내가 너를 세웠음은 나의 능력을 네게 보이고 내 이름이 온 천하에 전파되게 하려 하였음이니라"(16)는 말씀이 그것입니다. 사도 바울도 이 말씀을 인용(롬 9:17)하여 하나님의 절대주권을 증거하고 있을 만큼 중요한 의미가 있는 것입니다.

① 내가 너를 세웠음은,

② 나의 능력을 네게 보이고,

③ 내 이름이 온 천하에 전파되게 하려 하였음이니라.

이 말은 "능력을 보이시기 위한 방편"으로 삼았다는 뜻입니다. 그리고 능력을 보이시는 목적은 "내 이름이 온 천하에 전파되게 하려 함"(16하)이라고 말씀합니다. 이 목적을 위해서 하나님은 바로의 마음을 강팍하게 하셨고 지금까지 살려두셨다는 말이 됩니다. 열 가지 재앙을 내리신 것에 관해서 오해를 해서는 아니 됩니다. 지금 하나님은 일곱 번째 재앙을 준비하고 계십니다. 그런데 마치 권투선수가 상대방에게 펀치를 여섯 번이나 날렸는데 빗맞았다던가 위력이 약해서 넘어질 듯하다가도 다시 일어나듯 그런 것이 아니라는 말씀입니다. 바로를 KO시키기 위하여 열 번의 재앙이 다 필요했던 것은 아닙니다. 그러므로 15절에서는 "내가 손을 펴서 온역으로 너와 네 백성을 쳤더면 네가 세상에서 끊어졌을 것이나"(15) 하십니다. 즉 한 방에 벌써 죽었을 것이라는 말씀입니다.

그러나 그렇게 하지 않으신 것은 "나의 능력을 네게 보이고 내 이름을 온 천하에 전파되게 하려 하심"(16)에서였다는 것입니다. 그렇다면 바로에게 보이시려는 그 "능력"이란 무엇을 가리키는 말씀일까요? 모든 재앙을 가리킬 수가 있습니다. 그러나 이를 평면적으로 생각해서는 부족합니다. 하나님께서 열 가지 재앙을 통해서 초점을 어디로 모아가고 있는가를 깨달아야만 하는 것입니다.

10:1-2에 보면 하나님께서 바로의 마음을 강팍케 하신 의도를 좀 더 자세히 밝히고 있습니다. ① "내가 그의 마음과 그 신하들의 마음을 완강하게 함은 나의 표징을 그들(바로) 중에 보이기 위함이며"(1), ② "내가 그 가운데 행한 표징을 네(이스라엘) 아들과 네 자손의 귀에 전하게 하려 함이라"(2) 하십니다. 즉 바로 뿐만이 아니라 이스라엘 자손들에게 표징을 보여 대대로 전하게 하기 위해서라는 것입니다. 그렇다

면 그토록 "보이시고, 전하기를 원하시고, 온 천하에 전파되게 하시려는 표징"이 도대체 무엇일까요? 그것은 아홉 가지 재앙이 아니라 마지막 재앙 때 등장하는 유월절 어린양이었던 것입니다. 바로 입장에서는 모든 장자가 죽는 재앙이요, 이스라엘 입장에서는 그 피로 말미암아 구원을 얻게 되는 표징이었던 것입니다.

그러므로 11:1에서는 "내가 이제 한 가지 재앙을 바로와 애굽에 내린 후에야 그가 너희를 여기서 보낼지라"고 말씀하시는 것입니다. 하나님이 보여주고 전하기를 원하신 것은 열 가지 재앙이 아니라 "한 가지" 재앙이었던 것입니다. 하나님은 처음부터 이를 계획하시고 여기에 초점을 맞추어 추진해 나가셨던 것입니다. 그러므로 그 한 가지 재앙이 임하기까지는 바로의 마음이 강퍅한 대로 내어버려 두셨던 것입니다.

다시 강조합니다만 하나님께서는 이 표징을 통해서 "내 이름이 온 천하에 전파"(9:16)되기를 원하고 계십니다. 영적 논리로 말하면 "온 천하에 전파"되기를 원하신 그 "이름"은 "모든 이름 위에 뛰어난 이름을 주신"(빌 2:9) 우리 주 예수 그리스도의 이름이었던 것입니다. 그렇다면 누가 이 소식을 "온 천하에 전파"(16)하며, "네 아들과 네 자손의 귀에" 전하여줘서 그들로 "여호와를 알게" 해줄 것입니까? 말씀을 맡은 사역자들은 육적 출애굽을 통하여 영적 출애굽이 어떻게 해서 가능하게 되었는지를 증거 하는데 초점을 맞춰야 하는 것입니다.

10장

표징을 보이시려는 하나님의 의도

출 10:2

너로 내가 애굽에서 행한 일들 곧 내가 그 가운데서
행한 표징을 네 아들과 네 자손의 귀에 전하게 하려
함이라 너희가 나를 여호와인줄 알리라.

10장의 내용은 모세가 바로에게 여섯 번째로 "내 백성을 보내라" 하고 하나님의 말씀을 대언하는 것과, 응낙하지 않자 여덟 번째로 메뚜기 재앙과, 아홉 번째로 흑암의 재앙이 임하는 것과, 이에 따른 바로의 두 가지 타협안으로 되어 있습니다. 본 장의 중심적인 말씀은 이제까지 바로의 마음을 완강케 하신 의도가 어디에 있는가를 말씀하시는 1-2절이라 할 수가 있습니다. 한 가지 재앙으로도 바로를 굴복시킬 수(9:15) 있었음에도 불구하고 바로와 그의 신하들의 마음을 "완강케 함은 나의 표징을 그들 중에 보이기 위함"(1)이라고 말씀합니다. 하나님이 보이시려는 궁극적인 표징이 유월절 어린양의 표징인 것입니다.

이 표징을 "네 아들과 네 자손의 귀에 전하게 하려 함이라 너희가 나를 여호와인줄 알리라"(2) 하십니다. 그러므로 우리들도 이 표징을 장년들에게는 물론 자녀들에게도 전하여주어서 하나님을 알게 해주어야만 하는 것입니다. 그러므로 10장의 주제가 "표징을 보이시려는 하나님의 의도"가 될 수가 있습니다. 이를 두 단원으로 나누어 상고하겠습니다.

첫째 단원(1-20) **아들과 자손의 귀에 전하게 하려 함**
둘째 단원(21-29) **바로의 타협안**

첫째 단원(1-20) **아들과 자손의 귀에 전하게 하려함**

"모세와 아론이 바로에게 들어가서 그에게 이르되 히브리 사람의 하나님 여호와께서 말씀하시기를 네가 어느 때까지 내 앞에 겸비 치 아니하겠느냐 내 백성을 보내라 그들이 나를 섬길 것이니라"(3).

이는 "내 백성을 보내라"는 여섯 번째 선언입니다. "네가 만일 내 백성 보내기를 거절하면 내일 내가 메뚜기로 네 경내에 들어가게 하리니"(4) 하고 메뚜기 재앙이 임하게 될 것을 선포합니다. 메뚜기 재앙은 여덟 번째 재앙이 됩니다. "바로의 신하들이 그에게 고하되 어느 때까지 이 사람이 우리의 함정이 되리이까 그 사람들을 보내어 그 하나님 여호와를 섬기게 하소서 왕은 아직도 애굽이 망한 줄을 알지 못하시나이까"(7) 하고 진언합니다.

그리하여 모세와 아론을 다시 불러 "가서 너희 하나님 여호와를 섬기러 갈자는 누구 누구뇨" 하고 묻습니다. "우리가 여호와 앞에 절기를 지킬 것인즉 우리가 남녀 노소와 우양을 데리고 가겠나이다"(8-9) 하고 대답합니다. 바로는 "그는 불가하니 너희 남정(男丁)만 가서 여호와를 섬기라"(11)고 말합니다. 그러니까 부녀자와 자녀들은 두고 가라는 것입니다. 이들을 볼모로 잡아두려는 계략인 것입니다. 이는 세 번째 타협안인 것입니다.

생각해 보면 사탄이 내건 타협안은 간교한 데가 있습니다. 왜냐하면 이 타협안은 2절에서 말씀하고 있는 하나님의 말씀과 정면으로 충돌하고 있기 때문입니다. 하나님께서는 "너로 내가 애굽에서 행한 일들 곧 내가 그 가운데서 행한 표징을 〈네 아들과 네 자손〉의 귀에 전하게 하려 함이라", 그렇게 함으로 자녀들로 하여금 "너희가 나를 여호와인줄 알리라"고 말씀하셨습니다. 그런데 그 자녀들을 두고 가라는 것입니다.

이후에 너희 자녀가 묻기를

하나님께서 유월절을 지키라 명하신 의도가 어디에 있습니까? 이는 당대를 위해서가 아닙니다. "이 후에 〈너희 자녀〉가 묻기를 이 예식이 무슨 뜻이냐 하거든 너희는 이르기를 이는 여호와의 유월절 제사라 여호와께서 애굽 사람을 치실 때에 애굽에 있는 이스라엘 자손의 집을 넘으사 우리의 집은 구원하셨느니라 하라"(12:26-27)고 자녀들에게 여호와의 행사를 잊지 않도록 계승시켜 주기 위해서였던 것입니다. 그런데 남자만 가라는 것입니다.

모세가 모압 평지에서 죽기 전에 마지막으로 행한 것이 무엇인지 아십니까? 40년 광야생활 중에 태어난 제2세대(자녀)들을 소집하여 하나님 여호와 앞에 세우고 "너희 하나님 여호와의 언약에 참여하며 또 너희 하나님 여호와께서 오늘날 네게 향하여 하시는 맹세에 참여"(신 29:11-12)시킨 일이었던 것입니다. 이토록 "표징을 네 아들과 네 자손의 귀에 전하게"(2) 하는 일은 부모 된 자의 중요한 사명인 것입니다. 그런데 자녀들은 두고 가라는 것입니다.

신약시대에 와서도 주님께서 성찬식을 행하여 기념하라 하신 의도가 어디에 있습니까? 열 두 사도를 위해서가 아닙니다. 성경은 말씀합니다. "너희가 이 떡을 먹으며 이 잔을 마실 때마다 주의 죽으심을 오실 때까지(자손 대대로) 전하는 것이니라"(고전 11:26). 그러하건만 간교한 사탄의 궤계에 타협한 하나님의 백성들이 의외로 많은 것입니다. 성경 역사를 통해서 볼 때 사사기 2:10절이 그 대표적인 예라 말할 수가 있습니다. "그 세대 사람도 다 열조에게로 돌아갔고 그 후에 일어난 다른 세대는 여호와를 알지 못하며 여호와께서 이스라엘을 위하여 행하신 일도 알지 못하였더라" 합니다. 그리하여 사사시대의 그 악순환은 계속되었던 것입니다.

그러므로 "하나님을 알게 하는 것", 이것이 첫째입니다. 어떻게 하면 하나님을 알게 할 수가 있을까요? 2절에 있습니다. 하나님께서 "행한 일들, 행한 표적"을 전해주어야만 하나님을 알게 되는 것입니다. 하나님께서 행한 일들 중에 최대의 행사는 "구속하여 내 백성을 삼고" 하신 구속 사역인 것입니다. 구속사역 중에서도 최대의 표적은 "요나의 표적"이라 말씀하신 주님의 죽으심과 부활 사건인 것입니다. 이를 자손들에게 전해줌으로 "여호와를 알게" 해주어야만 합니다. 이것이 "표징을 보이시려는 하나님의 의도"입니다. 이에 역행하는 사례들을 생각함으로 경각심을 갖고자 합니다.

① 하나님보다는 성경에 등장하는 인물에게 초점을 맞추게 될 때 하나님을 알지를 못하게 됩니다.

② 하나님이 행해주신 "하나님의 행사"보다는 인간이 행해야할 교훈에 강조점을 두게 될 때 하나님을 알지를 못하게 됩니다.

③ 십자가 복음보다는 오병이어의 기적이나 축복에 열을 올리게 될 때 하나님을 알지를 못하게 됩니다.

④ 청소년들에게 성경을 동화나, 위인전기처럼 말해준다면 하나님을

알지 못하게 될 것입니다. 오늘날 우리의 자녀들은 하나님께서 아브라함과 이삭과 야곱에게 언약하신 바를 어떻게 이루어오셨는가에 관해서 얼마나 알고 있습니까? 만일 모르고 있다면 그는 하나님을 알지 못하고 있는 것입니다. 그리하여 하나님을 섬기러 나오는 것은 어른들뿐이고 자녀들은 이러 저러한 핑계로 두고 오는 경우가 점점 늘어가고 있는 것은 아닙니까?

둘째 단원(21-29) **바로의 타협안**

"여호와께서 모세에게 이르시되 하늘을 향하여 네 손을 들어서 애굽 땅 위에 흑암이 있게 하라 곧 더듬을 만한 흑암이리라"(21).

그리하여 아홉 번째 재앙인 "암흑"이 삼 일 동안 애굽 온 땅을 뒤덮어 버렸던 것입니다. 그러나 "이스라엘 자손이 거하는 곳(고센 땅)에는 광명(光明)이 있었더라"(21-23)고 말씀합니다. "바로가 모세를 불러서 이르되 너희는 가서 여호와를 섬기되 너희 양과 소는 머물러 두고 너희 어린것은 너희와 함께 갈지니라"(24)고 네 번째 타협안을 제시합니다. 이스라엘 자손들에게는 "양과 소"는 온 재산이었을 것입니다. 그런데 이를 두고 몸만 가라는 것입니다. 그러니까 재산을 볼모로 잡아두려는 계략이었던 것입니다. 만일 이 타협안을 받아드렸다면 어떻게 되었을 것인가? 분명 롯의 아내처럼 뒤를 돌아보게 되어 결국 벗어나지를 못하고 되돌아오고야 말았을 것입니다. 그렇지 않아도 그들은 애굽에 대한 미련을 버리지 못하고 "애굽으로 돌아가자"고 말하지 않았던가? 주님은 말씀합니다. "네 보물 있는 그 곳에는 네 마음도 있느니라"(마 6:21). 그러니까 마음은 애굽에다 붙들어 놓고 몸(겉껍데기)만 보내려는 것입니다.

　　바로가 제시한 네 가지 타협안을 생각해 봅니다. ① 이 땅에서 하나님께 희생을 드리라(8:25), ② 너무 멀리는 가지 말라(8:28), ③ 너희 남정만 가서 섬겨라(10:11), ④ 양과 소는 머물러 두고 갈지니라(10:24). 스스로 물어봅니다. 나는 네 가지 타협안에 대하여 모세가 한 것처럼 단호히 거부하였다고 말할 수가 있는가? 아니면 넷 중에 몇 가지에 싸인을 했는가? 아니면 몽땅 받아드린 것은 아닌가? 형제여, 하나님을 섬기되 "이 땅에서 섬기겠다"고 하면 사탄은 굳이 말리지 않을 것입니다. "너무 멀리만 가지 않는다"면 사탄은 용납할 것입니다. "남정들만 가겠다"고 말한다면 회심의 미소를 지을 것입니다. "양과 소는 머물러 두고 가겠다"고 말한다면 쾌재를 부를 것입니다.

11장

한 가지 표징을 보이기를 원하신 하나님

출 11:1

여호와께서 모세에게 이르시기를 내가 이제 한 가지
재앙을 바로와 애굽에 내린 후에야 그가 너희를 여
기서 보낼지라 그가 너희를 보낼 때에는 여기서 정
녕 다 쫓아내리니.

　하나님은 모세에게 이제 한 가지 재앙만이 남았다고 말씀하십니다. 그 한 가지 재앙이 12장에 기록되어 있습니다. 그러니까 11장은 12장의 서론이라고 말할 수가 있습니다. 하나님은 이 한 가지 재앙을 내림으로 바로가 보내게 될 것을 처음부터 알고 계셨습니다. 아신 것만이 아니라 계획하시고 추진해 오셨다고 말하는 것이 더 정확한 표현인 것입니다.

　지금까지 아홉 가지 재앙을 내렸습니다. 그런데 그때마다 이상하다 하리 만치 "여호와께서 바로의 마음을 강퍅케 하셨음으로"(10) 보내지 않았다고 말씀했습니다. 그리고 10:1에서는 그렇게 "완강케 함은 나의 표징을 그들 중에 보이기 위함"이라고 말씀합니다. 그러니까 이 한 가지 표징을 보이시기 위해서, 그리고 이 한 가지 재앙에 모든 이목을 집중시키기 위해서 아홉 가지 재앙은 필요했던 것이라고 말할 수가 있는 것입니다. 다시 강조합니다만 아홉 가지 재앙으로 안 되니까 열 번째 재앙을 마련하신 것이 아닙니다. 그러므로 11장의 주제가 "한 가지 표징을 보이기를 원하신 하나님"이 될 수가 있습니다. 그렇다면 하나님께서 그토록 보이기를 원하시는 그 "한 가지 표징"이란 무엇일까요?

첫째 단원(1-10) 처음 난 것이 죽을지라

"애굽 가운데 처음 난 것은 위에 앉은 바로의 장자로부터 맷돌 뒤에 있는 여종의 장자까지와 모든 생축의 처음 난 것이 죽을지라"(5).

이것이 "한 가지 재앙"이었던 것입니다. "그러나 이스라엘 자손에게는 사람에게나 짐승에게나 개도 그 혀를 움직이지 않으리니 여호와가 애굽 사람과 이스라엘 사이에 구별하는 줄을 너희가 알리라" 하십니다(7). 이것이 "구별"하심의 절정입니다. 다른 재앙 때 구별하심을 받았다 하여도 유월절의 밤에 구별하심을 받지 못한다면 무익한 것입니다. 반대로 다른 물질이나 축복에 구별하심을 받지 못했다하여도 "구속하여 내 백성을 삼고" 하심에 구별하심을 받을 수만 있다면 우리도 하박국 선지자처럼 말할 수가 있는 것입니다.

비록 무화과나무가 무성치 못하며,
포도나무에 열매가 없으며,
감람나무에 소출이 없으며,
밭에 식물이 없으며,
우리에 양이 없으며,

외양간에 소가 없을지라도,
나는 여호와를 인하여 즐거워하며
나의 구원의 하나님을 인하여 기뻐하리로다(합 3:17-18).

장자의 대표성

그렇다면 처음 난 것 즉 "장자"(5)를 심판하신다는 의미가 무엇인가 하는 물음이 제기됩니다. 여기서 "장자"란 대표성(代表性)을 일컫는 묘사인 것입니다. 그러니까 애굽의 장자를 심판하신다는 것은 애굽의 모든 자가 심판을 받게 됨을 뜻하는 것입니다. 왜 그렇습니까? 성경은 "이러므로 한 사람으로 말미암아 죄가 세상에 들어오고 죄로 말미암아 사망이 왔나니 이와 같이 모든 사람이 죄를 지었으므로 사망이 모든 사람에게 이르렀느니라"(롬 5:12)고 말씀하고 있기 때문입니다. 그렇습니다. 그들은 "원죄"하에서 태어났고 결국 "심판 아래, 사망 아래" 있었던 것입니다. 유의해야할 점은 바로와 애굽 사람만 "죄 아래 있고, 심판 아래" 있었던 것은 아닙니다. 성경은 "온 세상이 하나님의 심판 아래"(롬 3:19) 있다고 말씀하고 있습니다.

그렇다면 이스라엘 자손들은 예외란 말인가? 아닙니다. 성경은 말씀하기를 "그러면 어떠하뇨 우리는 나으뇨 결코 아니라 유대인이나 헬라인이나 다 죄 아래 있다고 우리가 이미 선언하였느니라"(롬 3:9)고 말씀합니다. 장자를 치는 심판은 "온 세상이 죄 아래" 있고 그리하여 "온 세상이 하나님의 심판 아래" 있음을 상징적으로 보여주고 있습니다.

그러나 "여호와가 애굽 사람과 이스라엘 사이에 구별하는 줄을 너희가 알리라"(7) 하십니다. 그렇다면 무엇으로 "구별"하시는가? 이는 사활을 좌우하는 구별인 것입니다. 구별함을 받지 못한 자는 "바로의 장자로부터 맷돌 뒤에 있는 여종의 장자까지" 다 죽임을 당했으나 구별함을 받은 이스라엘은 "사람에게나 짐승에게나 개도 그 혀를 움직이지 않으리니" 하고 안전히 보호되었기 때문입니다. 그렇다면 무엇이 이토록 생과 사를 구별하여 놓았단 말인가? 출애굽기는 이 "한 가지 표징"을 보여주기 위해서 기록되었다 해도 과언이 아닌 것입니다. 이를 계시하기 위하여 "여호와께서 바로의 마음을 강팍케 하셨으므로 그가 이스라엘 자손을 그 나라에서 보내지 아니하였더라"(10)고 말씀하고 있는 것입니다. 다음 장에서 하나님께서 그토록 보여주기를 원하시는 그 한 가지 표징을 보게 될 것입니다.

*12*장

유월절 양의 피로 구속하심

출 12:13

> 내가 애굽 땅을 칠 때에 그 피가 너희 거하는 집에 있어서 너희를 위하여 표적이 될지라 내가 피를 볼 때에 너희를 넘어가리니 재앙이 너희에게 내려 멸하지 아니하리라.

드디어 출애굽기의 심장 부분에 이르게 되었습니다. 12장의 핵심은 유월절 양이 죽임을 당하여 흘린 "피"에 있습니다. "내가 피를 볼 때에 너희를 넘어가리니" 하십니다. 이 피가 뿌려져 있느냐의 여부를 따라 이스라엘 집과 애굽의 집(신자와 불신자)이 "구별"(11:7)이 되었던 것입니다. 이는 구별만 해준 것이 아니라 피가 뿌려져 있느냐 없느냐에 따라 생(生)과 사(死)가 갈라졌던 것입니다. 하나님이 보여주기를 원하신 "한 가지 표징"이 바로 이것이었습니다.

여기에 명심해야할 점은 이스라엘 집에서도 죽음은 있었다는 사실입니다. 다만 어린양이 대신하여 죽었을 뿐입니다. 하나님께서는 6:12에서 "너희를 구속하여 너희로 내 백성을 삼고" 하셨는데 어린양으로 대신 죽임을 당케 하신 이것이 "구속"의 방도였던 것입니다. 그러므로 본 장의 주제가 "유월절 어린양의 피로 구속하심"이 될 수가 있습니다. 12장은 핵심 장이며 그래서 가장 긴 장이기도 합니다. 이를 여섯 단원으로 나누어 상고하겠습니다.

첫째 단원(1-2) **새로운 시작**
둘째 단원(3-14) **피를 볼 때에 넘어가리라**
셋째 단원(15-20) **무교절을 지키라**
넷째 단원(21-28) **명하신 대로 행하니라**
다섯째 단원(29-36) **가서 여호와를 섬기라**
여섯째 단원(37-51) **여호와의 군대를 인도하여 내심**

첫째 단원(1-2) 새로운 시작

"이 달로 너희에게 달의 시작 곧 해의 첫 달이 되게 하고"(2).

이스라엘 자손이 애굽에서 나온 달은 민간력으로 7월에 해당이 됩니다. 그런데 하나님께서는 "이 달로 너희에게 달의 시작 곧 해의 첫 달"이 되게 하라고 명하십니다. 그래서 종교력으로는 출애굽한 달이 정월이 되었던 것입니다. 이를 가나안식 이름으로 아빕월(바벨론식 이름으로는 니산월)이라고도 말합니다. 어찌하여 "이 달로 달의 시작 곧 해의 첫 달"이 되게 하라고 말씀하시는 것일까요?

① 구속함을 받기 이전의 삶이란 "허물과 죄로 죽은" 삶이었기 때문입니다. 창세기 4장에는 가인의 계보가 나오고 5장에는 셋의 계보가 나옵니다. 그런데 셋의 계보에는 언제 태어나서 언제 죽었다는 연대가 나

옵니다만 가인의 계보에는 이 연대가 없음을 발견하게 될 것입니다. 왜 그렇습니까? "저희 총명이 어두워지고 저희 가운데 있는 무지함과 저희 마음이 굳어짐으로 말미암아 하나님의 생명에서 떠나 있기"(엡 4:18) 때문입니다.

② 그들이 유월절 어린양의 피로 구속함을 얻어 하나님의 백성으로 다시 태어났기(거듭남) 때문입니다.

③ 그리하여 약속의 땅 가나안을 향하여 하나님과 동행하는 새로운 역사가 시작됨을 의미합니다. 이점을 신약에서는 "그런즉 누구든지 그리스도 안에 있으면 새로운 피조물이라 이전 것은 지나갔으니 보라 새 것이 되었도다"(고후 5:17)고 선언하고 있습니다. 얼마나 자상하신 하나님이십니까? 형제에게도 "달의 시작 곧 해의 첫 달"이 되게 하라는 전환점이 있었겠지요?

둘째 단원(3-14) 피를 볼 때에 넘어가리라

"너희는 이스라엘 회중에게 고하여 이르라 이 달 열흘에 너희 매인이 어린양을 취할지니 각 가족대로 그 식구를 위하여 어린양을 취하되"(3).

3-20절까지는 하나님께서 모세에게 하달하신 명령입니다. 여기가 출애굽기의 심장부분입니다. 뿐만 아니라 이를 앎으로 비로소 복음을 깨달을 수가 있는 것입니다. 그러므로 시간이 걸리더라도 심도 있게 살펴보아야만 합니다. 본 단원은 3-14까지의 내용입니다. "이 달 열흘에 각 가정마다 흠이 없는 일 년 된 어린양을 취하여 십 사일까지 간직하여 두라"(3-5)고 명하십니다.

흠 없는 어린양을 간직하여 두었다가

① 그 기간(10-14일까지)동안 "흠이 없는가" 살펴보라는 의미가 있을 것입니다. 왜냐하면 어린양은 흠이 없으신 그리스도를 예표하고 있기 때문입니다.

② 그 기간동안 어린양이 자신들을 위하여 죽어야 함을 마음 깊이 인식하게 하시기 위해서였을 것입니다.

③ 궁극적인 의미는 우리가 구속함을 얻은 것은 "오직 흠 없고 점 없는 어린양 같은 그리스도의 보배로운 피로 한 것이니라 그는 창세 전부터 미리 알리신 바 된 자나 (간직하여 두셨다가) 이 말세에 너희를 위하여 나타내신 바 되었으니"(벧전 1:18-20)를 계시하기 위함으로 여겨집니다. 하나님이 하시는 일은 임기응변으로 되어지는 일이란 하나도 없습니다. 하나님의 뜻 안에서 "간직하여" 두셨다가 때가 되면 이루시는 것입니다.

해 질 때에

"해 질 때에" 하고 시간을 지정하십니다. 어찌하여 "해 질 때"에 잡으라고 말씀하시는 것일까요? 성경적으로 볼 때 "해 질 때"란 하루가 끝나는 시간이요 새로운 날의 시작이 되는 시간이기 때문입니다. 그러므로 안식일의 규례도 "그 저녁부터 이튿날 저녁까지 안식을 지킬지니라"(레 23:32)고 말씀하시는 것입니다. 그러므로 "해 질 때"란 1절과 관련이 있습니다. 지난날을 청산하고 새로운 시대가 시작되는 시점인 것입니다. 그리스도는 구약시대를 마감하고 신약시대가 시작되는 "해 질 때에" 오신 것입니다. 성경은 말씀합니다. "이 모든 날 마지막에 아들로 우리에게 말씀하셨으니"(히 1:2), 그리하여 주님은 율법의 마침이 되시고 복음의 시작이 되셨습니다. 참으로 예수 그리스도의 오심은 역사를 기원 전과 기원 후로 나누는 분기점이 되었던 것입니다.

그 양을 잡고

"양을 잡으라"고 명하십니다. "간직하여" 두었던 어린양은 죽어야만 했습니다. 성경은 "한 몸(그리스도)을 예비하셨도다"(히 10:5)고 말씀 하고 있는데 "간직하여" 둔 것만으로 구원이 임한 것이 아닙니다. 하나 님의 어린양이신 예수 그리스도께서 이 땅에 오신 것만으로 구원이 임 한 것도 아닙니다. 교훈으로, 기사와 이적으로 구원이 가능했던 것도 아 닙니다. "그 아들의 죽으심으로 말미암아" 비로소 하나님으로 더불어 화목(롬 5:6-10)될 수가 있었던 것입니다.

그 피

"그 피로 양을 먹을 집 문 좌우 설주와 인방에 바르라"(7)고 명하십 니다. 왜 그렇게 해야만 하는가? "내가 애굽 땅을 칠 때에 그 피가 너희 의 거하는 집에 있어서 너희를 위하여 표적이 될지라"(13) 하십니다. 어떤 면에서 표적이 될까요?

① 이 집은 하나님의 백성이 거하는 집이라는 표적입니다. 즉 애굽 사람과 이스라엘 자손을 구별하여주는 표적이었던 것입니다. 그런데 이 표적만의 의미라면 다른 방법으로도 가능했을 것입니다. 구태여 양을 죽여서 피를 뿌려야할 이유가 없었을 것입니다.

② 그러므로 보다 중요한 것은 이 집에서는 이미 죽음이 있었음을 말해주는 표적이었던 것입니다. 이스라엘 집에서도 죽음은 있었습니다. 그것을 "뿌려진 피"가 말해주고 있었던 것입니다. 다만 간직하여 두었

던 어린양이 대신 죽었을 따름입니다.

③ 왜 이처럼 피(죽음)로 표적을 삼으셔야만 했을까요? 성경은 대답합니다. "피 흘림이 없은즉 사함이 없느니라"(히 9:22). 그러므로 성경은 말씀합니다. "이 예수를 하나님이 그의 피로 인하여 믿음으로 말미암는 화목제물로 세우셨으니, 그러면 이제 우리가 그 피를 인하여 의롭다하심을 얻었은즉"(롬 3:25, 5:9).

④ 그 피를 문 인방과 좌우 설주에 뿌리고 "아침까지 한 사람도 자기 집 문 밖에 나가지 말라"(22) 하십니다. 피 뿌린 집 밖으로 나간다는 것은 "언약" 밖으로 나가는 것이 되는 것입니다. 그는 곧 그리스도 안에서 이탈하는 것이 됩니다. 그렇게 한다면 위험천만한 것입니다. 안전을 보장받을 수가 없었던 것입니다.

그 밤에 먹으라

"그 밤에 그 고기를 불에 구워 무교병과 쓴 나물과 아울러 먹으라"(8)고 명하십니다. 또한 먹는 방법까지 지시하셨는데 "너희는 그것을 이렇게 먹을지니 허리에 띠를 띠고 발에 신을 신고 손에 지팡이를 잡고 급히 먹으라 이것이 여호와의 유월절이니라"(11) 하십니다. 여기에 담겨있는 구속사적 의미가 무엇일까요?

① 고기를 "불에 구워" 먹으라는 뜻은 주님이 받으실 고난과 관련이 있습니다.

② "무교병과, 쓴 나물"은 유월절에 참여하는 자의 자세와 관련이 있는 것입니다. 무교병처럼 누룩이 없어야만 합니다. 그러므로 19절에서는 "칠 일 동안은 누룩을 너희 집에 있지 않게 하라 무릇 유교물을 먹는 자는 타국인이든지 본국에서 난 자든지 무론하고 이스라엘 회중에서 끊쳐지리니" 하십니다.

이점을 신약에서는 "너희는 누룩 없는 자인데 새 덩어리가 되기 위하여 묵은 누룩을 내어버리라"(고전 5:7)고 말씀합니다. "쓴 나물"의 의미는 애굽에서 받은 고난을 잊지 않게 하시려는 뜻이 있겠습니다만 보다더 유월절에 참여하는 자는 주님의 고난에도 참여해야함을 나타냅니다. 이점을 신약에서는 "그와 함께 영광을 받기 위하여 고난도 함께 받아야 될 것이니라"(롬 8:17)고 말씀합니다.

③ 너희는 "먹을지니"(11상) 하셨는데 그렇다고 아무나 다 먹을 수 있었던 것은 아닙니다. "먹지 못하리라"(45)는 구별이 있습니다. 먹을 수 있다는 것은 유월절 어린양의 구속으로 말미암아 하나님과 교제 즉 화목이 이루어졌음을 의미합니다. 그러므로 "이방 사람은 먹지 못할 것이나"(43) 하시는 것입니다.

④ "허리에 띠를 띠고 발에 신을 신고 손에 지팡이를 잡고 급히 먹으라" 하십니다. 이는 매우 긴박한 상황을 나타내는 묘사인데 명령만 떨어지면 언제라도 출발할 수 있는 만반의 자세를 갖추고 있으라는 말씀입니다. 이점은 출애굽 당시에만 해당되는 말씀은 아닌 것입니다. 주님께서도 "허리에 띠를 띠고 등불을 켜고 서 있으라"(눅 12:35)고 명하시는 것입니다. 이것이 재림의 주를 기다리는 성도의 자세이기도 합니다.

처음 난 것을 다 치리라

"내가 그 밤에 사람과 짐승을 무론하고 처음 난 것을 다 치겠다"(12)고 말씀합니다. 왜 처음 난 것, 즉 장자를 치시겠다고 하시는가?

① "장자"란 대표성을 나타내고 있습니다. 11장에서 살펴본 대로 하나님 앞에서는 "다 죄 아래"(롬 3:9) 있고 그러므로 "온 세상이 심판 아래"(롬 3:19) 있는 것입니다. 그러므로 장자를 치심은 장자 안에서 모두가 죽었다는 의미가 됩니다.

② 이는 예수 그리스도께서 우리를 대표하여 죽으심으로 우리 모두가 죽은 것을 예표하고 있습니다. 성경은 예수 그리스도를 가리켜 "그로 많은 형제 중에서 맏아들이 되게 하려 하심이라"(롬 8:29)고 말씀하고 있습니다.

넘어 가리라

"내가 피를 볼 때에 너희를 넘어가리니"(13하) 하십니다. 이 부분이 핵심 중에 핵심입니다. 이스라엘도 "죄 아래, 심판 아래" 있기는 예외는 아니었던 것입니다. 그런데 하나님이,

① "그 피를 볼 때에" 너희를 넘어가리니 하십니다. 그냥 넘어가시겠다고 말씀하고 있지 아니합니다. "피를 볼 때에", 이점이 중요합니다. 하나님께서는 그 집 안에 있는 자들을 "피를 통하여 보시겠다"는 것입니다.

② 피를 통하여 본다는 것은 그 집안에 있는 자들도 죽은 것으로 여겨주시겠다는 말씀인 것입니다. 이는 하나님의 공의와 관련이 있는 말씀입니다. 성경은 말씀합니다. "곧 이 때(하나님의 어린양의 피를 볼 때)에 자기도 의로우시며 또한 예수 믿는 자를 의롭다 하려 하심이니라"(롬 3:25-26), 하나님은 "넘어 가실지라도" 그 피를 보심으로 자기의 공의를 지키실 수가 있으셨던 것입니다.

③ 그러므로 피를 통해서 보신다는 말은 "죄 아래, 심판 아래"가 아니라 "은혜 아래"(롬 6:14) 있다는 말씀이 되는 것입니다. 곧 예수 그리스도의 십자가 아래 있다는 뜻인 것입니다.

셋째 단원(15-20) 너희는 무교절을 지키라

"너희는 칠일 동안 무교병을 먹을지니 그 첫날에 누룩을 너희 집에서 제하라 무릇 첫날부터 칠일까지 유교병을 먹는 자는 이스라엘에서 끊쳐지리라"(15).

무교병을 먹으라

유월절과 무교절은 하나이면서도 둘입니다.

① 유월절은 14일 저녁 하루뿐입니다. 이는 유월절 양되시는 그리스도로 말미암아 구속함을 얻는 것은 "단번에"(히 10:10) 이루어진 사실임을 나타냅니다.

② 그러나 무교절은 단번에 끝나는 것이 아니라 칠일 동안, 다시 말하면 계속되어야만 함을 나타내고 있습니다. 그렇습니다. 구원은 단번에 이루어지나 성화의 삶은 평생을 계속해야만 하는 것입니다.

③ "너희 모든 유하는 곳에서 무교병을 먹을지니라"(20) 하십니다. 이점이 유월절과 다른 점입니다. 성경은 "유월절 제사를 네 하나님 여호와께서 네게 주신 각 성에서 드리지 말라"고 말씀합니다. 유월절 제사는 오직 "그 이름을 두시려고 택하신 곳"(신 16:5-6) 즉 예루살렘 성전에서만 드리라고 말씀합니다. 이는 구원의 근거가 오직 갈보리 그리스도의 십자가 외에는 없음을 강력하게 시사해주는 말씀인 것입니다. 그러나 무교병은 "너희 모든 유하는 곳에서 먹을지니라" 하십니다. 성화의 삶은 삶의 현장에서 살아 가야할 것을 말씀해주고 있습니다.

이상(둘째와 셋째단원)이 하나님께서 모세에게 명하신 바요 그토록 보여주기를 원하셨던 마지막 표징입니다. 하나님의 말씀은 "유월절과 무교절"로 요약이 됩니다. 구원은 유월절 어린양의 피로 "말미암아" 가능하여졌고, 구원 얻은 하나님의 자녀들은 "내가 거룩하니 너희도 거룩할지어다" 하심같이 무교절의 삶을 살아가야만 하는 것입니다. 그런데 우리는 주일에 교회로 모여서 유월절만을 지키고 집에서 준수해야할 무교절은 망각하고 있는 것은 아닌지요?

넷째 단원(21-28) **명하신 대로 행하니라**

"모세가 이스라엘 모든 장로를 불러서 그들에게 이르되 너희는 나가서 너희 가족대로 어린양을 택하여 유월절 양으로 잡고 너희는 우슬초 묶음을 취하여 그릇에 담은 피에 적시어서 그 피를 문 인방과 좌우 설주에 뿌리고 아침까지 한 사람도 자기 집 문 밖에 나가지 말라"(21-22).

본 단원은 모세가 하나님의 명을 장로들에게 전달하는 내용입니다. 요약해보면

① 유월절 양을 잡으라(21).

② 그 피를 문 인방과 좌우 설주에 뿌리라(22상).

③ 아침까지 한 사람도 자기 집 문 밖에 나가지 말라(22하).

④ 여호와께서 애굽 사람을 치실 때에 그 피를 보시면 그 문을 넘으사 치지 못하게 하실 것임이라(23).

⑤ 유월절을 규례로 삼아 영원히 지키고 자녀들이 묻기를 이 예식이 무슨 뜻이냐 하거든 너희는 이르기를 이는 여호와의 유월절 제사라 여호와께서 애굽 사람을 치실 때에 애굽에 있는 이스라엘의 집을 넘으사 우리의 집을 구원하셨느니라 하라(24-27).

자, 모세가 전해주는 하나님의 말씀을 듣고 백성들은 어떻게 반응을 했습니까?

명하신 대로 행하니라

① "백성이 머리 숙여 경배하니라"(28하) 합니다. 이는 그들이 하나님의 말씀을 믿었다는 증거입니다. 믿고 감사했습니다. 경배를 드렸습니다.

② "이스라엘 자손이 물러가서 그대로 행하되 여호와께서 모세와 아론에게 명하신 대로 행하니라"(28) 합니다. 그들은 명하신 대로 "순종"을 했습니다. 이점에서 중요한 요점은 믿음은 순종을 수반한다는 것입니다. 순종하지 않음은 믿지 못한다는 증거입니다.

그러므로 바울이 이방인의 사도가 되어서 복음을 전파한 목적은 "모든 이방 중에서 믿어 순종케 하나니"(롬 1:5) 하고 말씀했던 것입니다. 믿음과 순종은 둘이 아니라 하나입니다. 백성들이 한 일이란 "믿어 순종"한 일 뿐이었습니다. 성경은 이와는 반대의 경우도 경계하는 뜻으로 말씀하고 있습니다. "저희와 같이 우리도 복음 전함을 받은 자이나 그러나 그 들은바 말씀이 저희에게 유익 되지 못한 것은 듣는 자가 믿음을 화합지 아니함이라"(히 4:2) 합니다.

생각해보십시오. 이스라엘 자손들이 모세가 전해준 하나님의 말씀을 듣고 "아멘" 하고 돌아가 그대로 행하지 않았다면 "들은바 말씀이 유익 되지 못하였을" 것입니다. 그들은 듣기만 하지 않았습니다. 안다고 만 말하지 않았습니다. 하나님이 그렇게 해주실 것을 믿는다고 말하지 않았습니다. 이스라엘 백성들은 모세가 전하여 준 하나님의 말씀을 듣고 믿음으로 화합하여 "머리 숙여 경배하고, 명하신 대로 행하니라". 그들은 유월절 양을 잡아 그 피를 대문에 뿌리고 한 사람도 집 문 밖에 나가지 않고 그 안에 있었습니다. 그 안에서 심판이 시행되는 두려운 밤에 유월절 양의 고기를 불에 구워 무교병과 쓴 나물과 아울러 먹고 있었습니다.

여기 중요한 요점이 있습니다. 그들이 이처럼 요동함이 없이 평온한 가운데 잔치를 할 수 있었던 것은,

① 어떤 체험을 했기 때문이 아니었습니다.

② 심지어 뿌려진 양의 피도 그들은 볼 수가 없었습니다. 그 피는 "내가 피를 볼 때에"라고 하나님이 보시기 위해서 뿌려진 것임을 명심해야만 합니다. 그렇다면 이스라엘 자손들에게는 무엇이 주어진 것입니까?

③ "내가 피를 볼 때에 너희를 넘어가리니 재앙이 너희에게 내려 멸하지 아니하리라"(13)는 약속의 말씀뿐이었습니다.

④ 그들은 그 약속의 말씀을 믿음으로 붙잡고 있었던 것입니다. 이것이 "오직 믿음"입니다.

다섯째 단원(29-36) 가서 여호와를 섬기라

"밤중에 여호와께서 애굽 땅에서 모든 처음 난 것 곧 위에 앉은 바로의 장자로부터 옥에 갇힌 사람의 장자까지와 생축의 처음 난 것을 다 치시매"(29).

바로가 비로소 항복합니다. "밤에 바로가 모세와 아론을 불러서 이르되 너희와 이스라엘 자손은 일어나 내 백성 가운데서 떠나서 너희의 말대로 가서 여호와를 섬기며 너희의 말대로 너희의 양도 소도 몰아가고 나를 위하여 축복하라"(31-32) 하고 "너희의 말대로" 하라고 말합니다. 다시 강조합니다만 그동안 하나님의 능력이 약했기 때문에 바로가 항복하지 않은 것이 아니라는 점입니다. 하나님께서 "유월절"이라는 핵심적인 표징을 보여주시기 위해서 모든 초점을 여기로 모아가고 있었음을 놓쳐서는 아니 됩니다. 하나님은 "여자의 후손은 네 머리를 상하게 할

것이요"(창 3:15)하고 선언하셨는데 무슨 방도로 뱀(바로, 사탄)의 머리를 상케 하셨는가를 명심, 또 명심해야만 합니다. 그러므로 말씀의 사역자들은 이를 증거하여 하나님의 백성들로 하여금 이를 잊지 않게 해주기를 열망해야만 하는 것입니다.

얼마나 재촉하였던지 발효되지 못한 반죽을 옷에 싸 가지고 떠나야만 했습니다. "은금 패물과 의복을 구하는 대로 주었습니다. 이점은 이미 ① 아브라함에게 예시하신 바요(창 15:14), ② 모세에게도 두 번(3:22, 11:2)이나 말씀하셨던 것입니다. ③ 하나님은 저들이 구하기 전에 자기 백성들의 필요를 아셨습니다. ④ 그들이 수고한 보상을 받도록 하셨습니다. ⑤ 하나님을 섬기는데 부족함이 없도록 준비시켜 주셨습니다. "여호와께서 애굽 사람으로 백성에게 은혜를 입히게 하사 그들의 구하는 대로 주게 하시므로 그들이 애굽 사람의 물품을 취하였더라"(36).

여섯째 단원(37-51) **여호와의 군대를 인도하여 내심**

"이스라엘 자손이 라암셋에서 발행하여 숙곳에 이르니 유아 외에 보행하는 장정이 육십 만 가량이요(37).

"중다한 잡족과 양과 소와 심히 많은 생축이 그들과 함께 하였다"(38)고 말씀합니다. "이스라엘 자손이 애굽에 거주한지 사백 삼십 년이라 사백 삼십 년이 마치는 그 날에 여호와의 군대가 다 애굽 땅에서 나왔다"(40-41)고 말씀합니다. 여기서 주목하게 되는 것은 구속하여 하나님의 백성을 삼으신 이들을 가리켜 "여호와의 군대"라고 부르고 있다는 점입니다. 마지막 절에서도 "그 같은 날에 여호와께서 이스라엘 자손을 그 군대대로 애굽 땅에서 인도하여 내셨더라"(51)고 말씀하고 있습니

다. 이는 이들의 신분과 목적이 바뀌었음을 의미합니다. 지금까지는 바로를 위하여 종노릇하였으나 이제부터는,

① 하나님의 백성이면서 동시에 "여호와의 군대"라고 말씀합니다.

② 이는 이들이 싸워야할 싸움이 "여호와의 싸움"(삼상 25:28)임을 의미합니다.

③ 여호와의 싸움이란 여호와의 이름과 영예를 위한 싸움인 것입니다. 구속사역에는 하나님의 거룩하신 이름과 명예가 걸려있는 것입니다.

④ 하나님께서 구속하여주심은 이제부터 여호와의 군대가 되어 그 나라와 그의 의를 위하여 싸우라는 소명(召命)임을 의미합니다. 이점을 신약에서는 "우리 중에 누구든지 자기를 위하여 사는 자가 없고 자기를 위하여 죽는 자도 없도다 우리가 살아도 주를 위하여 살고 죽어도 주를 위하여 죽나니 그러므로 사나 죽으나 우리가 주의 것이로라 이를 위하여 그리스도께서 죽었다가 다시 살으셨으니 곧 죽은 자와 산 자의 주가 되려 하심이니라"(롬 14:7-9)고 말씀합니다.

이상에서 상고한 대로 구약성경도 복음을, 그리스도를 증거하는 것이 중심에 와 있습니다. 신약성경이 아니라 구약성경, 그것도 율법인줄 알았던 모세 오경을 통해서 우리를 구원하신 복음을 더욱 분명하게 깨닫게 되었다는 것은 축복이 아닐 수 없습니다. 하나님은 참으로 찬양 받으시기에 너무나 합당하십니다. 신실하신 여호와를 찬양하십시다.

13장

초태생은 내 것이니라

출 13:2

이스라엘 자손 중에 사람이나 짐승이나 무론하고 초
태생은 다 거룩히 구별하여 내게 돌리라 이는 내 것
이니라 하시니라.

12장의 주제가 "구속"이라면 13장의 주제는 "헌신"(獻身)이라고 말할 수가 있습니다. 12장에서는 우리가 해야할 것이라고는 "믿음"뿐이었습니다. 그러나 본 장에서는 "내 것이니라" 하고 하나님의 소유임을 말씀하면서 "내게 돌리라" 하고 하나님께 "드려야" 할 것을 2절과 12절에서 거듭 말씀하고 있기 때문입니다. 하나님께서 이렇게 말씀하심은 애굽의 장자를 치실 때에 이스라엘 자손의 초태생은 유월절 양으로 대속하여 죽음을 면케 하셨으니 마땅히 하나님의 것이라는 말씀입니다. 이는 "구속, 또는 대속"의 교리에 입각한 "원리"입니다. 그러므로 12장이 먼저요, 13장은 그 뒤를 따라야할 말씀인 것입니다. 이 순서가 바뀌어서는 안 됩니다.

이점에서 분명해야할 점은 하나님께서 "이는 내 것이니라"고 말씀하심이 "우리의 것"이었던 것을 하나님께 빼앗긴 그런 것이 절대로 아니라는 점입니다. 하나님께서 무엇이 부족하셔서 나 같은 죄인을 탐을 내신 단 말입니까? 이는 바로(사탄)의 소유였던 그들을 구속(값을 지불)하심으로 말미암아 하나님의 백성으로, 자녀로 삼아주셨다는 비할 데 없는 망극하신 말씀인 것입니다.

그러므로 본 장에는 여호와께서 능하신 손으로 너를 "애굽에서 인도하여 내셨다"는 말씀이 네 번(3, 9, 14, 16)이나 강조되어 있으며, 이와 수반하여 "인도"(引導)하셨다는 말은 무려 아홉 번이나 반복적으로 나옵니다. 하나님은 애굽에서 해방만 시키시고 방치하신 것이 아니라 "여호와께서 그들 앞에 행하사"(21) 하고 목자같이 앞에서 인도하여주셨음을 말씀합니다. 이는 그들을 책임져주심을 의미합니다. "낮에는 구름기둥으로 그들의 길을 인도하시고 밤에는 불기둥으로 그들에게 비취사 주야로 진행하게 하시니" 합니다. 이는 그들이 값으로 사신(구속) 하나님의 소유된 백성들이기 때문입니다.

그러므로 또 강조하기를 누룩을 제하고 무교병을 먹으라(3-10), 즉 무교절을 지키라고 말씀하시는 것입니다. 왜냐하면 첫째는 하나님의 구속의 은총을 잊지 않게 하기 위해서입니다. 둘째는 하나님의 백성다운 구별 된 삶을 살아가게 하기 위해서입니다. 이는 "구속, 또는 대속"의 교리에 입각한 "윤리"입니다. 이러한 구속의 원리에 의하여 13장의 주제가 "초태생은 내 것이라"가 될 수가 있습니다. 이를 세 단원으로 나누어 상고하겠습니다.

첫째 단원(1-2,11-16) **장자는 다 대속할지니라**

둘째 단원(3-10) **유월절과 무교절을 지키라**

셋째 단원(17-22) **그들 앞에서 인도하신 여호와**

첫째 단원(1-2,11-16) 장자는 다 대속할지니라

"너는 무릇 초태생과 네게 있는 생축의 초태생을 다 구별하여 여호와께 돌리라 수컷은 여호와의 것이니라(12).

여호와께서 모세에게 일러 가라사대(1),

① 초태생은,

② 다 거룩히 구별하여,

③ 내게 돌리라,

④ 이는 내 것이니라 하십니다.

이 말씀을 12절에서도 반복적으로 강조하고 있습니다. 이는 그만큼 중요한 뜻이 있기 때문입니다. 그러므로 초태생, 또는 장자는 내 것이라는 말씀은 본문만이 아니라 출애굽기(22:29, 34:19)와, 민수기(3:11-13, 40-45, 18:16-18, 18:15-18)와, 신명기(15:19)에서도 말씀하고 있고, 심지어 신약에서도 주님과 결부하여 인용(눅 2:23)하고 있는 바이기도 합니다. 이 말씀은 신구약을 막론하고 대단히 중요한 의미가 있는 말씀입니다.

그런데 초태생은 "내 것이라"는 말씀이 독립적으로 주어진 것이 아니라 장자 된 자는 다 "대속할지니라"(13) 하신 대속(13, 13, 15)교리와 결부되어 있음을 놓쳐서는 아니 됩니다. 그러므로 대속교리에 분명해야만 "초태생은 내게 돌리라" 하신 헌신 즉 기독교 윤리에도 분명해질 수가 있는 것입니다.

초태생의 태표성

그러면 왜 초태생, 또는 장자는 "대속"하라 하시는가? 그것은 부정(죄인)하기 때문에 그대로는 하나님께 드릴 수가 없기 때문입니다. 그렇다면 장자만 죄인이란 말인가? 아닙니다. 애굽의 장자를 심판하심이 애굽 전체에 대한 대표성의 의미가 있었듯이 초태생은 내 것이라는 말씀도 같은 이치인 것입니다. 하나님은 "이스라엘은 내 아들 내 장자라"(4:22)고 말씀하십니다. 그러므로 이스라엘 전체가 장자요, 구속(값을 대신 지불)하심으로 말미암아 하나님의 소유된 백성이었던 것입니다.

감추었던 계시가 밝히 드러난 신약시대의 성도들에게는 이 진리가 더욱 분명한 것입니다. 장자만이 하나님의 소유가 아니라 어린양 되시는 그리스도의 피로 구속함을 받은 자는 모두 다 하나님의 소유된 백성인 것입니다. 동일한 원리로 "주일" 하루만 주의 날이 아니라 일 년 365일 전부가 주의 날이요, 십일조만 주의 것이 아니라 내게 속한 모든 것이 주의 것이라고 고백하기에 이른 것입니다.

그러므로 "거룩히 구별하여"(2, 12) 내게 돌리라고 말씀하시는 것입니다. "거룩히 구별하여"란 성별(聖別), 성민(聖民)의 의미가 있습니다. 그들이 전에는 어떤 처지에 있던 자들입니까? "너희는 애굽에서 곧 종 되었던"(3상) 한 노예신분이었던 것입니다. 14절에서도 "장래에 네 아들이 네게 묻기를 이것이 어찜이냐 하거든 너는 그에게 이르기를 여호와께서 그 손의 권능으로 우리를 애굽에서 곧 종이 되었던 집에서 인도하여 내실새" 하고 설명해 주라고 말씀합니다. 바로의 종 곧 사탄의 종이었던 우리를 하나님께서 "거룩하게 구별하여" 하나님의 소유된 백성으로 삼아주신 것입니다.

목을 꺾을 것이라

이 진리를 설명하기 위하여 제시하신 한 예가 있습니다. "나귀의 첫 새끼는 다 어린 양으로 대속할 것이요 그렇게 아니하려면 그 목을 꺾을 것이며"(13) 한 말씀이 그것입니다. 어찌하여 "나귀의 첫 새끼는 다 어린양으로 대속하라"고 말씀하십니까? 나귀는 부정한 동물로 분류되어 하나님께 드릴 수가 없기 때문에 어린양으로 대신하여 드리라는 것입니다. 이것이 대속인 것입니다. 만일 대속함을 얻지 못하면 그 목을 꺾을 것이요 합니다. 이렇게 말씀하시면서 "너희 아들 중 모든 장자 된 자는 다 대속할지니라"고 말씀하시는 것입니다. 그렇다면 인간이란 하나님 앞에서는 나귀처럼 부정한 자라는 뜻이 되는 것입니다.

그러므로 대속함을 받지 못한다면 "그 목을 꺾을 것이며" 하시는 것입니다. 하나님께서 나귀의 목을 염려하심이 아닙니다. 바로 당신의 목입니다. 이것이 나귀를 통해서 계시된 인간의 실상인 것입니다. 이러한 처지에 있던 자가 어린양의 피로 대속함을 얻었다면 우리도 이렇게 말할 수밖에 없는 것입니다. "그리스도의 사랑이 우리를 강권하시는도다 우리가 생각건대 한 사람이 모든 사람을 대신하여 죽었은즉 모든 사람이 죽은 것이라 저가 모든 사람을 대신하여 죽으심은 산 자들로 하여금 다시는 저희 자신을 위하여 살지 않고 오직 저희를 대신하여 죽었다가 다시 사신 자를 위하여 살게 하려 함이니라"(고후 5:14-15). 이것이 "거룩히 구별하여 내게 돌리라"는 뜻인 것입니다. 이를 신약적으로 말하면 "너희는 너희의 것이 아니라 값으로 산 것이 되었으니 그런즉 너희 몸으로 하나님께 영광을 돌리라"(고전 6:19-20)가 되는 것입니다.

둘째 단원(3-10) 유월절과 무교절을 지키라

"모세가 백성에게 이르되 너희는 애굽에서 곧 종 되었던 집에서 나온 날을 기념하여 유교병을 먹지 말라 여호와께서 그 손의 권능으로 너희를 그 곳에서 인도하여 내셨음이니라"(3).

출애굽한 그들을 향하여 우선적으로 "초태생은 내것이라" 말씀하신 하나님은 다음으로 애굽에서 나온 날을 기념하여 유교병을 먹지말고 무교병을 먹으라고 명하십니다. 이 말씀 속에는 유월절과 무교절이라는 두 가지 절기가 들어 있음을 간과해서는 아니 됩니다. 왜냐하면 "애굽에서 나온 날을 기념하라"는 절기는 분명 유월절이요, 유교병을 먹지말고 무교병을 먹으라는 절기는 무교절이기 때문입니다.

그러므로 이 두 절기는 나눌 수가 없는 것입니다. 둘이면서 하나인 것입니다. 이 말씀은 이미 12:15-20을 통해서 명하신 바입니다. 12:18에 의하면 "정월에 그 달 십 사일 저녁부터 이 십 이일 저녁까지 너희는 무교병을 먹을 것이요" 하십니다. 그러니까 14일 저녁은 "유월절"의 밤이고, 계속되는 7일 동안은 "무교절"인 것입니다. 그렇다면 어찌하여 이 절기를 지키라고 강조하고 있는가? 여기에는 두 가지(유월절과, 무교절) 의미가 있는 것입니다.

유월절

① "구속의 은총"을 잊지 않게 하시기 위해서입니다. 이것이 "곧 종되었던 집에서 나온 그 날을 기념하여"(3)라는 의미입니다. 이것이 유월절입니다. 어느 정도 명심해야하느냐 하면 "이것으로 네 손의 기호와 네 미간의 표를 삼고 여호와의 율법으로 네 입에 있게 하라 이는 여호와께서 능하신 손으로 너를 애굽에서 인도하여 내셨음이니 연연(年年)이 기한에 이르러 이 규례를 지킬지니라"(9-10) 하십니다.

잊지 말아야함은 자신들뿐만이 아닙니다. "너는 그 날에 네 아들에게 뵈어 이르기를 이 예식은 내가 애굽에서 나올 때에 여호와께서 나를 위하여 행하신 일을 인함이라 하고"(8) 자녀들에게도 계승시켜 나가라고 말씀하십니다. 14절에서도 "장래 네 아들이 네게 묻기를 이것이 어찜이냐 하거든 너는 그에게 이르기를 여호와께서 그 손의 권능으로 우리를 애굽에서 곧 종이 되었던 집에서 인도하여 내실새" 하고 자녀들에게 잊지 않도록 가르치라고 말씀하십니다. 이것이 유월절을 지켜야하는 이유입니다.

무교절

② 다음은 무교절을 지켜야할 이유입니다. "칠 일 동안 무교병을 먹고, 네 지경 안에서 누룩을 네게 보이지도 말게 하며"(7) 하신 대로 거룩하게 구별 된 삶을 살아가게 하기 위해서입니다. 성경에서 누룩은 "적은 누룩이 온 덩이에 퍼지느니라"(갈 5:9) 한 대로 죄를 상징합니다. 그래서 "이러므로 우리가 명절을 지키되 묵은 누룩도 말고 괴악하고 악독한 누룩도 말고 오직 순전함과 진실함의 누룩 없는 떡으로 하자"(고전 5:8)고 말씀하는 것입니다. 먹기는 고사하고 "있게 하지 말며, 보이지도 말게 하라" 하십니다. 죄를 얼마나 미워하시며 금하고 계신가를 보게 됩니다.

만일 유교병을 먹는 자는 누구를 막론하고 "이스라엘의 회중에서 끊쳐지리라"(12:19, 15)고 엄히 경계하십니다. 이 대목을 신약성경에서도 대할 수가 있습니다. 고린도교회에 유교병을 먹는 자들이 있었습니다. "너희 중에 심지어 음행이 있다 함을 들으니 이런 음행은 이방인 중에라도 없는 것이라 누가 그 아비의 아내를 취하였다 하는도다 그리하고도 너희가 오히려 교만하여져서 어찌하여 통한히 여기지 아니하고 그 일 행한 자를 너희 중에서 물리치지(누룩 제거) 아니하였느냐"고 책망합니다. "이제 내가 너희에게 쓴 것은 만일 어떤 형제라 일컫는 자가 음행하거나 탐람하거나 우상숭배를 하거나 후욕하거나 술 취하거나 토색하거든 사귀지도 말고 그런 자와는 함께 먹지도 말라 함이라"(고전 5:1-11). 이것이 "이스라엘 회중에서 끊쳐지리라"의 의미인 것입니다.

그러므로 유월절과 무교절은 떼어놓을 수가 없는 것입니다.

① 유월절 양의 피로 구속함(유월절)을 받아 하나님의 백성이 되었기 때문에,

② 내가 거룩하니 너희도 거룩할지니라(무교절)의 삶을 살아가야 하기 때문입니다.

③ 나아가 이 절기를 지키라 명하시는 궁극적인 의도는, 광복절 기념행사처럼 과거에 대한 기념만이 아니라 이 절기를 지킴으로 미래에 유월절 양의 실체로 오실 그리스도를 대망(待望)하게 하기 위해서인 것입니다. 그러므로 마지막 유월절은 "내가 고난을 받기 전에 너희와 함께 이 유월절 먹기를 원하고 원하였노라"(눅 22:15) 하신 최후의 만찬이었던 것입니다. 이 밤은 마지막 유월절이자 첫 성찬이었습니다.

셋째 단원(17-22) 그들 앞에서 인도하신 여호와

"여호와께서 그들 앞에 행하사 낮에는 구름 기둥으로 그들의 길을 인도하시고 밤에는 불 기둥으로 그들에게 비취사 주야로 진행하게 하시니"(21).

본 단원에는 "인도"(引導)라는 말이 세 번(17, 18, 21) 나옵니다. 이 순서를 명심하기 바랍니다. 먼저 구속(유월절)이 있고, 다음에 성화(무교절)가 뒤따르게 될 때 하나님께서 인도하시는 "동행"이 유지될 수가 있는 것입니다. 성화의 삶이 뒤따르지 않게 될 때 "나는 너희와 함께 올라가지 아니하리니"(33:3)라는 말씀을 듣게 되는 것입니다.

고센 땅 "라암셋에서 발행하여 숙곳에 이른"(12:37) 하나님의 백성들은 "숙곳에서 발행하여 광야 끝 에담에 장막을 치니"(13:20) 합니다. 출애굽의 여정 지도를 보시면 이 코스는 가나안으로 가는 지름길이 아

님을 보게 될 것입니다. 그렇습니다. "바로가 백성을 보낸 후에 블레셋 사람의 땅의 길은 가까울지라도 하나님이 그들을 그 길로 인도하지 아니하셨으니 이는 하나님이 말씀하시기를 이 백성이 전쟁을 보면 뉘우쳐 애굽으로 돌아갈까 하셨음이라"(17). 그래서 블레셋을 통과하여 가사에 이르는 지름길로 인도하시지 않고 방향을 동쪽으로 돌려서 "홍해의 광야"(18)로 인도하셨다고 말씀합니다.

때로는 돌아가도록 하는 것이 하나님의 섭리요, 안전한 길이기도 한 것입니다. 우리의 연약을 아시는 "하나님은 미쁘사 너희가 감당치 못할 시험 당함을 허락지 아니하시고 시험 당할 즈음에 또한 피할 길을 내사 너희로 능히 감당하게 하시는"(고전 10:13) 하나님이신 것입니다. 이렇게 하심은 홍해도하를 통해서 "세례"를 계시하시고, 추격해오는 바로의 군사를 막아주시려는 섭리가 있었기 때문일 것입니다.

"모세가 요셉의 해골을 취하였으니 이는 요셉이 이스라엘 자손으로 단단히 맹세케 하여 이르기를 하나님이 필연 너희를 권고하시리니 너희는 나의 해골을 여기서 가지고 나가라 하였음이었더라"(19). 이 말씀을 여기에 기록케 하신 것은,

① 이스라엘 자손들이 430년 동안 고달픈 종노릇을 하면서도 하나님의 언약을 믿는 소망을 가지고 견디었음을 말해 주기 위해서입니다.

② 나아가 하나님은 그 약속을 믿는 자들의 "소망을 부끄럽게 아니"(롬 5:5)하시고 지켜주셨음을 나타내기 위해서입니다.

③ 그러므로 이는 요셉의 해골 이야기에 머물지 않고 고달픈 삶을 살아가는 모든 시대의 성도들에게 주시는 말씀으로 다가오는 것입니다.

"여호와께서 그들 앞에 행하사" 라고 말씀합니다. 이 시점에서 상기해야할 말씀이 있습니다. 그것은 야곱을 애굽으로 내려보내시면서 "내가 너와 함께 애굽으로 내려가겠고 정녕 너를 인도하여 다시 올라올 것이요"(창 46:4) 하신 하나님의 약속의 말씀입니다. 하나님은 약속하신

대로 야곱과 함께 애굽으로 내려가셔서 그들과 함께 거하시면서 "떨기 나무에 불이 붙었으나 사라지지 않게"(3:2) 하시고, 도리어 창성케 하사, 때가 찬 경륜 가운데 그들을 인도하여 내시고, 지금 "그들 앞에"(21) 앞장 스셔서 인도하여 올라오고 계시는 것입니다.

이에 대한 감사와 감격을 알았기에 시편기자는 "하나님이여! 주의 백성 앞에서 앞서 나가사 광야에 행진하셨을 때에 (셀라)" 하고 말을 잊지 못해 하였던 것입니다(시 68:7). 주의 백성 앞에서 앞서 나가시면서 "낮에는 구름 기둥으로 그들을 인도하시고 밤에는 불기둥으로 그들에게 비취사 주야로 진행하게"(21하) 하셨습니다. 유월절 어린양의 피가 아니었다면 그들의 출애굽은 영원히 불가능하였을 것입니다. 또한 하나님께서 "그들 앞에 행하여" 주시지 않았다면 출애굽을 하였어도 광야를 통과하여 목적지 가나안에 이를 수는 없었을 것입니다. 하나님께서 이렇게 행해주심은 그들이 하나님의 소유 된 백성들이기 때문입니다.

*14*장

나를 여호와인줄 알리라

출 14:18

내가 바로와 그 병거와 마병으로 인하여 영광을 얻을 때에야 애굽 사람들이 나를 여호와인줄 알리라 하시더니.

14장은 출애굽한 하나님의 군대가 큰 위기에 봉착하게 되는 것으로 시작이 됩니다. 앞에는 홍해가 가로막혀 있고 뒤에서는 바로의 군사가 노도처럼 추격해오는 진퇴양난에 빠지게 됩니다. 그러나 이 위기가 도리어 하나님은 영광(4, 17, 18)을 받으시게 되고, 백성들은 구원(13)을 얻게 된다는 내용으로 끝나고 있습니다. 이 사건을 통하여 "나를 여호와인줄 알리라" 하십니다. 이와 같은 말씀이 본문에는 두 번(4, 18) 나옵니다.

인간의 구원보다 하나님의 영광이 우선하며 하나님을 알아 가는 것, 이것이 중요합니다. 이를 상고하는 우리도 이 말씀을 통하여 하나님을 아는데 자라가게 되기(벧후 3:18)를 바랍니다. 그러므로 본 장의 주제가 "여호와인줄 알리라"가 됩니다. 이를 네 단원으로 나누어 상고하겠습니다.

> 첫째 단원(1-9) **광야에 갇힌 바 된 하나님의 백성**
> 둘째 단원(10-14) **원망하는 하나님의 백성들**
> 셋째 단원(15-20) **바다 가운데 육지로 행하리라**
> 넷째 단원(21-31) **여호와를 경외하며 모세를 믿었더라**

첫째 단원(1-9) **광야에 갇힌 바 된 하나님의 백성**

"바로가 이스라엘 자손에 대하여 말하기를 그들이 그 땅에서 아득하여 광야에 갇힌 바 되었다 할지라"(3).

"여호와께서 모세에게 일러 가라사대 이스라엘 자손을 명하여 돌쳐서 바다와 믹돌 사이의 비하히롯 앞 곧 바알스본 맞은편 바닷가에 장막을 치게 하라"(1-2)고 명하십니다. 하나님은 "돌쳐서" 즉 진로(進路)를 바꾸라 명하신 것입니다. 그리하여 백성들을 막다른 골목으로 인도하신 것입니다. 그래서 바로가 말하기를 "광야에 갇힌 바 되었다 할지라", 즉 "독 안에 든 쥐"라고 말할 것이라는 것입니다.

하나님께서는 바로가 분히 여기고 추격해 올 것을 아셨습니다. "바로가 곧 병거를 갖추고 그 백성을 데리고 갈새 특별 병거 육백 승과 애굽의 모든 병거를 발하니 장관들이 다 거느렸더라"(6-7) 합니다. 즉 총동원령을 내린 셈입니다. 하나님은 이를 막지 않으시고 바로가 하는 대로 내버려두셨습니다. 이것이 "바로의 마음을 강팍케 하셨다"(4, 8)는 뜻입니다.

인간의 생각으로는 추격해오려는 바로를 막아주시든지, 아니면 피할 길로 인도하여주시기를 바라고 있습니다. 그러나 하나님은 바로가 이처럼 추격해 올 것을 아시면 서도 막아 주시지도 않고, 도리어 자기 백성들을 "돌쳐서"(2상) 막다른 골목으로 인도하셨던 것입니다. 이렇게 명하신 데는 하시고자 하는 계획이 있으셨기 때문입니다. 근시안적인 인간은 이를 모르고 하나님을 원망하는 것입니다.

"애굽 사람들과 바로의 말들, 병거들과 그 마병과 그 군대가 그들의 뒤를 따라 바알스본 맞은편 비하히롯 곁 해변 그 장막 친 데 미치니라"(9).

둘째 단원(10-14) 원망하는 하나님의 백성들

"바로가 가까워 올 때에 이스라엘 자손이 눈을 들어 본즉 애굽 사람들이 자기 뒤에 미친지라 이스라엘 자손이 심히 두려워하여 여호와께 부르짖고"(10).

"그들이 또 모세에게 이르되 애굽에 매장지가 없으므로 당신이 우리를 이끌어 내어 이 광야에서 죽게 하느뇨 어찌하여 당신이 우리를 애굽에서 이끌어 내어 이같이 우리에게 하느뇨"(11) 하고 원망을 퍼부었습니다. 하나님께서 자기 백성들을 이러한 상황에 처하도록 허용하신 데는 세 가지 의도가 있으셨기 때문입니다.

① 이 사건을 통하여 하나님의 하나님 되심을 알게 하시기 위해서입니다. 그리하여 영광을 받으시기를 원하셨기 때문입니다. "나를 여호와인줄 알게 하리라"는 말씀이 두 번 나오고 "영광을 얻으리니" 라는 말씀이 세 번이나 나옵니다. "바로가 그들의 뒤를 따르리니 내가 그와 그 온 군대를 인하여 영광을 얻어 애굽 사람으로 나를 여호와인줄 알게 하리라"(4) 하십니다. 17절에서도 "내가 바로와 그 모든 군대와 그 병거와

마병을 인하여 영광을 얻으리니" 하십니다. 18절에서도 "내가 바로와 그 병거와 마병으로 인하여 영광을 얻을 때에야 애굽 사람들이 나를 여호와인줄 알리라"고 거듭 말씀하십니다.

여호와인줄 알리라

바로의 종이 되었던 이스라엘 자손들이 유월절 양의 피로 구속함을 받아 하나님의 백성이 되고 하나님은 "너희 하나님"이 되셨으나 그들은 하나님의 하나님 되심을 알아야할 만큼 알지를 못했던 것입니다. 이점은 신약의 성도들도 마찬가지입니다. 옥에 갇힌 바울은 에베소 성도들을 위한 첫 기도제목이 "하나님을 알게 하시고"(엡 1:17) 였습니다. 왜냐하면 "여러 환난에 대하여 낙심"(엡 3:13)하게 될까 걱정이 되었기 때문입니다. 하나님을 알아야할 만큼 알지를 못하게 되면 시련을 당하게 될 때 염려하고 낙망하게 되고 마는 것입니다. 하나님을 알아야할 만큼 알 수만 있다면, 모든 해답은 그 안에 다 들어 있다 하겠습니다. 그러므로 성경은 궁극적으로 하나님의 자기 계시입니다. 성경을 통하지 않고는 우리가 믿는 하나님을 알 길이 없는 것입니다. 그러므로 말씀의 사역자들은 설교의 우선순위를 "하나님을 알게" 해주는데 두어야만 마땅한 것입니다.

② 하나님의 백성들로 하여금 하나님의 하나님 되심을 알고 하나님만 의뢰하는 법을 배우게 하기 위해서입니다. 이점에서 문맥을 더듬어 볼 필요가 있습니다. 12장 마지막 절은 "그 같은 날에 여호와께서 이스라엘 자손을 그 군대대로 애굽 땅에서 인도하여 내셨더라" 하고 끝나고, 13장 마지막 절은 "여호와께서 그들 앞에서 행하사, 낮에는 구름 기둥, 밤에는 불기둥이 백성 앞에서 떠나지 아니하니라"(21-22) 합니다. 그렇다면 다음에는 무엇이 와야할 것 같습니까?

군대가 이동할 때에 선도(先導)하는 지휘관의 차에 무엇이라고 써있는지 아십니까? "나를 따르라"입니다. 하나님께서는 자기 군대를 앞에서 인도하시면서 "자 약속의 땅 가나안까지의 대장정의 진군이 시작되었다. 나를 전적으로 믿고 나를 따르라". 하나님은 이를 가르치시려는 것입니다. "모세가 백성에게 이르되 너희는 두려워말고 가만히 서서 여호와께서 오늘날 너희를 위하여 행하시는 구원을 보라 너희가 오늘 본 애굽 사람을 또 다시는 영원히 보지 못하리라 여호와께서 너희를 위하여 싸우시리니 너희는 가만히 있을지니라"(13-14) 합니다. "가만히 있을지니라", 이는 다름이 아니라 하나님을 전적으로 신뢰하라는 뜻인 것입니다.

여호와께서 너희를 위하여 싸우시리니

③ 궁극적으로는 이를 인하여 영광을 얻으시기 위해서입니다. 하나님은 출애굽한 1세대들만이 아니라 모든 세대의 자기 백성들을 이렇게 훈련시키셨던 것입니다. 그러므로 하나님의 백성들이 직면하게 되는 모든 사건들은 ㉠ 하나님을 알게 하여, ㉡ 하나님만을 의뢰하게 하고, ㉢ 하나님께 영광을 돌리게 하시려는 이 세 가지를 위해서라 해도 과언이 아닌 것입니다. 이점을 바울 사도는 "형제들아 우리가 아시아에서 당한 환난을 너희가 알지 못하기를 원치 아니하노니 힘에 지나도록 심한 고생을 받아 살 소망까지 끊어지고 우리 마음에 사형선고를 받은 줄 알았으니 이는 우리로 자기를 의뢰하지 말고 오직 죽은 자를 다시 살리시는 하나님만 의뢰하게 하심이라"(고후 1:8-9)고 말씀합니다. 이렇게 훈련 받은 바울은 순교를 목전에 두고서도 "이를 인하여 내가 이 고난을 받되 부끄러워하지 아니함은 나의 의뢰한 자를 내가 알고 또한 나의 의탁한 것을 그 날까지 저가 능히 지키실 줄을 확신함이라"(딤후 1:12)고

고백할 수가 있었던 것입니다.

구약의 성도들은 어려운 고비마다 "주께서 또 우리 열조 앞에서 바다를 갈라지게 하시사 저희로 바다 가운데를 육지같이 통과하게 하시고 쫓아오는 자를 돌을 큰 물에 던짐같이 깊은 물에 던지시고"(느 9:11, 시 78:13, 136:13) 하고 홍해사건을 상기하면서 새로운 힘을 얻었던 것입니다. 그러나 신약의 성도들에게는 홍해도하보다도 더 큰 표적이 있는 것입니다. "오직 죽은 자를 다시 살리시는 하나님만 의뢰하게 하심이라"고 말씀합니다. 사도 바울은 이 하나님을 믿었기에 "미쁘다 이 말이여, 우리가 주와 함께 주었으면 또한 함께 살 것이요 참으면 또한 함께 왕 노릇할 것이요 우리가 주를 부인하면 주도 우리를 부인하실 것이라"(딤후 2:11-12)고 고백하면서 순교의 현장으로 걸어나갈 수가 있었던 것입니다.

그러나 하나님의 백성들은 "우리가 애굽에서 당신에게 고한 말이 이것이 아니뇨 이르기를 우리를 버려 두라 우리가 애굽 사람을 섬길 것이라 하지 아니하더뇨 애굽 사람을 섬기는 것이 광야에서 죽는 것보다 낫겠노라"(12)고 원망하고 있는 것입니다.

셋째 단원(15-20) 바다 가운데 육지로 행하리라

"여호와께서 모세에게 이르시되 너는 어찌하여 내게 부르짖느뇨 이스라엘 자손을 명하여 앞으로 나가게 하고 지팡이를 들고 손을 바다 위로 내밀어 그것으로 갈라지게 하라 이스라엘 자손이 바다 가운데 육지로 행하리라"(15-16).

본 단원의 중심점은 "영광을 얻으리니"(17, 18)에 있습니다. "하나님을 알게 하는" 그 자체가 목적은 아닙니다. 구속사역의 궁극적인 목적은 "하나님의 영광"에 있는 것입니다. 우리를 구속하여주신 목적도 웨스트민스터 신앙고백이 "인생의 제일 되는 목적은 하나님을 영화롭게 하고 그를 영원토록 기뻐하는 것이라" 한 대로 하나님의 영광에 있는 것입니다.

이점을 명심한다는 것은 신앙생활에 있어서 승패를 좌우하는 문제인 것입니다. 가령 성도가 어떤 시련과 문제에 봉착했을 때, 우선적으로 생각하는 것이 자신의 고난과 손해를 생각합니다. 그리하여 문제가 속히 해결되기를 구합니다. 아닙니다. 그에 대한 해답이 요한복음 11장에 나오는 나사로의 죽음이라는 사건을 통해서 얻을 수가 있습니다. 주님은 말씀합니다. "이 병은 죽을병이 아니라 하나님의 영광을 위함이요 하나님의 아들로 이를 인하여 영광을 얻게 하려 하심이라 하시더라"(4). 물론 주님은 나사로를 다시 살리실 것을 염두에 두고 하신 말씀입니다. 그러나 죽은 자가 살아나야만 하나님이 영광을 받으시게 되는 것만은 아닙니다. 스데반의 죽음을 보십시오. "공회 중에 앉은 사람들이 다 스데반을 주목하여 보니 그 얼굴이 천사의 얼굴과 같더라"(행 6:15) 합니다. 고난 중에 나타내는 영광이 더욱 아름다운 법입니다. 그러므로 그리스도인이 당면한 모든 문제와 시련들은 다름 아닌 하나님의 영광을 나타낼 기회라고 말할 수가 있는 것입니다. 이는 하나님을 알고 전적으로 신뢰하게 될 때 비로소 가능하여지는 것입니다.

하나님의 영광을 나타낼 기회

"이스라엘 진 앞에 행하던 하나님의 사자가 옮겨 그 뒤로 행하매 구름 기둥도 앞에서 그 뒤로 옮겨 애굽 진과 이스라엘 진 사이에 이르러서니 저 편은 구름과 흑암이 있고 이 편은 밤이 광명하므로 밤새도록 저 편이 이 편에 가까이 못하였더라"(19-20) 합니다. 앞에서 인도하던 구름 기둥, 불 기둥이 뒤로 이동했다고 말씀합니다. 이는 무엇을 의미하느냐 하면 앞에서 인도하시던 하나님께서 추격해 오는 바로의 군대가 더 이상 접근하지 못하도록 막아서셨음을 의미합니다. 이는 하나님의 백성들이 진퇴양난에 빠졌을 때에 하나님이 해주신 일임을 명심하기를 바랍니다.

본문을 보시면 "하나님의 사자"가 그렇게 해주셨다고 말씀합니다. 이 하나님의 사자란 구약에 나타난 그리스도시라는데 학자들은 동의하고 있습니다. 주님께서 바로와 하나님의 백성 사이를 가로막고 서신 것입니다. 성경은 "날마다 우리 짐을 지시는 주 곧 우리의 구원이신 하나님을 찬송할지로다"(시 68:19) 하고 찬양하고 있습니다. 우리의 중보자 되시는 주님은 구약시대로부터 우리의 짐을 대신 담당해주셨던 것입니다. 그 절정이 십자가 사건인 것입니다. 그렇습니다. 주님의 십자가에는 양면성이 있는 것입니다. 이를 대적하는 "저 편은 구름과 흑암이 있고 이 편은 밤이 광명하므로 밤새도록 저 편이 이 편에 가까이 못하였더라" 합니다. 만일 이렇게 해주시지 않았다면 어찌되었겠습니까?

이스라엘은 이제 말하기를
여호와께서 우리 편에 계시지 아니하시고,
사람들이 우리를 치러 일어날 때에
여호와께서 우리 편에 계시지 아니하셨더면,
그 때에 저희의 노가 우리를 대하여
산채로 삼켰을 것이며,
그 때에 물이 우리를 엄몰하며
시내가 우리 영혼을 잠갔을 것이며,
그 때에 넘치는 물이 우리 영혼을
잠갔을 것이라 할 것이로다.

우리를 저희 이에 주어 씹히지 않게 하신 여호와를 찬송할지로다.
우리 혼이 새가 사냥군의 올무에서 벗어남같이 되었나니
올무가 끊어지므로 우리가 벗어났도다.
우리의 도움은 천지를 지으신 여호와의 이름에 있도다. (시 124편)

넷째 단원(21-31) 여호와를 경외하며 모세를 믿었더라

"모세가 바다 위로 손을 내어민대 여호와께서 큰 동풍으로 밤새도록 바닷물을 물러가게 하시니 물이 갈라져 바다가 마른 땅이 된지라"(21).
"이스라엘 자손이 바다 가운데 육지로 행하고 물은 그들의 좌우에 벽이 되니"(22) 합니다. 이러한 묘사는 반복해서 29절에서도 언급합니다. 이를 신약성경은 해설해주기를 "형제들아 너희가 알지 못하기를 내가 원치 아니하노니 우리 조상들이 다 구름 아래 있고 바다 가운데로 지나며 모세에게 속하여 다 구름과 바다에서 세례를 받고"(고전 10:1-2) 하고 이것이 세례였다고 말씀합니다.

세례의 의미

그렇다면 세례의 의미가 무엇인가? 이점이 중요합니다. 바로는 홍해까지는 추격을 해왔습니다. 그러나 더 이상은 하지를 못했습니다. 하나님의 백성들은 바다를 육지같이 건넜고 바로의 군사는 몰살하고 말았던 것입니다. 이것입니다. 하나님의 백성들은 홍해를 건넘으로 비로소 바로의 통치권 내에서 완전히 벗어날 수가 있었던 것입니다. 성경은 말씀합니다. "물은 예수 그리스도의 부활하심으로 말미암아 이제 너희를 구원하는 표니 곧 세례라"(벧전 3:21), 세례는 구원 얻었다는 표인 것입니다. 즉 사망에서 생명으로 옮겨진(요 5:24) 표요, "죄의 주관 하에서 은혜의 주관 하"(롬 6:14)로 옮겨졌음을 선언하는 표인 것입니다.

여기 간과해서는 아니 될 묘사가 있습니다. "모세에게 속하여"(고전 10:2상) 라는 말씀입니다. 그들이 전에는 "바로에게 속하여" 있던 때가 있었습니다. 그러나 지금은 "모세에게 속한" 자들이 되었습니다. 바로는 그들을 계속 자기에게 속한 자들로 잡아두려고 추격해 온 것입니다. 그러나 허사였습니다. 모세 즉 구속하여 자기 백성을 삼으신 영적 모세이신 그리스도에게 속한 자를 빼앗을 수는 없었던 것입니다(요 10:28-29). 이런 의미에서 홍해도하가 세례가 되었던 것입니다.

"이스라엘이 여호와께서 애굽 사람들에게 베푸신 큰 일을 보았으므로 백성이 여호와를 경외하며 여호와와 그 종 모세를 믿었더라"(31).

> 강한 손과 펴신 팔로 인도하여 내신 이에게 감사하라
> 그 인자하심이 영원함이로다
> 홍해를 가르신 이에게 감사하라
> 그 인자하심이 영원함이로다
> 이스라엘로 그 가운데로 통과케 하신 이에게 감사하라
> 그 인자하심이 영원함이로다
> 바로와 그 군대를 홍해에 엎드러뜨리신 이에게 감사하라
> 그 인자하심이 영원함이로다(시 136:12-15).

15장

모세의 노래, 어린양의 노래

> **출 15:17**
> 주께서 백성을 인도하사 그들을 주의 기업의 산에 심으시리이다 여호와여 이는 주의 처소를 삼으시려고 예비하신 것이라 주여 이것이 주의 손으로 세우신 성소로소이다.

15장은 홍해를 육지같이 건넌 후에 구원을 감사하는 찬양입니다. 여호와께서 자신들은 구원하시고 애굽 사람들을 심판하신 "큰 일"(14:31 상)을 보고 어찌 찬양하지 않을 수가 있었겠습니까? 그런데 우리가 출애굽기를 강해하면서 계속적으로 붙잡고 있어야할 점은 육적 출애굽이 영적 출애굽을 계시하기 위해서 마련하신 예표라는 점입니다. 그것이 확실하다면 여기서도 신구약을 막론하고 유일한 구원자가 되시는 그리스도를 만나게 되는 것입니다.

그러므로 계시록에서는 바로가 아니라 "짐승과 그의 우상과 그의 이름의 수를 이기고 벗어난 자들이" 홍해가 아니라 "유리 바다 가에 서서" 하나님의 거문고를 가지고 "하나님의 종 모세의 노래 어린양의 노래"

(계 15:2-3)를 부르고 있는 것을 보게 됩니다. 그러므로 본 장의 주제가 "모세의 노래, 어린양의 노래"가 될 수가 있는 것입니다. 이를 세 단원으로 나누어 상고하겠습니다.

첫째 단원(1-10) **모세의 노래**
둘째 단원(11-18) **어린양의 노래**
셋째 단원(19-27) **치료하는 여호와**

첫째 단원(1-10) **모세의 노래**

"이 때에 모세와 이스라엘 자손이 이 노래로 여호와께 노래하니 일렀으되 내가 여호와를 찬송하리니 그는 높고 영화로우심이요 말과 그 탄자를 바다에 던지셨음이로다"(1-2).

모세의 노래를 관찰해 보면 모두가 하나님의 행사(行事)를 찬양하는 내용입니다. 즉 인간이 한 일이나 해야할 일은 일언반구 언급이 없습니다. 사람이 해야할 우선적인 일은 하나님께서 해주신 일을 감사하며 찬양하는 일입니다. 그러므로 신약성경에서도 "이는 그의 사랑하시는 자 안에서 우리에게 거저 주시는 바 그의 은혜의 영광을 찬미하게 하려는 것이라"(엡 1:6)고 말씀하고 있는 것입니다. 그렇다면 모세의 노래는 무엇을 찬양하고 있을까요?

① "내가 여호와를 찬송하리니 그는 높고 영화로우심이요" 하고 시작이 됩니다. 이점이 중요합니다. 하나님을 찬양해야할 이유가 우리에게 무엇인가 해주셨기 때문만은 아닙니다. 예를 들면 병을 고쳐주셨기 때문만으로 찬양한다면 만일 재발한다면 원망할 것이 아닙니까? 그것은 둘째입니다. 우리의 하나님은 "높고 영화로우시기" 때문에 찬양을

받으셔야하는 것입니다. 이것이 첫째로 찬양할 이유입니다. 11절에서도 "여호와여 신 중에 주와 같은 자 누구니이까 주와 같이 거룩함에 영광스러우며 찬송할 만한 위엄이 있으며 기이한 일을 행하는 자 누구니이까" 하고 찬양할 이유를 말씀합니다.

② 그렇게 한 다음에 "말과 그 탄 자를 바다에 던지셨음이로다"(2) 합니다. 4절에서도 "그가 바로의 병거와 그 군대를 바다에 던지시니 그 택한 장관이 홍해에 잠겼고" 합니다. "돌처럼 깊음에 내렸도다"(5). "납같이 잠겼나이다"(10) 합니다. 이 후로 하나님의 백성들이 힘들고 어려울 때마다 상기하면서 용기를 얻은 기사가 무엇인지 아십니까? 하나님께서 홍해를 가르시사 대적을 엎으시고 자신들을 구원하여주셨음을 상기하면서 용기를 잃지 않았던 것입니다.(수 24:7, 느 9:11, 시 66:6, 74:13, 77:19, 78:13, 106:9, 136:13). 이런 뜻입니다. 이처럼 "큰 것"이 사실이라면 보다 작은 것은 더욱 신뢰할 수가 있지 않느냐는 뜻입니다.

이 논리를 로마서 5장이 잘 나타내주고 있습니다. 5장 속에 "더욱"이라는 말이 몇 번이나, 어떤 용도로 사용되었는가를 관찰해 보십시오. 우리가 "연약할 때에, 죄인 되었을 때에, 원수 되었을 때에"(6, 8, 10) 그리스도께서 그러한 우리를 위하여 죽어주심으로 하나님과 화목할 수가 있었다면 "더욱"(9, 10, 15, 17, 20) 그로 말미암아 진노하심에서 구원을 얻을 것이 확실하지 않느냐는 것이 사도 바울의 논리입니다. 더 떨어질 여야 떨어질 곳이 없는 "원수 되었을 때에" 더 높고 귀한 것이란 없는 "자기 아들"을 화목제물로 내어주셨다면 더욱 확신할 수 있지 않느냐는 것입니다. 홍해를 가르시고 육지같이 건너게 해주신 하나님께서 어떠한 난관에서도 구원해 주시지 않겠느냐는 논리로 용기를 얻고 찬양했던 것입니다. 이것이 모세의 노래입니다.

둘째 단원(11-18) 어린양의 노래

"주께서 구속하신 백성을 은혜로 인도하시되 주의 힘으로 그들을 주의 성결한 처소에 들어가게 하시나이다"(13).

말할 것도 없이 본 단원도 계속되는 모세의 노래입니다. 그런데 이것이 어찌하여 "어린양의 노래"가 될 수가 있는가? 그것은 누가 불렀느냐에 있는 것이 아니라 무엇을 찬양하고 있느냐 하는 그 내용에 있기 때문입니다. 본문은 찬양을 받으셔야할 이유로,

① 최우선적으로 "구속하신 백성"(13상)이라고 말씀합니다. 6장에서 이미 말씀드렸습니다만 죄 값에 팔린 죄의 노예가 해방이 되어 하나님의 백성이 될 수 있는 방도는 "구속"을 통해서만이 가능할 뿐입니다. 나를 구속해주신 주를 어찌 찬양하지 않을 수가 있겠습니까?

② "은혜로 인도 하셨다"(13)를 들고 있습니다. 그렇습니다. 하나님은 "구속"하여 자기 백성 삼으신 자들을 구속만 하시고 방치하신 것이 아닙니다. 계속적으로 "은혜로 인도"하여 주셨다고 말씀합니다. 이는 율법의 대명사인 모세의 노래가 아니라 은혜의 주가 되시는 어린양의 노래인 것입니다.

③ 그러므로 16절에서는 "곧 주의 사신 백성"이라고 말씀하고 있습니다. "사셨다"는 말씀 속에는 우리가 하나님의 소유라는 뜻이 들어있습니다. 하나님의 소유된 백성을 누가 대적할 수가 있단 말입니까? 그러므로 구속하여주심도 은혜요, 은혜로 인도하심도 은혜요, 소유로 삼아주심도 전적인 하나님의 은혜인 것입니다. 그러므로 우리도 "은혜 위에 은혜러라"(요 1:16)고 말할 것밖에는 없는 것입니다. 이것은 어린양의 노래인 것입니다.

④ 찬양의 절정은 17절입니다. "주의 처소를 삼으시려고, 주의 손으로 세우신 성소"라고 말씀합니다. "주의 처소를 삼으시려고", 여기에 하

나님께서 구속하신 목적이 있습니다. 이를 이스라엘을 가나안 땅으로 인도하시고 성전을 건축하게 하실 것으로 볼 수도 있습니다만 하나님의 거하실 "처소"는 어떤 땅도 아니고, 하나님의 "성소"는 어떤 건물에 있는 것이 아님을 인식해야만 합니다. 어린양 되시는 그리스도의 피로 구속하여 자기 백성 삼으신 성도들의 공동체 곧 교회가 하나님의 처소요 성소인 것입니다. 그리고 여호와의 거처는 계시록에 가서 "보라 하나님의 장막이 사람들과 함께 있으매 하나님이 저희와 함께 거하시리니 저희는 하나님의 백성이 되고 하나님은 친히 저희와 함께 계셔서"(계 21: 3)에서 완성되는 것입니다. 이는 더 이상 모세의 노래가 아니라 어린양의 노래인 것입니다.

이점에서 시편에 나타난 "모세의 노래, 어린양의 노래"를 소개하고자 합니다.

어린양 같이 뛰놂은 어찜인고

"이스라엘이 애굽에서 나오며
야곱의 집이 방언 다른 민족에게서 나올 때에"(시 114:1), 이는 출애굽 당시를 회상하는 말입니다.

"유다는 여호와의 성소가 되고
이스라엘은 그의 영토가 되었도다"(2).

이를 주목해보십시오. 여기 여호와의 "성소와, 영토 즉 거처"가 등장합니다. "유다는 여호와의 성소가 되고" 라는 묘사는 유다가 성전이라는 말이니 하나님이 유다 안에 계셨다는 뜻이 됩니다. 구약성경에서 이런 말씀을 대한다는 것은 놀라움을 금할 수 없게 합니다. 왜냐하면 유다 지파를 통해서 오실 그리스도를 바라보고 있는 말씀이기 때문입니다.

"이스라엘은 그의 영토가 되었도다"고 말씀합니다. 하나님의 성소도, 영토도 모두 다 구속함을 받은 하나님의 백성들임을 노래하고 있습니다. 그런 중에 유다는 왕궁이었고 나머지 지파는 하나님의 소유인 영토였다는 말씀입니다. 이것이 모세의 노래에서 "주의 처소를 삼으시려고 예비하신 것이라 주여 이것이 주의 손으로 세우신 성소로소이다"(17)라는 말씀 속에 함축된 의미입니다.

"바다는 이를 보고 도망하며 요단은 물러갔으며
산들은 수양같이 뛰놀며 작은 산들은 어린양같이 뛰었도다"(3-4).

"바다(홍해)는 이를 보고 도망하며" 했는데 그렇다면 바다가 보았다는 "이것이" 무엇이었기에 도망을 쳤을까요? 유다 지파가 선두(민 10:14)에 서서 진군해 나오고 있는 광경을 통해서 "여호와의 성소" 곧 유다 지파를 통해서 오실 그리스도를 보았기 때문입니다. 이 영광스러운 광경을 목도하고 홍해가 갈라지고 요단강이 물러간 것을 왕의 행차를 보고 백성들이 물러가서 엎드리는 모습으로 묘사하고 있는 것입니다. 얼마나 경이롭습니까? 이는 어린양의 노래인 것입니다.

"바다야 네가 도망함은 어찜이며
요단아 네가 물러감은 어찜인고
너희 산들아 수양같이 뛰놀며
작은 산들아 어린양같이 뛰놂은 어찜인고"(5-6).

이는 이 말씀을 대하는 우리들을 향한 물음으로 다가옵니다. 만 왕의 왕 되시는 그리스도의 행차를 보고 홍해는 갈라지고 요단은 물러갔으며 시내산은 뛰놀 듯이 진동하고 있는데 너희에게도 이러한 감격과 감동이 있느냐고 묻고 있습니다. 성경은 "너희가 나가서 외양간에서 나온 송아지같이 뛰리라"(말 4:2) 하십니다.

모세의 찬양은 "여호와의 다스리심이 영원무궁 하시도다"(18) 하고 하나님의 "다스리심"으로 끝을 맺고 있습니다. "여호와의 다스리심", 그곳에 하나님의 나라는 임하는 것입니다. "영원무궁 하시도다", 이는 메시아왕국을 바라보고 하는 찬양입니다.

셋째 단원(19-27) 치료하는 여호와

"모세가 홍해에서 이스라엘을 인도하매 그들이 나와서 수르 광야로 들어가서 거기서 사흘길을 행하였으나 물을 얻지 못하고 마라에 이르렀더니 그곳 물이 써서 마시지 못하겠으므로 그 이름을 마라라 하였더라"(22-23).

본 단원은 세 단락으로 이루어지는 데, 첫째 단락(19-21)은 아론의 누이 미리암과 여인들의 찬양이고, 둘째 단락(22-26)은 마라의 물을 달게 한 일이고, 셋째 단락(27)은 물 샘 열 둘과 종려 칠십 주가 있는 엘림에 이르게 되는 내용입니다. 홍해를 육지같이 건넌지 불과 "사흘" 만에 마라 즉 쓴 물을 만나자 "구속하신 백성을 은혜로 인도"하시는 하나님을 망각하고 원망하고 있는 것입니다. 찬양하던 입술이 마르기도 전에 원망이라는 쓴 물을 쏟아낸 셈입니다.

하나님은 어찌하여 이 시점에서 "나는 너희를 치료하는 여호와임이니라"(26하)고 말씀하시는 것일까요? 나는 쓴 물을 치료하는 여호와라고 말씀하고 있지 아니합니다. 치료받아야할 근본문제는 샘물이 아니라 그들의 심령이었기 때문입니다. 성경은 말씀합니다. "한 입으로 찬송과 저주가 나는도다 내 형제들아 이것이 마땅치 아니하니라 샘이 한 구멍으로 어찌 단 물과 쓴 물을 내겠느뇨"(약 3:10-11). 그렇습니다. 찬양을 할 때는 그 심령에서 단물이 솟아날 때입니다. 그러나 원망은 쓴 물을 토해낼 때입니다. "한 나무를 지시하시니 그가 물에 던지매 물이 달아졌더라"(25)고 말씀합니다. 주여, 제 심령이 마라입니다. 자신도 괴롭고 다른 사람들에게도 괴로움을 주고 있나이다. 쓴 물을 토해내고 있는 제 심령을 그리스도의 십자가로 치료하여주옵소서 간구하게 됩니다.

"그들이 엘림에 이르니 거기 물샘 열 둘과 종려 칠십 주가 있는지라 거기서 그들이 그 물 곁에 장막을 치니라"(27) 합니다. 그들은 오아시스를 만난 것입니다. 하나님은 마라 너머에 그들을 위한 엘림을 준비해 놓으셨던 것입니다. 필시 그들은 엘림을 만나자 찬양했을 것입니다. 여기까지 있었던 일련(一連)의 사건들을 정리해 보십시다.

① 이스라엘 자손들이 고역으로 인하여 탄식하며 부르짖습니다(2:23).
② 하나님께서 권고하사 구속하여 내십니다.
③ 바로가 추격해 옵니다.
④ 백성들이 원망합니다.
⑤ 하나님이 홍해를 가르셔서 육지같이 인도하시고 바로의 군사는 엎으십니다.
⑥ 찬송을 합니다.
⑦ 마라를 만나게 됩니다.
⑧ 또 원망합니다.
⑨ 물 샘 열둘과 종려 칠십 주가 있는 엘림에 이르게 됩니다.

이러한 악순환은 이제 시작에 불과합니다. 앞으로 40년 동안이나 계속될 것입니다. 이점을 시편에서는 이렇게 말씀합니다.

저희가 광야에서 그를 반항하며
사막에서 그를 슬프시게 함이 몇 번인고
저희가 돌이켜 하나님을 재삼 시험하며
이스라엘의 거룩한 자를 격동하였도다
저희가 그의 권능을 기억지 아니하며
대적에게서 구속하신 날도 생각지 아니하였도다(시 78:40-42).

16장

날마다 일용양식을 주시는 하나님

출 16:12

내가 이스라엘 자손의 원망함을 들었노라 그들에게
고하여 이르기를 너희가 해질 때에는 고기를 먹고
아침에는 떡으로 배부르리니 나는 여호와 너희의 하
나님인줄 알리라 하라 하시니라.

"이스라엘 자손의 온 회중이 엘림에서 떠나 엘림과 시내산 사이 신
광야에 이르니"(1).

"광야"에 이르렀다는 말씀을 유의하기 바랍니다. "광야"란, "네 하나
님 여호와께서 이 40년 동안에 너로 광야의 길을 걷게 하신 것을 기억
하라 이는 너를 낮추시며 너를 시험하사 네 마음이 어떠한지 그 명령을
지키는지 아니 지키는지 알려하심이라"(신 8:2) 하신 대로 훈련과정이
었던 것입니다. 그러므로 광야의 삶이란 전적인 신뢰와 복종이 요구되
었습니다. 그러나 그들은 "원망"을 했습니다. 1-12에 원망이라는 말이
무려 7번이나 나옵니다. 광야에서 빠지기 쉬운 죄가 원망인 것입니다.

그들은 광야에 접어들었고 애굽에서 가지고 나온 양식은 1개월이 지나자 바닥이 났을 것입니다. 이제부터 어떻게 살아갈 것인가? 이것은 광야와 같은 세상을 살아가고 있는 우리들의 문제이기도 합니다.

하나님은 그들에게 "내가 너희를 위하여 하늘에서 양식을 비같이 내리리니 백성이 나가서 일용할 것을 날마다 거둘 것이라"(4)고 말씀합니다. 왜 이렇게 해주시겠다는 것입니까? "나는 여호와 너희의 하나님인 줄 알리라"(12하)를 위해서였던 것입니다. 하나님이 "너희의 하나님"이시라면 저들은 "나의 백성"이기 때문에 그들을 보양(保養)하시겠다는 뜻입니다. 그러므로 본 장의 주제가 "날마다 일용양식을 주시는 하나님"이 될 수가 있습니다. 이를 세 단원으로 나누어 상고하겠습니다.

첫째 단원(1-3) **광야에 이른 백성들의 원망**
둘째 단원(4-18) **고기와 떡으로 먹이신 하나님**
셋째 단원(19-36) **백성들의 불신앙**

첫째 단원(1-3) **광야에 이른 백성들의 원망**

"이스라엘 자손의 온 회중이 엘림에서 떠나 엘림과 시내산 사이 신 광야에 이르니 애굽에서 나온 후 제 2월 15일이라 이스라엘 온 회중이 그 광야에서 모세와 아론을 원망하여"(1-2).

"우리가 애굽 땅에서 고기 가마 곁에 앉았던 때와 떡을 배불리 먹던 때에 여호와의 손에 죽었더면 좋았을 것을 너희가 이 광야로 우리를 인도하여 내어 이 온 회중으로 주려 죽게 하는도다"(3)고 원망을 합니다. 원망하는 내용을 들어보십시오.

① "애굽 땅에서 고기 가마 곁에 앉았을 때와",

② "떡을 배불리 먹던 때에" 라고 말하고 있습니다. "고역으로 인하여 탄식하며 부르짖던" 일은 한마디 언급도 없습니다. 그뿐입니까? "애굽 사람의 무거운 짐 밑에서 너희를 빼어 내며 그 고역에서 너희를 건지며 편 팔과 큰 재앙으로 너희를 구속하여"(6:6) 내신 하나님의 은혜는 일언반구 언급이 없는 것입니다. 더욱 놀라운 일은 홍해를 갈라 육지 같이 건너게 해주신 일을 망각하고 있다는 점입니다. 애굽과 결부해서는 마치 귀빈 대접이라도 받은 듯이 말하고 있고, 그러나 하나님과 결부해서는,

③ "여호와의 손에 죽었더면 좋았을 것을",

④ "너희가 이 광야로 우리를 인도하여 내어 이 온 회중으로 주려 죽게 하는도다" 하고 마치 죽이는 자처럼 말하고 있습니다. 하나님을 알지 못하는데서 오는 불신앙, 이것이 원망의 근원입니다. 그러므로 그들에게 "해 질 때에는 고기를 먹고 아침에는 떡으로 배부르리니 나는 여호와 너희의 하나님인줄 알리라"(12하)의 훈련이 필요했던 것입니다.

둘째 단원(4-18) 고기와 떡으로 먹이신 하나님

"때에 여호와께서 모세에게 이르시되 보라 내가 너희를 위하여 하늘에서 양식을 비같이 내리리니 백성이 나가서 일용할 것을 날마다 거둘 것이라"(4상).

어찌하여 원망하는 그들을 고기와 떡으로 먹이시겠다는 것입니까? 하나님은 "너희의 하나님"이시고 그들은 "나의 백성들"이기 때문입니다. 그러므로 이 사건을 통해서도 나타내시고자 하는 목적은 "나는 여호와 너희의 하나님인줄 알리라"에 있었던 것입니다. "하나님을 알아야 할 만큼 알기만 한다면" 원망뿐만이 아니라 모든 문제의 해답이 여기에

들어있다 하여도 과언이 아닙니다.

참고로 말합니다만 에스겔서를 대할 때에 "나를 여호와인줄 알리라" 는 말씀이 몇 번이나 반복적으로 강조되어 있는가를 주목해보기 바랍니 다. 무려 60회 이상이 나옵니다. "전에는 내가 그들로 사로잡혀 열국에 이르게 하였거니와 후에는 내가 그들을 모아 고토로 돌아오게 하고 그 한 사람도 이방에 남기지 아니하리니 그들이 나를 여호와 자기들의 하 나님인줄 알리라"(겔 39:28) 하십니다. 바벨론에서 귀환하게 하심도 궁 극적으로는 "그들이 나를 자기들의 하나님인줄 알리라"는 하나님의 자 기 계시에 있었던 것입니다. 그러므로 호세아 선지자는 "우리가 여호와 를 알자 힘써 여호와를 알자"(호 6:3) 하고 외쳤던 것입니다.

"나는 여호와 너희의 하나님"(12하)이라고 말씀합니다. 그냥 하나님 이 아니십니다. "너희의 하나님, 자기들의 하나님"(겔 39:28하)인줄 알 리라고 말씀하시는 것입니다. 이를 알았기에 바울 사도는 "내 하나님" (롬 1:8)이라고 부르고 있는 것입니다. 성경을 통해서 최우선적으로 알 아야할 것은 하나님이 "너희의 하나님, 자기들의 하나님, 곧 나의 하나 님"이시라는 고백적인 신앙인 것입니다.

나의 하나님

형제의 하나님은 형제를 창세 전에 택하시고, 역사 속에서 부르시고, 그 아들의 피로 구속하셔서 의롭다고 하시고, 종래는 영화롭게 하실 하 나님이십니다. 그리하여 형제는 하나님의 자녀가 되었으며, 하나님은 형제의 아버지가 되셨습니다. 형제는 하나님의 후사요, 유업을 이을 자 입니다. 이것이 형제가 알아야할 "너희의 하나님"이신 것입니다. 홍해를 육지같이 건넌 후에 무엇이라 말했습니까? "주께서 그 구속하신 백성을 은혜로 인도"(15:13)하신다고 찬양했습니다. "구속"하신 것이 끝이 아님다. "은혜로 인도"하시는 것입니다. "교회를 사랑하시고 위하여 자신을 주신"(엡 5:25) 것이 전부가 아닙니다. "그리스도께서 교회를 보양(保養)"(엡 5:29)하신다고 말씀합니다.

시작하신 이가 또한 이루십니다. 그 하나님께서 자기 백성을 광야에서 주려 죽게 하시겠습니까? "여호와가 이 백성에게 주기로 맹세한 땅에 인도할 능이 없는 고로 광야에서 죽였다"(민 14:16)는 말을 들으실 하나님이란 말입니까? 이를 알기만 한다면 잠시 고생이 따른다고 해서 하나님을 향하여 원망하되 우리를 "죽게 하는도다" 하고 원망한다는 것을 상상인들 하겠습니까? 문제는 하나님을 알아야할 만큼 알지를 못한다는데 원인이 있는 것입니다.

그러므로 "모세와 아론이 온 이스라엘 자손에게 이르되 저녁이 되면 너희가 여호와께서 너희를 애굽 땅에서 인도하여 내셨음을 알 것이요"(6) 하고 말했던 것입니다. 그들은 광야의 훈련을 통해서 자신들을 애굽에서 인도하여 내신 여호와를 알아가야만 했던 것입니다. 고기가 아닙니다. 떡이 아닙니다. "일용양식을 날마다 내려주시는 하나님"을 알고 신뢰하는 것이 먼저입니다.

셋째 단원(19-36) 백성들의 불신앙

"모세가 그들에게 이르기를 아무든지 아침까지 그것을 남겨 두지 말라 하였으나 그들이 모세의 말을 청종치 아니하고 더러는 아침까지 두었더니 벌레가 생기고 냄새가 난지라 모세가 그들에게 노하니라"(19-20).

하나님은 양식을 내려주시면서 두 가지 시험문제를 내시었습니다. "이같이 하여 그들이 나의 율법을 준행하나 아니 하나 내가 시험하리라"(4하) 하십니다. 두 가지 시험문제는 ① "아무든지 아침까지 그것 (만나)을 남겨 두지 말라"(19)는 것과, ② "육일 동안은 너희가 그것을 거두되 제 칠일은 안식일인즉 그 날에는 없으리라"(26), 그러므로 제 육일에는 갑절을 거두라(5)는 것입니다. 얼마나 쉽습니까? 그런데 그들 이 그대로 준행했습니까? "그들이 모세의 말을 청종치 아니하고 더러는 아침까지 두었더니 벌레가 생기고 냄새가 났다"고 합니다. 왜 남겨두었 을까요? 내일 아침은 안 내릴는지도 모른다는 불신앙 때문입니다. 이런 유에 속하는 사람은 매사에 계획성이 있고 빈틈이 없는 사람일수도 있 습니다. 그러나 그런 사람이 빠지기 쉬운 결정적인 죄는 하나님의 약속 의 말씀보다는 자신의 이성을 더 믿는 불신앙입니다.

또한 "제 칠일에 백성 중 더러가 거두러 나갔다가 얻지 못하니라" (27) 합니다. 왜 칠일에도 나갔을 까요? 육일 동안 내린 만나가 오늘이 라고 안 내리겠느냐는 불신앙 때문입니다. 여기 공통점이 있습니다. "하 나님의 말씀"에 대한 불감증이요, 불신앙입니다. "여호와께서 모세에게 이르시되 어느 때까지 너희가 내 계명과 내 율법을 지키지 아니하려느 냐"(28)고 책망하십니다. 하나님께서 시험문제를 내신 것은 "그 구속하 신 백성을 은혜로 인도하시는, 여호와 너희의 하나님"만을 전적으로 의 뢰하고 의탁하는(딤후 1:12) 법을 배우게 하기 위해서였던 것입니다. 그것은 다름이 아니라 하나님의 말씀을 믿는 믿음입니다.

하나님께서는 "내가 너희를 애굽 땅에서 인도하여 낼 때에 광야에서 너희에게 먹인 양식을, 대대 후손에게 보이기 위하여 간수하라"(32) 명 하십니다. 그리하여 "아론이 여호와께서 모세에게 명하신 대로 그것(만 나)을 증거판 앞에 두어 간수하게 하였고"(34) 합니다. 왜 간수하라 하 셨을까요?

만나의 구속사적 의미

육적 출애굽 때에 만나를 나려주신 이 사건이 저들에게 일용할 양식을 날마다 주셨다는 것이 전부가 아니기 때문입니다. 주님은 이를 해설하시기를 "너희 조상들은 광야에서 만나를 먹었어도 죽었거니와 이는 하늘로서 내려오는 떡이니 사람으로 하여금 먹고 죽치 아니하게 하는 것이니라"(요 6:49-50)고 모세 때 나린 만나는 참 것의 그림자였음을 말씀하십니다. 모세도 이를 해석하기를 "너를 낮추시며 너로 주리게 하시며 또 너도 알지 못하며 네 열조도 알지 못하던 만나를 네게 먹이신 것은 사람이 떡으로만 사는 것이 아니요 여호와의 입에서 나오는 모든 말씀으로 사는 줄을 너로 알게 하려 하심이니라"(신 8:3)고 만나가 곧 생명의 말씀임을 증거했습니다.

그렇습니다. 만나는 신약의 성도들에게 생명의 말씀으로 임하고 있습니다. 그렇다면 생명을 주는 말씀이란 무엇일까요? 주님은 친히 대답하십니다. "너희가 성경에서 영생을 얻는 줄 생각하고 성경을 상고하거니와 이 성경이 곧 내게 대하여 증거하는 것이로다"(요 5:39). 또 말씀하시기를 "내가 진실로 진실로 너희에게 이르노니 인자의 살을 먹지 아니하고 인자의 피를 마시지 아니하면 너희 속에 생명이 없느니라". 그러므로 신령한 만나는 "십자의 도"입니다. 신구약성경이 생명의 말씀이 될 수가 있는 것은 그 중심 주제가 그리스도를 증거하고 있기 때문입니다. 그러므로 설교의 중심에도 그리스도가 와 있어야만 하는 것입니다.

"이스라엘 자손이 사람 사는 땅에 이르기까지 사십 년 동안 만나를 먹되 곧 가나안 지경에 이르기까지 그들이 만나를 먹었더라"(35).

17장

반석이신 그리스도

출 17:6
내가 거기서 호렙산 반석 위에 너를 대하여 서리니 너는 반석을 치라 그것에서 물이 나리니 백성이 마시리라 모세가 이스라엘 장로들의 목전에서 그대로 행하니라.

17장은 크게 두 부분으로 나누어집니다. 앞부분은 이스라엘 백성들이 르비딤에 이르렀으나 마실 물이 없어서 또 다시 원망하는 내용이고, 뒷부분은 아말렉과의 전쟁입니다. 이는 출애굽한 여호와의 군대가 싸운 첫 싸움입니다. 그렇다면 반석에서 솟아나는 물을 마신 것과, 아말렉과의 싸움이 구속사적으로 볼 때에 어떤 의미와 연관이 있을까요? 이점을 두 단원으로 나누어 상고하겠습니다.

첫째 단원(1-7) **반석을 치라**

둘째 단원(8-16) **산꼭대기에 서리라**

첫째 단원(1-7) 반석을 치라

"이스라엘 자손의 온 회중이 여호와의 명령대로 신 광야에서 떠나 르비딤에 장막을 쳤으나 백성이 마실 물이 없는지라"(1).

"거기서 백성이 물에 갈하매 그들이 모세를 대하여 원망하여 가로되 당신이 어찌하여 우리를 애굽에서 인도하여 내어서 우리와 우리 자녀와 우리 생축으로 목말라 죽게 하느냐"(3) 하고 또 "죽이려 한다"는 원망이 터져 나온 것입니다. 16장이 "무엇을 먹을까"에 대한 염려라면 17장은 "무엇을 마실까"에 때한 염려인 것입니다. 그런데 그들은 염려만 하고 있는 것이 아니라 "원망"(3)을 하고 있는 것입니다. 그리고 원망하는 까닭은 "어찌하여 우리를 애굽에서 인도하여 내었느냐"는 것입니다. 애굽이라는 말만 들어도 지긋지긋할 터인데도 그들은 계속 애굽을 들먹이며 못 잊어합니다.

성도들에게 애굽은 세상의 상징입니다. 육적 출애굽이라는 거울을 통해서 세상에 대한 미련을 버리지 못하고 연연하고 있는 우리 자신의 모습을 보게 됩니다. 성경은 말씀합니다. "이 세상이나 세상에 있는 것들을 사랑치 말라 누구든지 세상을 사랑하면 아버지의 사랑이 그 속에 있지 아니하니 이는 세상에 있는 모든 것이 육신의 정욕과 안목의 정욕과 이생의 자랑이니 다 아버지께로 좇아온 것이 아니요 세상으로 좇아온 것이라 이 세상도 그 정욕도 지나가되 오직 하나님의 뜻을 행하는 이는 영원히 거하느니라"(요일 2:15-17).

"여호와께서 모세에게 이르시되 백성 앞을 지나가서 이스라엘 장로들을 데리고 하수를 치던 네 지팡이를 손에 잡고 가라 내가 거기서 호렙산 반석 위에 너를 대하여 서리니 너는 반석을 치라 그것에서 물이 나리니 백성이 마시리라"(5-6) 하십니다. 이 장면을 상고함에 있어서는 영적인 통찰력이 필요합니다.

반석 위에 서신 하나님

① 물을 솟아나게 하기 위해서라면 땅이라야지 어찌하여 반석인가?

② 반석을 향해 "물을 내라" 하고 명하라 하시지 않고 어찌하여 치라 하시는가? 민 20:8에서는 "그들의 목전에서 너희는 반석에게 명하여 물을 내라 하라" 하시지 않았던가? ③ 어찌하여 "하수를 치던 네 지팡이" 라고 말씀하시는가?

① 모세가 반석을 쳤으나 이는 육신의 눈으로 본 것이요 실은 하나님 자신이 치심을 당했던 것입니다. 왜냐하면 "내가 거기서 호렙산 반석 위에 너를 대하여 서리니"(6상) 하고 그 반석 위에 서신 분은 하나님이셨기 때문입니다.

② 또한 "하수를 치던 지팡이"(7:20)란 물이 변하여 피가 되게 한 정죄의 지팡이를 의미하고 있는 것입니다. 그러므로 정죄의 지팡이로 반석 위에 서신 하나님을 친 셈입니다.

③ 성령에 의하여 영감 된 사도는 침을 당한 반석에 대하여 해석하여 주기를 "다 같은 신령한 음료를 마셨으니 이는 저희를 따르는 신령한 반석으로부터 마셨으매 그 반석은 곧 그리스도시라"(고전 10:4)고 증거하고 있습니다. 이는 그리스도께서 치심, 즉 십자가상에서 그 육체를 찢으심으로 생명수 샘물이 솟아나게 될 것의 예표였던 것입니다. 이점을 선지서는 "만군의 여호와가 말하노라 칼아 깨어서 내 목자, 내 짝된 자를 치라" 하고 그리스도의 고난을 예언하면서 그가 치심을 당하게 되는 "그 날에 죄와 더러움을 씻는 샘이 다윗의 족속과 예루살렘 거민을 위하여 열리리라"(슥 13:1, 7)고 말씀하고 있습니다.

출애굽기 16-17장을 통해서 계시하신 말씀이 신약성경에 와서 "만나" 는 요한복음 6장에서 "내가 곧 생명의 떡이로라"(요 6:48-50)에서 성취되고, 생수는 7장에서 "누구든지 목마르거든 내게로 와서 마시라 나를 믿는 자는 성경에 이름과 같이 그 배에서 생수의 강이 흘러나리라"(요 7:37-38)에서 성취되었던 것입니다.

내게로 와서 마시라

모세는 그곳 이름을 맛사 또는 므리바라 불렀다(7)고 말씀합니다. "맛사"란 "시험하다"는 뜻입니다. 불신앙이란 원망을 낳게 되고, 원망은 결국 "여호와께서 우리 중에 계신가 아닌가"(7하) 하고 하나님 자신을 의심하는데서 나오는 것입니다. 또한 "므리바"란 "다투다"는 뜻입니다. 그들은 하나님께 투덜대면서 어찌하여 우리를 애굽에서 인도하여 내었느냐 하고 논쟁을 하였다는 의미입니다.

여기서 우리로 생각에 잠기게 하는 점이 있습니다. 하나님은 16장에서도 원망하는 그들을 향하여 한마디 책망이 없이 만나를 내려주셨고, 17장에서도 하나님을 시험하며 다투는 자들에게 노하심이 없이 생수를 마시게 해주셨다는 점입니다. 이점을 학자들은 불가해(不可解)한 점으로 여기고 있습니다. 인간의 상식으로는 이해할 수가 없고 하나님의 보편적인 공의로는 용납이 되지 않기 때문입니다. 그런데 구속사라는 맥락으로 바라볼 때에만 깨달음과 깊은 감동을 받게 되는 것입니다.

① 이를 통해서 나타내시고자 하는 진리는 명백합니다. "만나와 생수"가 예수 그리스도에 대한 표징이라면 "우리가 아직 연약할 때에, 우리가 아직 죄인 되었을 때에, 곧 우리가 원수 되었을 때에"(롬 5:6-10) 자기 아들을 아끼지 아니 하시고 내어주실 것을 나타내주고 있는 것입니다. 우리 주님께서 위하여 죽어주신 자들이란 "연약한 자, 죄인, 원수"들이었습니다. 다시 강조합니다만 주님이 죽어주신 시점은 우리가 아직 "연약할 때에, 죄인 되었을 때에, 곧 원수 되었을 때에"입니다. 이런 시점에 이런 무가치한 자들을 위하여 주님은 자원하여 죽어주셨던 것입니

다. 만나를 먹여주시고 생수를 마시게 해주시는 하나님의 의중에는 이러한 계획하심과 사랑이 충만했던 것입니다.

② 또 다른 일면은 "내가 너희를 젖으로 먹이고 밥으로 아니 하였노니 이는 너희가 감당치 못하였거니와 지금도 못하리라"(고전 3:2) 한 대로 저들이 애굽에서 나온지 얼마 안 되는 어린아이 신앙이었기 때문일 것입니다.

둘째 단원(8-16) 산꼭대기에 서리라

"때에 아말렉이 이르러 이스라엘과 르비딤에서 싸우니라 모세가 여호수아에게 이르되 우리를 위하여 사람들을 택하여 나가서 아말렉과 싸우라 내일 내가 하나님의 지팡이를 손에 잡고 산꼭대기에 서리라"(8-9).

이스라엘 자손을 가리켜 "여호와의 군대"(12:41,)라고 말씀했는데 여호와의 군대가 최초로 싸운 싸움이 아말렉과의 전쟁이었음을 유념할 필요가 있습니다. 아말렉은 에서의 손자입니다. 그가 한 족장(창 36:9-16)이 되었는데 여호와의 군대를 공격해 온 아말렉은 그 후손들입니다. 그러니까 에서와 야곱의 싸움은 리브가의 복중에서부터 시작되어 자손 대대로(16) 싸우고 있는 셈입니다. 그런 맥락으로 볼 때에 아말렉은 뱀의 후손의 줄기가 되어 "여자의 후손"의 줄기를 미워하고 대적하는 자들을 상징한다 하겠습니다. 여호와의 군대를 대적한 것은 곧 하나님을 대적한 것이요, 나아가 하나님께서 출애굽을 통하여 이루어 나가시려는 구원계획을 이루지 못하도록 최초로 대적한 자가 아말렉이었던 것입니다.

그러므로 훗날 모세는 이 때를 회상하기를 "그들이 하나님을 두려워하지 아니하고 너를 길에서 만나 피곤함을 타서 네 뒤에 떨어진 약한 자들을 쳤느니라"(신 25:18)고 그들이 호전적이고도 야비한 족속임을 말해주고 있습니다. 그러므로 하나님께서는 "내가 아말렉을 도말하여 천하에서 기억함이 없게 하리라"(14)고 말씀하셨던 것입니다. 사울이 왕이 되었을 때에 그에게 주어진 첫 과제가 "만군의 여호와께서 이같이 말씀하시기를 아말렉이 이스라엘에게 행한 일 곧 애굽에서 나올 때에 길에서 대적한 일을 내가 추억하노니"(삼상 15:2) 지금 가서 아말렉을 쳐서 진멸하라는 명이었습니다.

아말렉과 싸우라

"모세가 여호수아에게 이르되 우리를 위하여 사람들을 택하여 나가서 아말렉과 싸우라 내일 내가 하나님의 지팡이를 손에 잡고 산꼭대기에 서리라"(9) 합니다. 이 대목에는 주목해야할 몇 가지 요점이 있습니다. ① "산꼭대기"에 서겠다고 말씀합니다. ② "하나님의 지팡이를 손에 잡고" 서겠다는 것입니다. ③ "모세의 팔이 피곤"(12)했다고 말씀합니다. ④ "아론과 훌"이 모세의 손을 붙들어 올렸다고 말씀합니다. ⑤ 그 결과는 아말렉을 파하고 "여호와 닛시"(15)가 되었습니다.

우리는 이 대목을 설교하기를 기도의 손이 내려와서는 아니 된다. 목사님이 피곤치 않도록 보필할 아론과 훌은 누구인가? 라고 호소합니다. 만일 여기서 멈춘다면 중요한 것을 놓치게 되는 것입니다. 이점에서 모세의 손이나, 지팡이나, 아론과 훌을 너무 내세워서는 아니 됩니다.

① 이를 통해서도 높임을 받으셔야할 분은 그리스도이신 것입니다. 왜냐하면 모세가 손을 들므로 승리할 수 있었던 것은 "우리를 위하여 간구하시는 자"(롬 8:34)이신 예수 그리스도를 예표하고 있기 때문입니다.

② 모세는 "산꼭대기"에 올라갔으나 그리스도는 하늘에 오르사 하나

님 우편에 계십니다.

③ 모세의 팔은 피곤하여 자주 내려왔으나 "예수는 영원히 계신 고로 그 제사 직분도 갈리지 아니하나니 그러므로 자기를 힘입어 하나님께 나아가는 자들을 온전히 구원하실 수 있으니 이는 그가 항상 살아서 저희를 위하여 간구하심이니라"(히 7:24-25)인 것입니다.

예수를 바라보라

여호수아는 피곤하고 마음이 약하여 지려는 순간마다 산꼭대기에 선 모세를 바라보았을 것입니다. 그런데 신약의 성도들이 바라보아야 할 사람은 모세가 아닙니다.

④ 성경은 말씀합니다. "믿음의 주요 또 온전케 하시는 이인 예수를 바라보자 저는 그 앞에 있는 즐거움을 위하여 십자가를 참으사 부끄러움을 개의치 아니하시더니 하나님 보좌 우편에 앉으셨느니라 너희가 피곤하여 낙심치 않기 위하여 죄인들의 이같이 자기에게 거역한 일을 참으신 자를 생각하라"(히 12:2-3) 하십니다. 스데반 집사를 보십시오. 그는 결정적인 순간에 "스데반이 성령이 충만하여 하늘을 우러러 주목하여 하나님의 영광과 및 예수께서 하나님 우편에 서신 것을 보고 말하되 보라 하늘이 열리고 인자가 하나님 우편에 서신 것을 보노라"(행 7:55-56)고 외쳤던 것입니다.

⑤ 그러므로 그리스도의 군사들이 승리할 수 있는 비결은 자신이 기도할 뿐만이 아니라 결정적인 원동력은 "항상 살아서 저희를 위하여 간구"하시는 대장 되시는 예수 그리스도로 말미암아서임을 명심해야만 합니다.

⑥ 17장은 전반부(1-7)에서 "반석을 치라"(6) 하신, 즉 우리를 위하여 죽임을 당하신 그리스도를 계시하여주고 있고, 후반부(8-16)에서는

죽으실 뿐 아니라 다시 살아나셔서 "하나님 우편에 계신 자요 우리를 위하여 간구"하시는 그리스도를 계시해주고 있는 것입니다. 이를 알았기에 "모세가 단을 쌓고 그 이름을 여호와 닛시라"(15) 하였던 것입니다. "여호와 닛시"란 여호와는 나의 깃발이라는 뜻입니다. "여호와 닛시"는 승리(勝利)를 의미합니다. 성경은 말씀합니다.

> 우리가 너의 승리로 인하여 개가를 부르며
> 우리 하나님의 이름으로 기(旗)를 세우리니
> 여호와께서 네 모든 기도를 이루시기를 원하노라(시 20:5).

우리도 이렇게 찬양할 것밖에는 없습니다. "여호와 닛시"!

오늘의 아말렉

이제 남은 문제는 오늘을 살아가고 있는 성도들에게 있어서 아말렉은 누구인가라는 문제가 대두됩니다. 이를 문맥적으로 더듬어보면 하나님의 백성들은 홍해를 건넌 후(15장)에 우선적으로 먹고(16장) 마시는 (17장 전반부) 문제로 시험을 당했습니다. 이 문제가 해결이 되자 "때에 아말렉이 이르러" 하고 아말렉과의 싸움에 직면하게 되는 문맥인 것입니다. 그렇다면 구원 얻은 성도들이 직면하게 되는 첫 싸움이 무엇이란 말인가? 하나님의 백성들이 홍해를 건너기까지의 주적(主敵)이 바로였다면(구원문제) 광야에 접어들어서 만나게 되는 첫 적은 아말렉 (성화문제)인 것입니다.

창세기 25장에서 보는 바대로 야곱이 영에 속한 자로써 장자(그리스도의 줄기)의 축복에 전 생애를 걸었다면 아말렉의 할아버지 격인 에서는 팥죽 한 그릇에 장자의 축복을 팔아먹은 육의 대명사입니다. 그런데 두 국민이 리브가의 복중에서 싸우듯이 성도 안에는 "육신의 소욕과 성령의 소욕"이 공존하고 있는 것입니다. 그리하여 "육체의 소욕은 성령을 거스리고 성령의 소욕은 육체를 거스리나니 이 둘이 서로 대적함으로 너희의 원하는 것을 하지 못하게 하려 함이니라"(갈 5:17)고 말씀합니다.

그러므로 먼저는 죄의 권세(바로)로부터의 구원이요, 구원 얻은 후에 직면하게 되는 첫 싸움은 육신의 소욕과의 싸움인 것입니다. 그리고 이 싸움은 단번에 끝나는 싸움이 아니고 "대대로" 싸워야할 끈질긴 싸움인 것입니다.   아말렉을 "진멸"하라 하신 대로 끊임없이 괴롭히는 육신의 소욕은 "쳐서 복종"(고전 9:27)시켜야만 하고, "날마다 죽여야"(고전 15: 31) 하고, "죄의 몸이 멸하여 다시는 우리가 죄에게 종노릇하지 아니하려 함이니"(롬 6:6) 하신 대로 진멸해야 마땅한 적인 것입니다. 그리고 명심해야할 점은 형제의 힘만으로는 결코 승리할 수가 없다는 점입니다. 성경은 말씀합니다. "너희가 육신대로 살면 반드시 죽을 것이로되 〈영으로써 몸의 행실을 죽이면〉 살리라"(롬 8:13). "영", 즉 "하나님의 영, 그리스도의 영, 성령"(롬 8:9)으로써만이 승리할 수가 있음을 명심하십시다.

*18*장

하나님의 군대를 조직화함

출 18:25

이스라엘 무리 중에서 재덕이 겸전한 자를 빼서 그들로 백성의 두목 곧 천부장과 백부장과 오십부장과 십부장을 삼으매.

출애굽기는 크게 두 부분으로 나누어집니다. 1-18장까지는 바로의 노예가 되어 고역으로 인하여 탄식하며 부르짖던 이스라엘 자손들이 하나님의 구속으로 말미암아 애굽을 탈출하여 시내산 까지 이르는 내용이고, 19-40장까지는 시내산에 1년 간 머무르면서 율법을 받고 성막을 세우는 내용입니다. 앞 부분은 "구원"이고, 뒷 부분은 "섬김"이라고 말 할 수가 있습니다.

그런 맥락에서 18장은 전반부의 작은 결론이라고 말할 수가 있습니다. 출애굽한 이스라엘 자손의 수가 유아 외에 보행하는 장정이 육십 만 가량(12:37)이라 했는데 이들을 성경은 "여호와의 군대"(12:41)라고 부르고 있습니다. 60만이나 되는 여호와의 군대를 조직화하는 것으로 전반부의 결론을 맺고 있다는 것은 의미 있는 일입니다. 왜냐하면 하나 님은 "어지러움의 하나님이 아니시오, 질서"의 하나님(고전 14:33, 40 참조)이시기 때문입니다. 이처럼 조직화한 공동체를 성경은 "광야교 회"(행 7:38)라 부르고 있습니다. 이를 두 단원으로 나누어 상고하겠습 니다.

첫째 단원(1-12) **여호와를 찬송하리로다**
둘째 단원(13-27) **하나님께서 인가하시면**

첫째 단원(1-12) **여호와를 찬송하리로다**

"모세의 장인 미디안 제사장 이드로가 하나님이 모세에게와 자기 백 성 이스라엘에게 하신 일 곧 여호와께서 이스라엘을 애굽에서 인도하여 내신 모든 일을 들으니라"(1).

이를 듣게 된 "모세의 장인 이드로가 모세가 돌려보내었던 그의 아내 십보라와 그 두 아들을 데리고"(2-3) 시내 산에 진을 치고 있는 모세를 찾아온 것입니다. 찾아온 장인에게 경과보고를 하듯 모세가 말해줍니 다. 첫째 단원의 중심점은 바로 여기(8절)에 있습니다.

① "여호와께서 이스라엘을 위하여 바로와 애굽 사람에게 행하신 모 든 일과,

② 길에서 그들의 당한 모든 고난과,

③ 여호와께서 그들을 구원하신 일을 다 그 장인에게 고하였다"(8) 고 말씀합니다.

모세는 이제까지 베푸신 하나님의 행사(行事)를 이드로에게 전해준 것입니다. 모세는 장인과 정담을 나누며 사담(私談)을 한 것이 아니니

다. "구속의 은총" 즉 복음을 전해준 것입니다. 복음을 듣게 된 이드로
는 어떻게 반응했습니까?

① "모든 은혜"(9상)라고 말합니다.

② "구원"(9중)이라고 말합니다.

③ "기뻐하였습니다"(9하).

④ 그리하여 "여호와를 찬송하리로다 너희를 애굽 사람의 손에서와
바로의 손에서 건져내시고 백성을 애굽 사람의 손 밑에서 건지셨도다"
(10)고 찬양했습니다.

⑤ "이제 내가 알았도다"(11상)고 고백합니다. 이드로는 모세를 찾
아오기 전에도 "여호와께서 이스라엘을 애굽에서 인도하여 내신 모든
일"(1)을 알고 있었습니다. 그러나 모세를 통하여 자세히 듣게 되었을
때에 "여호와를 찬송하리로다, 이제 내가 알았도다" 하고 확신함에 거
하게 된 것입니다.

⑥ 그리하여 "모세의 장인 이드로가 번제물과 희생을 하나님께 가져
오매"(12상) 즉 하나님께 예배를 드리게 이른 것입니다. 만일 이드로가
"여호와께서 그들을 구원하신 일"(8하)을 듣기 전에 번제물을 가져왔다
면 그 의미는 달라질 수가 있습니다. 왜냐하면 이방 제사장으로 사신에
게 제사하듯 하는 행위로 여겨질 수도 있기 때문입니다. 이제는 아닙니
다. 유월절 어린양의 피로 구원하여주셨다는 은혜의 복음을 듣고 "번제
물"을 가져왔다면 그도 이 희생을 통하여 그리스도의 대속의 은총에 참
여하게 되었다고 보아야만 하는 것입니다.

⑦ 그러므로 "아론과 이스라엘 모든 장로가 와서 모세의 장인과 함
께 하나님 앞에서 떡을 먹으니라"(12하) 합니다. "함께, 하나님 앞에서"
말입니다. 이는 주안에서의 교제를 말해줍니다. 성경은 말씀합니다. "우
리가 보고 들은 바를 너희에게도 전함은 너희로 우리와 사귐이 있게 하
려 함이니 우리의 사귐은 아버지와 그 아들 예수 그리스도와 함께 함이

라"(요일 1:3).

둘째 단원(13-27) 하나님께서 인가하시면

"이튿날에 모세가 백성을 재판하느라고 앉았고 백성은 아침부터 저녁까지 모세의 곁에 섰는지라"(13).

이 장면을 이드로가 보게 된 것입니다. 그리하여 "그대의 하는 일이 선하지 못하도다"(17) 하고 의견을 말하기에 이른 것입니다. "그대와 그대와 함께 한 이 백성이 필연 기력이 쇠하리니 이 일이 그대에게 너무 중함이라 그대가 혼자 할 수 없으리라"(18)고 말해줍니다. 모세는 재판하느라 기진 하게 되고, 백성들은 차례를 기다리느라 기진 하게 될 것이라는 말입니다. 그리하여 건의하게 된 것이 조직을 세우라는 것입니다.

① 하나님을 두려워하며,

② 진실 무망하며,

③ 불의한 이(利)를 미워하는 자(21)를 택해서,

④ 1000부장과, 100부장과, 50부장과 10부장을 세우라는 것이었습니다.

이점을 어떻게 받아드려야만 하겠습니까? 이드로의 사사로운 충고로 볼 것인가? 아니면 하나님의 인도로 여길 것인가? 만일 이 건의가 앞 단원과 바뀌었다면 즉 여호와의 행사를 "듣고, 믿고, 찬송하며, 확신하고, 예배를 드림"이 없이 한 말이라면 그 의미는 전연 달라질 수가 있습니다. 하나님 중심이 아니요 육신의 소욕으로 볼 수도 있을 것입니다. 그러나 이제는 아닙니다. 이는 하나님의 유기적인 섭리로 받아야할 것입니다. 그래서 이드로는 "하나님께서도 그대에게 인가(認可)하시면"(23중) 이라고 단서(但書)를 붙였던 것입니다.

여호와께서도 이를 "인가"하셨음이 민수기에는 나타납니다. 시내산을 출발하려 할 때 여호와께서 모세에게 명(민 10:1)하시기를 나팔을 "하나만 불 때에는 이스라엘 천부장 된 족장들이 모여서 네게로 나아올 것이요"(4) 하시고 이 제도를 인정하심을 대하게 되기 때문입니다. 중요한 점은 1000부장, 100부장, 50부장, 10부장 제도가 행정적인 제도라기보다는 군대조직이라는 점입니다. 그러니까 단순한 계산으로 말하면 600명의 천부장과, 6,000명의 백부장과 12,000명의 오십부장과 60,000명 가량의 십부장을 세우게 된 것입니다. 이는 "여호와의 군대를 조직화"한 것입니다.

이 장면은 마치 공궤하는 일에 골몰하던 초대교회가 "우리가 하나님의 말씀을 제쳐놓고 공궤를 일삼는 것이 마땅치 아니하니 형제들아 너희 가운데서 성령과 지혜가 충만하여 칭찬 듣는 사람 일곱을 택하라 우리가 이 일을 저희에게 맡기고 우리는 기도하는 것과 말씀 전하는 것을 전무하리라"(행 6:1-4)는 베드로의 제의를 받아드려 사역을 분담한 초대 교회의 조직을 연상하게 합니다. 이를 계기로 모세는 그 많은 무리의 이해다툼에서 벗어나 하나님의 말씀과 교제하는 일에 전념할 수가 있었을 것입니다.

19장

시내산에 강림하신 하나님

19장은 출애굽기에 있어서 분기점이 되는 장입니다. 애굽을 탈출하여 시내 광야(1)까지 이르게 된 역사는 여기서 끝이고, 이제 후로는 시내산에 1년을 머무르면서 그들에게 율법이 주어지는 내용이기 때문입니다. "시내산에 연기가 자욱하니 여호와께서 불 가운데서 거기 강림하심이라"(18상) 합니다. 하나님이 왜 시내산에 강림하셨는가? 거기에 자기 백성들이 있었기 때문입니다. 하나님은 자기 백성들을 만나시기 위해서 찾아오신 셈입니다.

그런데 산 사면에 지경(地境)을 정하고 범하지 말라 하십니다. 범하는 자는 정녕 죽임을 당할 것이라(12)고 경고하십니다. 이점이 엄하게 강조되어 있음을 보게 됩니다. 자기 백성을 사랑하셔서 찾아오셨으나 만날 수 없는, 여기에 본 장의 갈등이 있는 것입니다. 이점을 세 단원으로 나누어 상고하겠습니다.

첫째 단원(1-8) **제사장 나라가 되리라**
둘째 단원(9-15) **지경을 범하지 말라**
셋째 단원(16-25) **너는 아론과 함께 올라 오라**

첫째 단원(1-8) **제사장 나라가 되리라**

"이스라엘 자손이 애굽 땅에서 나올 때부터 제 삼월 곧 그때에 그들이 시내 광야에 이르니라"(1).

애굽 땅에서 나올 때부터 제 삼월이라 했으니까 삼 개월 째가 된다는 말씀입니다. 그때 행렬은 시내 광야에 이르게 된 것입니다. 하나님께서 산에서 모세를 부르셔서 이스라엘 자손들을 애굽에서 인도해 내신 의도 즉 이스라엘에게 향하신 하나님의 뜻을 말씀해 주시는 것이 본 단원의 주제입니다. 지금까지는 족장들에게 하신 언약을 기억하사 "이스라엘 자손을 권념하셨더라"(2:24) 했고, "너희를 구속하여 너희로 내 백성을 삼고"(6:6하-7상)하셨는데 여기 와서는 좀 더 발전 된 계시를 주시는 것입니다.

① 열국 중에서 내 소유가 되겠고,

② 너희가 내게 대하여 제사장 나라가 되며,

③ 거룩한 백성이 되리라 너는 이 말을 이스라엘 자손에게 고할지니라(5-6) 하십니다. 셋 중에 핵심은 "제사장 나라가 되리라"는데 있습니다. 여기에는 심오한 뜻이 함의되어 있습니다.

① "내 소유가 되겠고" 하신 것은 일반적인 의미의 소유를 뜻하는 것이 아닙니다. 아주 "특별한 소유"를 나타내는 의미입니다. 이점이 "세계가 다 내게 속하였나니"(5상) 하신 말씀 속에 나타납니다. 일반적인 의미에서는 세계가 다 하나님의 소유인 것입니다. 그런데 열국 중에서 내 소유가 되겠고 하신 것은 창조원리에 의해서가 아니라 구속의 원리 즉 값을 주고 산 소유라는 뜻입니다. 죄 값에 팔린 인간은 구속으로 말미암아서만 하나님의 특별한 소유가 될 수가 있는 것입니다.

② "제사장 나라가 되며" 하십니다. 세계가 다 내게 속하였나니 하신 대로 하나님은 그들을 다 구원하기를 원하시는데 이스라엘을 들어서 구원하시겠다는 이것이 제사장 나라가 되리라는 뜻입니다. 그렇다면 천하 만민을 구원하기 위한 제사장 나라의 사명이 무엇인가? 이스라엘에서 제사장이 나와서 저들을 위하여 대속제물을 드려줌으로 구원하시겠다는 뜻입니다. 이것이 아브라함에게 언약하신 "네 씨로 말미암아 천하 만민이 복을 얻으리라"였던 것입니다.

③ "거룩한 백성이 되리라" 하십니다. 여기 "백성"만 보아서는 부족합니다. "나라"를 볼 수 있어야만 합니다. 저들이 거룩한 백성 즉 하나님의 백성이 된다면 하나님은 저들의 무엇이 된다는 말씀입니까? 다스리시는 "왕"이 되시는 것입니다. 이것이 하나님의 나라입니다. 궁극적으로 하나님의 나라를 회복하시려는 것이 구속사역의 목적입니다. 이는 제사장 나라의 사명 즉 그리스도가 제사장으로 오셔서 자신을 만민을 위한 대속제물로 드려주심으로만이 가능해지는 것입니다.

④ 하나님께서는 "너희가 내 말을 잘 듣고 내 언약을 지키면"(5상), 이라고 말씀하십니다. 많은 분들이 여기서 문자만 보고 혼동하고 있는 듯이 여겨집니다. 하나님이 말씀하신 "언약"이란 "행위언약인가? 은혜언약인가?"

행위 언약과 은혜 언약

이점에 분명해야만 출애굽기를 바로 볼 수가 있는 것입니다. 야곱의 자손이요 바로의 종이었던 저들이 하나님의 특별한 소유가 되고 제사장 나라가 되고 거룩한 백성이 될 수가 있었던 것은 행위에 의해서가 아니었습니다. 자신의 행위로 이를 얻을 수 있는 민족이나 나라는 하나도 없습니다.

모세가 "너는 여호와 네 하나님의 성민이라 네 하나님 여호와께서 지상 만민 중에서 너를 자기 기업의 백성으로 택하셨나니"(신 7:6) 하고 말씀한 대로 하나님의 택하심으로 말미암은 것입니다. 그리고 그 택하심은 아브라함에게 세워주신 언약에 근거합니다. 이점이 4절에 나타나고 있습니다. "나의 애굽 사람에게 어떻게 행하였음과 내가 어떻게 독수리 날개로 너희를 업어 내게로 인도하였음을 너희가 보았느니라" 하십니다. 이렇게 해주심은 행위에 의해서가 아니라 "여호와께서 다만 너희를 사랑하심을 인하여, 또는 너희 열조에게 하신 맹세를 지키려 하심을 인하여 자기의 권능의 손으로 너희를 인도"(신 7:8)하여 내셨기 때문입니다. 그렇다면 이는 은혜언약인 것입니다.

⑤ 모세가 와서 백성의 장로들을 불러 하나님의 명하신 모든 말씀을 진술하니 백성이 일제히 응답하기를 "우리가 다 행하리이다"(8)고 말했습니다. 일견 대견스러운 것 같지만 여기에 인간의 착각이 있습니다. 지금 하나님께서는 육적 출애굽을 통해서 영적 출애굽을 계시하시는 중입니다. 그런데 "우리가 다 행하리이다"고 말하고 있는 것입니다. 이로부터 1500년 후 유대인들이 어찌하여 그리스도를 배척했습니까? "하나님의 의를 모르고 자기 의를 세우려고 힘써 하나님의 의를 복종치 아니"(롬 10:3) 했기 때문이라고 말씀합니다. "우리가 다 행하리이다"고 장담한 저들이 다 행했습니까? 그리하여 저들이 하나님 앞에 의롭다고 인

정을 받을 수가 있었습니까? 행하지도 않았고 행할 수도 없는 전적타락, 전적부패, 전적무능을 모르고 다 행한 양 착각하고 있는데 유대인들의 비극이 있었던 것입니다.

둘째 단원(9-15) **지경을 범하지 말라**

"너는 백성을 위하여 사면으로 지경을 정하고 이르기를 너희는 삼가 산에 오르거나 그 지경을 범하지 말지니 산을 범하는 자는 정녕 죽임을 당할 것이라"(12).

"모세가 백성의 말로 여호와께 회보(回報)하매"(8하), "여호와께서 모세에게 이르시되 너는 백성에게로 가서 오늘과 내일 그들을 성결케 하며 그들로 옷을 빨고 예비하여 제 삼일을 기다리게 하라 이는 제 삼일에 나 여호와가 온 백성의 목전에 시내산에 강림할 것임이니"(10-11) 하시면서 무엇이라고 말씀하시는가를 주목해 보십시오.

① 사면으로 지경(지경)을 정하라(12) 하십니다.

② 그 지경을 범하지 말라 하십니다.

③ 정녕 죽임을 당할 것이라 하십니다.

이것이 "우리가 다 행하리이다"한 데 대한 하나님의 응답이었습니다.

본 단원에는 지경을 범하면 "죽임을 당하리라"(12-13)는 말이 세 번이나 반복적으로 강조되어 있습니다. 이 외에 "짐승이나 사람을 무론하고 살지 못하리라"(13하), "내가 그들을 돌격할까 하노라"(22, 24) 하십니다. 이 말씀을 대하는 형제는 어떤 마음이 드십니까? 솔직히 그럴 것이라면 차라리 하나님이 강림하시지 않는 편이 좋겠다는 마음이 들 것입니다.

실제로 그렇게 구했다고 성경은 말씀하고 있습니다. "그 소리를 듣는 자들은 더 말씀하지 아니하기를 구하였으니 이는 짐승이라도 산에 이르거든 돌로 침을 당하리라 하신 명을 저희가 견디지 못함이라 그 보이는 바가 이렇듯이 무섭기로 모세도 이르되 내가 심히 두렵고 떨린다 하였다"(히 12:19-21)고 말씀합니다. 그렇다면 이를 통해서 무엇을 계시하시려는 것일까요?

셋째 단원(16-25) 너는 아론과 함께 올라 오라

"제 삼일 아침에 우뢰와 번개와 빽빽한 구름이 산 위에 있고 나팔 소리가 심히 크니 진중 모든 백성이 다 떨더라"(16).

"시내산에 연기가 자욱하니 여호와께서 불 가운데서 거기 강림하심이라 그 연기가 옹기점 연기같이 떠오르고 온 산이 크게 진동하며 나팔 소리가 점점 커질 때에 모세가 말한즉 하나님이 음성으로 대답하시더라 여호와께서 시내산 곧 그 산꼭대기에 강림하시고 그리로 모세를 부르시니 모세가 올라가매"(18-20). 다시 한 번 경계하시기를 "내려가서 백성을 신칙하라 백성이 돌파하고 나 여호와께로 와서 보려 하다가 많이 죽을 까 하노라"(21)고 말씀하십니다. 이처럼 하나님께서 강조하고 또 강조(12, 13, 21, 22, 24)하시는 의도는 무엇이 하나님과 인간 사이를 갈라 놓았는가를 깨닫기를 원하시기 때문입니다. 그것은 "죄"입니다.

"여호와께서 그에게 이르시되 가라 너는 내려가서 아론과 함께 올라 오고 제사장들과 백성에게는 돌파하고 나 여호와에게로 올라오지 못하게 하라 내가 그들을 돌격할까 하노라"(24) 하십니다.

① 아론과 함께 올라 오라 하십니다.

② 제사장들과 백성은 근접하지 못하게 하라 하십니다.

그런데 어찌하여 아론과 함께 올라 오라 즉 아론에게는 올라오는 것이 허락이 되었을까요? 아론의 임무는 대속제물을 드려야할 대제사장이 될 것이기 때문입니다. 대제사장에게는 일년 일차 지성소에 들어가는 것이 허락될 자이기 때문입니다. 궁극적으로 참 대제사장이신 그리스도를 예표하는 인물이기 때문입니다. 아론은 짐승의 피를 가지고 지성소에 들어갔으나 우리의 대제사장 되시는 그리스도께서는 "염소와 송아지의 피로 아니하고 오직 자기 피로 영원한 속죄를 이루사 단번에 성소에 들어가셨느니라"(히 9:12)고 말씀합니다. 결론은 분명해졌습니다. "지경을 정하라, 아론과 함께 올라 오라" 하심은 하나님과 인간 사이에 가로막힌 지경이 철폐가 되고 하나님께 담대히 나아갈 수 있는 유일한 방도는 대제사장이 되시는 예수 그리스도의 대속의 피로 말미암아서 만이 가능함을 계시해주시려는 것입니다. "우리가 다 행하리이다" 한 인간의 행위로 말미암아서 가능해지는 것이 아닙니다.

20장

너의 하나님 여호와로라

> 출 20:1-2
>
> 하나님이 이 모든 말씀으로 일러 가라사대 나는 너를 애굽 땅, 종 되었던 집에서 인도하여 낸 너의 하나님 여호와로라.

20장의 내용은 시내산에 강림하신 하나님께서 백성들에게 친히 십계명을 말씀하시는 내용입니다. 뒤에 가서 십계명을 두 돌 판에 친히 새겨서 모세를 통해 주시는 것을 보게 됩니다. 그렇다면 십계명을 주신 하나님의 의도는 무엇인가? 십계명의 정신은 무엇인가? 이점에 분명해야만 합니다. 그래야만 율법과 복음의 관계와, 구속사역의 일관성이 정립이 될 수가 있는 것입니다.

많은 분들이 오해하기를 하나님께서 율법을 먼저 주셨다가 안되니까 복음을 주신 양 곡해를 하고 있는 듯 합니다. 아닙니다. 그들은 십계명을 받기 이전에 벌써 하나님의 백성이 되어 있었습니다. 이점이 서문에 나타나 있습니다. "나는 너를 애굽 땅 종 되었던 집에서 인도하여 낸 너의 하나님 여호와로라"(2) 하십니다. 이는 십계명을 해석하는데 열쇠와 같은 말씀입니다. 그러므로 본 장의 주제가 "너의 하나님 여호와로라" 가 될 수가 있습니다. 이는 그마만큼 무게가 있는 말씀입니다. 이점을 세 단원으로 나누어 상고하겠습니다.

> 첫째 단원(1-2) **십계명을 주신 의도**
> 둘째 단원(3-21) **십계명의 정신**
> 셋째 단원(22-26) **번제와 화목제를 드리라**

첫째 단원(1-2) **십계명을 주신 의도**

"나는 너를 애굽 땅 종 되었던 집에서 인도하여 낸 너의 하나님 여호 와로라"(2).

십계명의 내용을 상고하기에 앞서 먼저 십계명을 주신 의도가 무엇 인지를 분명히 깨달아야만 합니다. 이를 알기 위해서는 십계명을 주시 는 하나님과, 받는 백성들이 어떠한 관계인가를 인식해야만 합니다. 왜 냐하면 성경이 그렇게 하고 있기 때문입니다. 이점을 서문에서 말씀하 고 있습니다. 하나님께서는 곧바로 계명을 말씀하시지 않으셨습니다. 계명을 말씀하기에 앞서서 서문(1-2)에서 하나님과 그들의 관계를 먼 저 말씀하고 있는 것입니다.

① "나는 너를 애굽 땅 종 되었던 집에서 인도하여 낸 너의 하나님 여호와로라"(2) 하십니다. 즉 나는 "너의 하나님"이요, 너희는 "내 백 성"이라는 것입니다. 그러므로 십계명은 "너의 하나님"께서 자기 백성 들에게 주신 계명인 것입니다. 그러므로 십계명 안에는 "너의 하나님 여호와"라는 말씀이 다섯 번(2, 5, 7, 10, 12)이나 강조되어 있습니다.

② 계명을 주시기에 앞서서 "나는 너의 하나님"이심을 말씀하고 있다면 받는 자의 입장에서도 계명을 받기에 앞서서 자신들이 "하나님의 백성"임을 인식하고 받아야 마땅한 것입니다. 그래야만 계명을 주시는 하나님의 의도를 바로 받들 수가 있겠기 때문입니다.

③ 그렇다면 어떻게 해서 "너의 하나님, 나의 백성"이 되는 것이 가능해졌는가? 이점을 명심하면서 십계명을 받아야만 한다는 뜻이 서문에는 함의되어 있습니다. 저들은 유월절 어린양의 구속으로 말미암아 하나님의 백성이 될 수가 있었던 것입니다.

④ 그렇다면 묻습니다. "너희를 구속하여 내 백성을 삼고" 하심이 저들의 행함으로 된 것입니까? 아니면 하나님의 은혜로 된 것입니까? 달리 말하면 이는 율법입니까? 복음입니까? 이는 이론의 여지가 없는 은혜요, 복음인 것입니다. 그러므로 십계명(율법)은 "너의 하나님 여호와"께서 자기 백성들에게 복음적인 은혜와 사랑의 마음에서 주신 것임을 최우선으로 명심해야만 하는 것입니다. 다시 말하거니와 십계명보다 복음(구속)을 먼저 주셨습니다.

⑤ 다음으로 생각할 점은 그렇다면 율법을 주신 의도가 무엇인가? 하는 점입니다. 이는 나라에 법이 있듯이 구약에 세워진 하나님 나라(광야 교회) 법(法)이었던 것입니다. 그러므로 십계명(율법)은 저들로 하여금 하나님의 백성답게 살아가게 하기 위해서 주신 것입니다. 하나님께서는 모세에게 "나를 위하여 백성을 모으라 내가 그들에게 내 말을 들려서 그들로 세상에 사는 날 동안 나 경외함을 배우게 하며 그 자녀에게 가르치게 하려 하노라"(신 4:10)고 말씀하셨습니다. 그들은 대대로 노예노릇을 하고 있던 자들입니다. 그런 그들이 하루아침에 하나님의 백성들이 된 것입니다. 그들에게 계명을 주심으로 죄를 범치 않게 하고 하나님의 이름을 더럽히지 않게 하기 위해서 주신 것입니다.

⑥ 그러므로 십계명을 유의해보면 "하라"는 조항보다는 "하지 말라"

는 말씀이 강조되어 있음을 보게 됩니다. "말라"는 말이 무려 13번이나 나옵니다. 이는 무엇을 의미하느냐 하면 하나님의 백성들이 그렇게 할 가능성이 많고, 영적인 수준이 아직 유치(幼稚)한 상태에 있음을 뜻합니다. 그것은 마치 부모가 어린 아이에게 타이르듯 하는 내용이었던 것입니다.

⑦ 율법을 주신 의도가 또 있습니다. "율법의 행위로 그의 앞에 의롭다 하심을 얻을 육체가 없나니 율법으로는 죄를 깨달음이니라"(롬 3:20)고 말씀합니다. 그들은 "여호와의 명하신 대로 우리가 다 행하리이다"(19:8, 24:3)고 말하였으나 행할 수가 없었습니다. 그러므로 율법을 통해서 전적타락, 전적무능한 죄인임을 깨달아야만 했던 것입니다.

⑧ 궁극적인 목적은 저들이 구속을 받아 하나님의 백성이 되었으나 어린양이라는 그림자를 통해서 구속함을 받았을 뿐이라는 것입니다. 그들은 "실체"(實體)를 만나야만 했던 것입니다. 그러므로 율법은 그들을 그리스도에게로 인도하는 몽학선생(蒙學先生)이라고 성경은 말씀(갈 3:24)합니다. 이제 율법을 주신 하나님의 의도가 분명해졌습니다. ① 하나님의 백성답게 살아가기 위하여, ② 자신이 죄인임을 깨닫고, ③ 그리스도에게로 인도하기 위해서입니다. 이상 말씀드린 것이 십계명을 주신 의도인 것입니다.

둘째 단원(3-21) **십계명의 정신**

"너는 나 외에는 다른 신들을 네게 있게 말지니라"(3).

이제 십계명의 내용들을 상고할 준비가 되었습니다. 십계명은 크게 두 부분으로 나누어집니다. 1-4 계명은 하나님과의 관계이고, 5-10 계명은 사람과의 관계입니다. 주님은 십계명을 "네 마음을 다하고 목숨을

다하고 뜻을 다하여 주 너의 하나님을 사랑하라 하셨으니 이것이 크고
첫째 되는 계명이요, 둘째는 그와 같으니 네 이웃을 네 몸과 같이 사랑
하라 하셨으니 이 두 계명이 온 율법과 선지자의 강령이니라"(마 22:
37-40) 하고 두 계명으로 요약해주셨습니다.

하나님의 백성들이 "마음을 다하고 목숨을 다하고 뜻을 다하여 주 너
의 하나님을 사랑"하기만 한다면 1-4 계명은 지키고도 남음이 있다 하
겠습니다. 또한 "이웃을 네 몸과 같이 사랑"하기만 한다면 5-10 계명도
지키고도 남음이 있다 하겠습니다. 주님은 십계명을 간단 명료하게 요
약해준 것만이 아니라 "하나님 사랑과, 이웃 사랑"이 십계명의 진정한
정신이라는 것입니다. 그러므로 주님의 해석과 서기관들의 해석 사이에
는 실로 엄청난 차이가 있었던 것입니다. 왜냐하면 유대인들은 의문(儀
文)이라는 문자만을 보았으나 주님은 영(정신)을 보셨기 때문입니다.

의문과 영

그러므로 육신에 속한 자들은 살인, 간음, 도적질하지 않은 것으로 이
웃에 대한 계명을 다 지킨 줄로 여기고 있었습니다. 부자 관원은 무엇이
라고 말했습니까? "이것은 내가 어려서부터 다 지키었나이다"(눅 18:
21)고 말했습니다. 바울의 말대로 하면 "율법의 의로는 흠이 없는 자"
(빌 3:6)로 생각했던 것입니다. 그러나 그것은 외식(外飾)적인 것이었
을 뿐, 문제는 "마음"에 있었던 것입니다.

이점을 사도 바울을 통해서 볼 수가 있습니다. 율법의 의로는 흠이
없노라고 자부하면서 교회를 잔멸하려 했던 바울이 굴복한 것은 십계명
의 마지막 계명을 통해서였습니다. 바울은 "율법이 탐내지 말라 하지
아니하였더면 내가 탐심을 알지 못하였으리라"(롬 7:7)고 고백합니다.
열 번째 계명이 그의 심령에 새롭게 조명되었을 때 "탐내지 말라, 탐심,

탐심(貪心)", 바울은 율법의 본질이 마음에 있음을 깨닫게 된 것입니다. 그 순간 흠이 없노라고 자부하던 자신이 죄인 괴수임을 알게 된 것입니다. "오호라 나는 곤고한 사람이로다 이 사망의 몸에서 누가 나를 건져내랴"(롬 7:24) 하고 깨어지고 말았던 것입니다. 바울은 성령의 조명하심으로 말미암아 십계명을 통해서 죄를 깨닫고 그리스도를 만났던 것입니다. 이것이 십계명(율법)의 궁극적인 기능인 것입니다.

그럼에도 불구하고 "이것은 내가 어려서부터 다 지키었나이다" 자부하면서 십계명을 다 지켰기 때문에 구원에 이른 줄로 알고 구주를 배척한 데에 유대인들의 결정적인 잘못이 있었던 것입니다. 아닙니다. 원죄하에 있는 옛사람으로는 십계명조차도 온전히 지킬 수가 없는 것입니다.

주님의 해석을 들어보십시오. "옛 사람에게 말한 바 살인치 말라 누구든지 살인하면 심판을 받게 되리라 하였다는 것을 너희가 들었으나", 이것이 서기관들의 해석이었습니다. "나는 너희에게 이르노니 형제에게 노하는 자마다 심판을 받게 되고 형제를 대하여 라가라 하는 자는 공회에 잡히게 되고 미련한 놈이라 하는 자는 지옥 불에 들어가게 되리라"(마 5:21-22). "또 간음치 말라 하였다는 것을 너희가 들었으나 나는 너희에게 이르노니 여자를 보고 음욕을 품는 자마다 마음에 이미 간음하였느니라"(마 5:27-28). 이것이 주님의 해석입니다. 차이점은 십계명을 의문(儀文)으로 지키는 것과 "마음"(영)으로 지키는 차이입니다.

그렇다면 마음으로 지킨다는 것이 무엇을 의미하는가? 그것이 곧 사랑입니다. 저는 십계명을 찬송가에 올려놓는 이유를 모르겠습니다. 최소한도 십계명은 지켜야 된다는 의미일까요? 그렇다면 얼마나 부끄러운 노릇입니까? 이는 "새 계명을 너희에게 주노니 서로 사랑하라 내가 너희를 사랑한 것같이 너희도 서로 사랑하라"(요 13:34) 하신 주님의 말씀을 외면하는 처사입니다.

"영의 새로운 것으로 섬길 것이요 의문의 묵은 것으로 아니할지라"
(롬 7:6)하신 신약교회에는 온전한 법(法)을 주셨음을 명심해야만 합
니다.

사랑의 새 계명

어떤 분들은 주님이 "율법의 마침"(롬 10:4)이 되시고, "의문에 속한
계명의 율법을 자기 육체로 폐하셨다"(엡 2:15)는 말씀을 의식(儀式)
법을 폐하신 것이지 도덕법은 아니라는 억지를 부리기도 합니다. 지금
도덕 폐기론자와 같은 말을 하고 있는 것이 절대로 아닙니다. "옛 언약
은 돌 판에 기록하였으나 "또 주께서 가라사대 그 날 후에 내가 이스라
엘 집으로 세울 언약이 이것이니 내 법을 저희 생각에 두고 저희 마음
에 이것을 기록하리라"(히 8:10, 렘 32:31-33) 하신 새 언약에, 새 계명"
을 말하고 있는 것입니다. 바울은 주님이 말씀하신 새 계명을 알았기에
"그러므로 사랑은 율법의 완성이니라"(롬 13:10)고 말씀했고, 야고보도
이를 알았기에 사랑을 "최고의 법"(약 2:8)이라고 말씀했던 것입니다.
옛 계명은 "살인, 간음, 도적질하지 말라"는 금기(禁忌)가 주를 이루
고 있습니다. 이것들을 하지 않으면 되었습니다. 그러나 새 계명은 "하
라"는 것입니다. "원수를 사랑하라" 하십니다. 왜냐하면 "성령으로 말미
암아 하나님의 사랑이 우리 마음에 부은 바 되었기"(롬 5:5) 때문에 사
랑할 수가 있는 것입니다. 그러므로 신약성경은 "이러므로 사람이 선을
행할 줄 알고도 행치 아니하면 죄니라"(약 4:17)고 말씀하고 있습니다.
그들을 옛 언약의 수준으로 끌어내리려 해서는 주님께서 자기 피로
친히 세워주신 새 언약에 대한 모독입니다. 성경은 "간음하지 말라, 살
인하지 말라, 도적질하지 말라, 탐내지 말라 한 것과 그 외에 다른 계명
이 있을지라도 네 이웃을 네 자신과 같이 사랑하라 하신 그 말씀 가운

데 다 들었느니라"(롬 13:9)고 말씀하고 있습니다. 십계명이 아니라 "사랑"이 하나님 나라의 유일한 법임을 강조하고 심어주어야만 교회가 "사랑의 공동체"가 되지 않겠습니까!

그런데 첫 언약 때에는 육체로 범해야 간음이었고 사람을 죽여야만 살인죄로 처벌했던 것입니다. 이는 계명에 결함이 있어서가 아니라 그들이 영적으로 어린 아이와 같았기 때문입니다. 이점을 주님이 지적하셨습니다. 주님께서 이혼이 불가함을 말씀하시자 바리새인들이 "그러면 어찌하여 모세는 이혼 증서를 주어서 내어버리라 명하였나이까" 하고 율법이 허용하고 있음을 말했습니다. "예수께서 가라사대 모세가 너희 마음의 완악함을 인하여 아내 내어버림을 허락하였거니와 본래는 그렇지 아니하니라"(마 19:3-8) 하고 말씀하심이 이를 의미합니다.

그렇다면 "본래는 그렇지 아니하니라" 하신 본래의 정신을 나타낼 때가 언제입니까? "또 새 영을 너희 속에 두고 새 마음을 너희에게 주되 너희 육신에서 굳은 마음을 제하고 부드러운 마음을 줄 것이며 또 내 신을 너희 속에 두어 너희로 내 율례를 행하게 하리니 너희가 내 규례를 지켜 행할지라"(겔 36:26-27) 하신 새 언약의 시대입니다. 옛 언약의 백성들 몸에는 새 영, 새 마음이 없었습니다. 그러나 새 언약의 자손들의 속에는 "누구든지 그리스도의 영이 없으면 그리스도의 사람이 아니라"(롬 8:9) 하신 대로 하나님의 영이 있는 사람들입니다.

이 본질적인 차이가 십계명을 받는 저들의 모습에서 드러나고 있습니다. "모세에게 이르되 당신이 우리에게 말씀하소서 우리가 들으리이다 하나님이 우리에게 말씀하시지 말게 하소서 우리가 죽을까 하나이다"(19) 하고 두려움에 떨었습니다. 그러나 새 언약의 자녀들은 "너희는 다시 무서워하는 종의 영을 받지 아니하였고 양자의 영을 받았으므로 아바 아바지라 부르짖느니라"(롬 8:15)고 말씀합니다. "아바 아버지", 얼마나 다정하고 친근하고 사랑스런 이름입니까! 하나님을 향하여

"아바 아버지"하고 부르짖어 보십시오. 그러므로 처벌이 두려워서 사랑의 법을 지키는 것이 아니라 내주(內住)하시는 성령의 소욕으로 말미암아 주를 기쁘시게 해드리기(엡 5:10) 위해서 하나님과 이웃을 사랑하게 되는 것입니다.

셋째 단원(22-26) 번제와 화목제를 드리라

"여호와께서 모세에게 이르시되 너는 이스라엘 자손에게 이같이 이르라 내가 하늘에서부터 너희에게 말하는 것을 너희가 친히 보았으니 너희는 나를 비겨서 은으로 신상이나 금으로 신상을 너희를 위하여 만들지 말고 내게 토단을 쌓고 그 위에 너의 양과 소로 너의 번제와 화목제를 드리라 내가 무릇 내 이름을 기념하게 하는 곳에서 네게 강림하여 복을 주리라"(22-24).

십계명은 하나님이 온 백성에게 친히 하신 말씀이고 여기서부터(20:22) 23:19까지는 모세에게 하신 말씀입니다. 십계명은 강령(綱領)과 같은 것이고, 이 율례들은 십계명에 대한 시행세칙이라 할 수가 있습니다. 24장에 보면 "모세가 여호와의 모든 말씀을 기록(4)하고, 언약서를 가져 백성에게 낭독하여 들렸다"(7)고 말씀하고 있는데 그래서 이 부분을 언약서 라고 말하기도 합니다. 우선적으로 말씀하신 규례가 예배 즉 하나님과의 관계입니다.

① "너희는 나를 비겨서 신상(神像)을 만들지 말라" 하십니다. 이는 십계명 중 둘째 계명에 해당되는 말씀인데 어찌하여 신상을 만들지 말라고 강조하시는 것일까요? 그럴 가능성이 많기 때문입니다. "악하고 음란한 세대"(마 16:4)는 언제나 표적을 구하며 보고 만지기를 좋아했습니다. 이는 하나님의 언약에 대한 불신앙 때문입니다. "천지는 없어지

겠으나 내 말은 없어지지 아니하리라"(마 24:35) 하신 언약의 말씀을 굳게 믿는다면 구태여 보고 듣기를 갈구하지 않을 것입니다.

② "너의 양과 소로 너의 번제와 화목제를 드리라"(24) 하십니다. 이는 출애굽 뒤에 최초로 등장하는 말씀입니다. 유월절의 어린양은 등장하였으나 번제와 화목제의 양과 소는 처음입니다. 이는 재언의 여지가 없이 세상 죄를 지고 가실 하나님의 어린양에 대한 예표입니다. 이 명을 십계명을 주신 문맥에서 말씀하고 있다는데 주목하게 됩니다.

③ "토단(土壇)을 쌓고"(24상) 그 위에 번제와 화목제를 드리라고 말씀하십니다. 토단이란 자연석과 진흙으로 쌓은 단을 말합니다. "네가 내게 돌로 단을 쌓거든 다듬은 돌로 쌓지 말라 네가 정으로 그것을 쪼면 부정하게 함이니라"(25) 하십니다. 어찌하여 부정하게 되는 것일까요? 이는 그 위에 드려질 "번제와 화목제"가 예수 그리스도께서 드려주실 대속제물에 대한 그림자임을 인식하는 사람이라면 그 의미를 깨달을 수가 있는 것입니다. 우리의 구원은 전적으로 어린양 되시는 그리스도의 구속으로 말미암아서이지 거기에 인간이 "정으로 쪼듯" 무엇인가를 첨부해야되는 것이 전연 아니라는 진리입니다.

이에 대한 빛을 창세기 11장에서 받을 수가 있습니다. 바벨탑을 쌓을 때 그들은 "자 벽돌을 만들고 견고히 굽자 하고 이에 벽돌로 돌을 대신하며 역청으로 진흙을 대신"(3)했다고 말씀합니다. 그들은 토단을 쌓은 것이 아니라 역청으로 쌓았고, 자연석이 아닌 인조석으로 쌓았던 것입니다. 이는 그들의 신앙이 신본주의에서 인본주의 신앙으로 변질되었음을 나타내주는 말씀입니다.

출애굽기 20장은 앞 부분에서 "십계명"을 주시고 뒷부분에서는 "번제와 화목제를 드리라" 하시는 구도입니다. 이것이 무의미한 것이 아니라 십계명도, 그리고 번제와 화목제도 우리를 그리스도에게로 인도하는 몽학선생이었던 것입니다.

21장

여호와의 율례

출 21:1-2

"네가 백성 앞에 세울 율례는 이러하니라 네가 히브리 종을 사면 그가 육 년 동안 섬길 것이요 제 칠년에는 값없이 나가 자유할 것이며".

"네가 백성 앞에 세울 율례(律例)는 이러하니라"(1) 하십니다. 율례란 법규(法規)를 의미하는데 십계명에 대한 시행세칙이라 말할 수가 있습니다. 하나님께서 십계명과 율례들을 주신 목적이 백성들로 하여금 하나님의 백성답게 살아가게 하기 위해서라고 말씀드렸습니다. 사도행전에 보면 베드로는 흥미 있는 말을 합니다. 로마 사람(주님을 십자가에 못박은 군병)을 가리켜 "법 없는 자들"(행 2:23)이라고 말하고 있습니다. 로마나라에도 법은 있었습니다. 그러나 유대인들이 보기에 그들은 법 없는 이방인에 불과했습니다. 왜냐하면 하나님이 주신 법을 가지지 못했기 때문입니다. 유대인들은 하나님의 법(율법)을 자신들만이 가졌다는 것을 그마만큼 특권으로 여겼던 것입니다.

여기 기록 된 말씀들은 약 3500년 전에 주어진 율례들임을 유념해야만 합니다. 그러므로 지금의 잣대로 재어보려 한다면 맞지 않을 수도 있습니다. 그러나 율례의 정신은 사랑임을 망각해서는 아니 됩니다. 그리고 결론적으로 잊지 말아야할 점은 이 율례들은 우리들을 그리스도에게로 인도하는 "몽학선생"이라는 점입니다. 이를 두 단원으로 나누어 상고하겠습니다.

첫째 단원(1-11) **남녀 종에 관한 율례**
둘째 단원(12-36) **생명보호에 관한 율례**

첫째 단원(1-11) **남녀 종에 관한 율례**

"종이 진정으로 말하기를 내가 상전과 내 처자를 사랑하니 나가서 자유하지 않겠노라 하면"(5).

20:22-26의 율례가 하나님과의 관계라면 본 장의 율례는 이웃과의 관계입니다. 첫 말씀이 종에 관한 율례요, 그것도 "자유의 율례"임을 주목해야만 합니다. "네가 백성 앞에 세울 율례는 이러하니라 네가 히브리종을 사면 그가 육 년 동안 섬길 것이요 제 칠 년에는 값없이 나가 자유할 것이며"(1-2) 하십니다. "종과 자유", 이것도 단순한 종만을 위한 율례에 머무는 것이 아니라고 여겨집니다. 왜냐하면 넓은 의미에서 구속사역이란 죄 값에 팔린 종이 어떻게 자유할 수가 있는가 하는 "종에 관한 율례"라고 말할 수가 있기 때문입니다.

① "제 칠 년에는 자유할 것이며" 하십니다. 왜냐하면 칠 년째 되는해가 "안식년"이기 때문입니다. 이는 "엿새 동안은 힘써 네 모든 일을행할 것이나 제 칠 일은 너의 하나님 여호와의 안식일인즉…아무 일도

하지 말라"(20:9-10) 하신 제 4계명인 "안식일" 원리(原理)에 입각한 시행세칙이라 할 수가 있습니다. 종들은 엿새 동안 일하면서 하루 푹 쉴 수 있는 안식일을 기다렸을 것이 분명합니다. 하물며 종으로 팔린 자가 "자유"할 수 있는 7년 되는 안식년을 얼마나 고대했겠습니까!

여기에 노예들의 소망이 있었던 것입니다. 이 정신은 자연스럽게 대사면의 해인 희년으로 이어지고 있는 것입니다. "안식일, 안식년, 희년"(禧年)! 이는 종들의 마음을 설레게 하기에 족한 말들입니다. "제 오십 년을 거룩하게 하여 전국 거민에게 자유를 공포하라 이 해는 너희에게 희년이니 너희는 각각 그 기업으로 돌아가며 각각 그 가족에게로 돌아갈지며"(레 25:10) 하십니다. 주님은 말씀합니다. "이 글이 오늘날 너희 귀에 응하였느니라"(눅 4:21). 이것은 복음이었던 것입니다.

② 그러므로 이 율례와 결부하여 참으로 가슴 뭉클한 말씀을 대하게 됩니다. 그것이 5-6절 말씀입니다. 7년이 되어 자유할 수 있는 것은 본인 뿐이요, 상전이 준 아내와 자식은 두고 나와야만 했습니다. 이럴 경우 "자유"를 택할 것인가? "처자식"을 택할 것인가? 형제가 장본인이라면 어떻게 할 것입니까? "종이 진정으로 말하기를 내가 상전과 내 처자를 사랑하니 나가서 자유하지 않겠노라 하면 상전이 그를 데리고 재판장에게로 갈 것이요" 합니다. 이는 그의 자원(自願) 여부를 재판관이 확인하기 위해서인 것입니다. 그렇지 않으면 이 조항이 악용될 소지가 있을 것이기 때문입니다. 그의 진정이 확인이 되면 "그를 문이나 문설주 앞으로 데리고 가서 그것에다가 송곳으로 그 귀를 뚫을 것이라 그가 영영히 그 상전을 섬기리라"(6) 하십니다. 여기에 하나님께서 하시고자 한 궁극적인 메시지가 있었던 것입니다.

③ 이 말씀은 우리를 그리스도에게로 인도해주는 몽학선생이 됩니다. 성경은 주님께서 우리를 진정으로 사랑하셔서 행해주신 일을 이렇게 묘사하고 있습니다. "그는 근본 하나님의 본체시나 하나님과 동등

됨을 취할 것으로 여기지 아니하시고 오히려 자기를 비어 종의 형체를 가져 사람들과 같이 되었고 사람의 모양으로 나타나셨으매 자기를 낮추시고 죽기까지 복종하셨으니 곧 십자가에 죽으심이라"(빌 2:6-8). 주님이 영광을 비우시고 어찌하여 죽기까지 복종하시는 종의 길을 택하셨습니까? 상전(하나님)과 처자(우리)를 진정으로 사랑하셨기 때문입니다. 그리하여 귀를 뚫는 고통이 아니라 십자가에 수족이 못 박히는 고난을 자취하셨던 것입니다.

④ 여기에 우리의 문제가 제기됩니다. 자신들을 진정으로 사랑하여 자유를 포기하고 종이 되기를 자원해준 남편이자 아빠를 맞이하는 처자식들이 바로 우리의 처지이기 때문입니다. 남편을, 아빠를 이 전보다 얼마나 더욱 사랑해야만 마땅하겠습니까? 지금 우리는 그렇게 하고 있습니까? 성경은 말씀합니다. "내가 자녀에게 말하듯 하노니 보답하는 양으로 너희도 마음을 넓히라"(고후 6:13).

둘째 단원(12-36) **생명보호에 관한 율례**

① "사람을 쳐 죽인 자는 반드시 죽일 것이나"(12).

본 단원은 하나님이 주신 생명을 보호하기 위한 율례입니다. 이는 십계명의 "살인하지 말지니라"(20:13) 하신 제 6계명에 대한 시행세칙이라 할 수가 있습니다. "사람을 쳐 죽인 자는 반드시 죽일 것이라" 하십니다. 이는 생명을 경시하는 풍조를 막기 위한 조치인 것입니다. 그러므로 "만일 사람이 계획함이 아니라 나 하나님이 사람을 그 손에 붙임이면 내가 위하여 한 곳을 정하리니 그 사람이 그리로 도망할 것이며"(13) 하고 고의가 아닌 살인자에게 피할 길을 마련해주시는 것입니다. "한 곳을 정하리니" 하신 그곳이 "도피성"이었던 것입니다.

도피성

여기에 하나님의 메시지가 들어있는 것입니다. 왜냐하면 성경은 하나님께서 한 사람을 "그 손에 붙인" 최대의 경우가 있었음을 말씀하고 있기 때문입니다. 그 사람이 바로 자기 아들이었습니다. "그(예수)가 하나님의 정하신 뜻과 미리 아신 대로 내어준 바 되었거늘"(행 2:23) 합니다. 그렇다면 예수님을 죽인 자들은 고살자(故殺者)들입니까? 아니면 부지중에 죽인 오살자(誤殺者)들입니까? 주님은 이렇게 기도하셨습니다. "아버지여 저희를 사하여 주옵소서 자기의 하는 것을 알지 못함이니이다"(눅 23:34). 주님은 저들을 오살자로 여겨주셨습니다. 베드로도 "형제들아 너희가 알지 못하여서 그리 하였으며 너희 관원들도 그리 한 줄 아노라"(행 3:17) 합니다. 이는 무엇을 의미하느냐 하면 하나님이 정해주신 "한 곳"(13하) 즉 그리스도에게로 도피하기만 하면 살수가 있다는 말씀입니다. 그렇게 피한 사람 중 하나가 바울입니다. 그는 자백합니다. "내가 전에는 훼방자요 핍박자요 포행자이었으나 도리어 긍휼을 입은 것은 내가 믿지 아니할 때에 알지 못하고 행하였음이라"(딤전 1:13). 이는 "우리 주의 은혜가 그리스도 예수 안에 있는 믿음과 사랑과 함께 넘치도록 풍성하였도다"(딤전 1:14)고 말할 것밖에는 없는 것입니다.

② "자기 아비나 어미를 치는 자는 반드시 죽일지니라"(15) 하십니다. 이는 "네 부모를 공경하라"(20:12) 하신 제 5계명에 대한 시행세칙입니다. 부모를 거역하는 죄를 이토록 중한 죄로 여기심에 놀라게 됩니다. 우선적으로 명심해야할 점은 이 율례가 하나님의 백성들에게 주어진 율례라는 점입니다. 그러므로 그들의 가정은 작은 교회요, 하나님의 나라요, 부모는 하나님의 대리자적인 임무를 수행해야할 자인 것입니다. 그 임무가 무엇인가를 생각하십시오. "오늘날 내가 네게 명하는 이 말씀을 너는 마음에 새기고 네 자녀에게 부지런히 가르치며 집에 앉았

을 때에든지 길에 행할 때에든지 누웠을 때에든지 일어날 때에든지 이 말씀을 강론할 것이며"(신 6:6-7), 이것이 하나님의 백성 된 부모의 임무입니다. 노아의 아들들이 방주를 예비하는 아버지 노아를 거역하였다면 어찌되었을까를 생각해 보십시오. 그러므로 부모를 거역하는 것이 곧 하나님을 거역하는 것만큼 중한 것입니다.

17절에서도 "그 아비나 그 어미를 저주하는 자는 반드시 죽일지니라" 하심만 보아도 하나님께서 부모에게 부여하신 이 권위를 손상하지 못하게 보호하고 계심을 보게 됩니다. 오늘날은 이런 자식들이 있다하여도 "반드시 죽일지니라"에 처할 수는 없을 것입니다. 그러나 재창조함을 받은 그리스도인의 가정들은 파괴당한 원죄 하에 있는 불신자의 가정과는 분명 달라야만 하는 것입니다. 성경은 "네가 이것을 알라 말세에 고통 하는 때가 이르리니 사람들이 자기를 사랑하며 돈을 사랑하며 자긍하며 교만하며 훼방하며 부모를 거역하며…"(딤후 3:1-2) 하고, "부모를 거역함"이 말세의 징조 중 하나라고 말씀합니다. 오늘날은 자녀들에게만 문제가 있는 것이 아닙니다. 이 규례는 우리로 하여금 그리스도인 부모 된 자의 사명을 제대로 감당하고 있는가를 생각하게 합니다.

③ "사람을 후린(유괴)자는 반드시 죽일지니라"(16) 하십니다. 후린다는 말은 "사람을 도적한 자"라는 뜻입니다. "사람을 도적 한다"는 것은 생명의 존엄함을 무시한 자요, "사람의 영혼을 사냥"(겔 13:18)하는 자니 중벌을 받아 마땅하다 할 것입니다.

본문에는 "생명은 생명으로, 눈은 눈으로, 이는 이로, 손은 손으로, 발은 발로" 갚을지니라(23-25)는 말씀이 있습니다. 이는 철저하게 보복하라는 뜻이 아닙니다. 고대사회에 항용 있었던 그 이상의 보복을 억제시키는 장치였던 것입니다. 이점이 이어지는 말씀 속에 나타납니다. 종의 한 눈을 상하게 한 경우나, 이 하나를 상하게 한 경우를 생각해주시면서

"그를 놓을지니라"(26-27) 하십니다. 그러므로 성경은 여기서 끝이는 것
이 아니라 "원수를 갚지 말며 동포를 원망하지 말며 이웃 사랑하기를 네
몸과 같이 하라"(레 19:18)는 데까지 나아가고 있는 것입니다.

22장

배상의 율례

> **출 22:1**
>
> 사람이 소나 양을 도적질하여 잡거나 팔면 그는 소 하나에 소 다섯으로 갚고 양 하나에 양 넷으로 갚을지니라.

22장은 크게 두 부분으로 나누어지는데 전반부(1-15)는 10계명 중 여덟 번째 계명인 "도적질하지 말지니라"는 말씀에 대한 시행세칙이라 할 수가 있습니다. 만일 도적질을 했다던가 남에게 손해를 끼쳤다면 어떻게 해야할 것인가? "배상"(賠償)하라고 말씀합니다. 그래서 전반부에는 배상이라는 말이 무려 14번이나 나옵니다. 후반부(16-31)에서는 여러 가지 윤리적인 율례를 말씀하십니다. 이 부분에 있어서 핵심적인 말씀은 "나는 자비한 자임이니라"(27), 그러므로 "너희는 내게 거룩한 사람이 될지니라"(31)는 말씀입니다. 율례를 주시는 분은 "자비"하신 분이고, 받는 자는 "거룩"해야 한다는 것, 이는 율례의 근간이 되는 말씀입니다. 이점을 두 단원으로 나누어 상고하겠습니다.

첫째 단원(1-17) **사 배나 갚을지니라**
둘째 단원(18-31) **거룩한 사람이 될지니라**

첫째 단원(1-17) 사 배나 갚을지니라

십계명은 크게 하나님을 사랑(1-4계명)하고, 이웃을 사랑(5-10계명)하라는 두 계명으로 요약될 수가 있다 하였습니다. 그리고 두 계명은 불가분의 관계로 그 중 하나를 범하면 모두 범한 것(약 2:10)이 되는 것입니다. 그러므로 도적질한 죄라 해도 사람에게 배상만 해주면 그만이냐 하면 그렇지가 않은 것입니다. 반면 하나님께 회개하기만 하면 되는 것이냐 하면 그것도 아니라는 것입니다. 피해자에게 배상도 하고, 하나님께 회개도 해야하는 것입니다. 세상 법에도 형사상 책임과 민사상 책임을 함께 묻고 있는 데 하물며 하나님의 법이겠습니까? "소 하나에 소 다섯으로 갚고 양 하나에 양 넷으로 갚을지니라" 하십니다. 삭개오가 주님께 "만일 뉘 것을 토색한 일이 있으면 사 배나 갚겠나이다"(눅 19:8) 하고 말한 것이 이를 생각했기 때문일 것입니다.

현대교회는 하나님께 회개하면 그만 인양 대인배상(對人賠償)에 대한 경각심이 희박한 것이 아닌가 하는 우려를 하게 됩니다. 출애굽기에서 언급하고 있는 배상의 율례를 레위기에서는 속건제를 통하여 좀더 구체적으로 말씀하고 있습니다. 하나님께서 제정하신 5대 제사 중에는 "속죄제와, 속건제"가 있습니다. 그리스도인들이 속죄제의 의미는 잘 알고 있으나 속건제에 관하여는 인식이 부족한 것이 아닌가 싶습니다.

속건제

속건제에는 크게 하나님께 드려야할 것을 드리지 않은 "성물에 대한 범과"(레 5:15)와, 남에게 손해를 끼친 사람에 대한 범과(레 6:2)로 나눌 수가 있습니다. 성물(하나님께 대하여)에 대한 과오는 물론이요 사람에게 피해를 준 경우에도 이를 갚되 "본물에 오분 일을 더하여 돌려보낼 것이니 그 죄가 드러나는 날에 그 임자에게 줄 것이요"(레 6:5) 합니다. 여기서 끝나는 것이 아닙니다. "그는 또 그 속건제를 여호와께 가져올지니" 합니다. 이는 하나님께 배상하는 의식입니다. 왜냐하면 하나님의 백성들이 범하는 어떤 죄든지 최대의 피해는 하나님에게 돌아가게 되기 때문입니다.

속죄제와 속건제는 모두 다 주님께서 단 번에 드려주실 대속제물에 대한 모형이요, 그 일면을 보여주고 있는 것입니다. 이사야 53:10에 "그 영혼을 속건제물로 드리기에 이르면" 하고 주께서 속죄제물이 되실 뿐만이 아니라 속건제물이 되셨다고 말씀합니다. 죄가 없으시고 하나님께 아무런 손해를 끼친 일이 없으신 주님께서 어찌하여 속죄제와 속건제물이 되셔야만 했습니까? 이는 우리가 하나님께 범한 죄와 끼친 손해를 대신 배상하시기 위해서였습니다. 성경은 말씀합니다. "저가 만일 네게 불의를 하였거나 네게 진 것이 있거든 이것을 내게로 회계(會計)하라 나 바울이 친필로 쓰노니 내가 갚으려니와"(몬 1:18-19), 사도 바울은 "예수 그리스도의 심장"(빌 1:8)으로 이렇게 말씀하고 있는 것입니다.

형제여, 이웃에게 손해를 끼치지 않도록 조심하십시다. 손해를 끼쳤다면 배상의 결단이 뒤따라야만 합니다. 그렇게 할 때 "회개에 합당한 열매"(눅 3:8)가 맺어질 수가 있는 것입니다. 이웃에게 손해를 끼치게 되면 그 욕은 결국 하나님 아버지께로 돌아가게 됩니다. 주님을 또다시 속건제물이 되게 할 수는 없지 않습니까? 나아가 손해만 끼치지 않으면 되는 것이 아니라 성경은 "도적질하는 자는 다시 도적질하지 말고 돌이켜 빈궁한 자에게 구제할 것이 있기 위하여 제 손으로 수고하여 선한 일을 하라"(에 15:28)고 말씀합니다.

둘째 단원(18-31) **거룩한 사람이 될지니라**

본 단원에서는 여러 가지 윤리적인 율례를 말씀하십니다. "너는 무당을 살려 두지 말지니라, 짐승과 행음하는 자는 반드시 죽일지니라, 여호와 외에 다른 신에게 희생을 드리는 자는 멸할지니라"(18-20) 합니다. 이는 "경건치 아니함" 즉 하나님을 사랑치 아니함에 대한 율례라고 말할 수가 있습니다.

"이방 나그네를 압제하지 말며, 과부나 고아를 해롭게 하지 말라, 변리를 받지 말 것이며, 네가 만일 이웃의 옷을 전당 잡거든 해가 지기 전에 그에게 돌려보내라 그 몸을 가릴 것이 이 뿐이라 이는 그 살의 옷인즉 그가 무엇을 입고 자겠느냐 그가 내게 부르짖으면 내가 들으리니 나는 자비한 자임이니라"(21-27) 하십니다. 이는 이웃 사랑에 대한 율례입니다. 얼마나 자상하시고 자비하신 배려입니까!

여기에 이르러 하나님은 "나는 자비한 자임이니라" 하십니다. 시내산 기슭에 자기 백성들을 모아놓고 계명과 율례를 말씀하시는 하나님은 "자비한 자"이신 것입니다. 그러므로 자비하신 하나님이 주시는 계명과 율례의 근본정신은 "자비"일 수밖에 없습니다.

주님께서도 시온산 기슭에 사람들을 모아놓고 "산상보훈"이라 일컫는 말씀을 주셨습니다. "그러나 너희 듣는 자에게 내가 이르노니 너희 원수를 사랑하며 너희를 미워하는 자를 선대하며 너희를 저주하는 자를 위하여 축복하며 너희를 모욕하는 자를 위하여 기도하라 네 이 **뺨**을 치는 자에게 저 뺨도 돌려 대며 네 겉옷을 빼앗는 자에게 속옷도 금하지 말라 무릇 네게 구하는 자에게 주며 네 것을 가져가는 자에게 다시 달라지 말며 남에게 대접을 받고자 하는 대로 너희도 남을 대접하라.

너희가 만일 너희를 사랑하는 자를 사랑하면 칭찬 받을 것이 무엇이뇨 죄인들도 사랑하는 자를 사랑하느니라 너희가 만일 선대하는 자를 선대하면 칭찬 받을 것이 무엇이뇨 죄인들도 이렇게 하느니라 너희가 받기를 바라고 사람들에게 빌리면 칭찬 받을 것이 무엇이뇨 죄인들도 의수히 받고자 하여 죄인에게 빌리느니라.

오직 너희는 원수를 사랑하고 선대하며 아무 것도 바라지말고 빌리라 그리하면 너희 상이 클 것이요 또 지극히 높으신 이의 아들이 되리니 그는 은혜를 모르는 자와 악한 자에게도 인자로우시니라" 그리고 주님은 이렇게 말씀하십니다. "너희 아버지의 자비하심 같이 너희도 자비하라"(눅 6:27-36). 이는 십계명과 율례들에 대한 바른 해설인 것입니다.

23장

언약서의 결론적인 말씀

출 23:14

너는 매년 삼 차 내게 절기를 지킬지니라.

　23장은 언약서의 결론부분에 해당이 됩니다. 다음 장에서 언약서를 낭독하여 들려주고 언약을 세우게 됩니다. 언약서의 결론적인 말씀은 삼 대 절기를 지키라는 말씀으로 귀결(歸結)이 되고 있습니다. 그러니까 하나님은 20:22로부터 시작 된 언약서를 삼 대 절기를 지키라는 말씀으로 결론을 맺고 있는 것입니다. 왜 그렇게 하고 있는가? 삼 대 절기는 하나님께서 이루어나가시는 구속사역을 요약해주고 있기 때문입니다. 삼 대 절기는 다름 아닌 주님의 죽으심(유월절)과, 부활(오순절)과, 재림(초막절)과 결부되어 있는 것입니다.

　언약서의 결론을 삼 대 절기를 지키라는 말씀으로 끝마치신 하나님은 부수적으로 "내가 내 사자를 네 앞서 보내어 길에서 너를 보호하여

너로 내가 예비한 곳에 이르게 하리니"(20) 하십니다. 예비한 곳이 가
나안 땅입니다. 누구를 위하여 예비해 놓으셨는가? 바로 그리스도께서
탄생하실 땅으로 예비해 놓으신 곳인 것입니다. 그곳에 임마누엘 하셔
서 그림자로 보여주셨던 유월절과, 오순절과, 초막절을 실체로 성취하
여 주실 땅인 것입니다.

그러므로 본 장의 주제가 "언약서의 결론적인 말씀"이 될 수가 있습
니다. 이를 세 단원으로 나누어 상고하겠습니다.

첫째 단원(1-9) **재판에 관한 율례**
둘째 단원(10-19) **안식일, 안식년, 삼 대 절기**
셋째 단원(20-33) **사자를 앞서 보내리라**

첫째 단원(1-9) **재판에 관한 율례**

"너는 허망한 풍설을 전파하지 말며 악인과 연합하여 무함하는 증인
이 되지 말며 다수를 따라 악을 행하지 말며 송사에 다수를 따라 부정
당한 증거를 하지 말며 가난한 자의 송사라고 편벽되이 두호하지 말지
니라"(1-3).

첫째 단원은 재판과 결부된 율례라고 말할 수가 있는데 장을 나눌 때
에 22장에 편입시켰더라면 좋았을 것입니다. 여기에는 두 가지 정신 곧
"공평"(6)과, 자비심(4)이 드러나고 있습니다.

① 허망한 풍설을 전파하지 말며(1),
② 악인과 연합하여 무함하는 증인이 되지 말며,
③ 다수를 따라 악을 행하지 말며(2),
④ 다수를 따라 부정당한 증거를 하지 말며,

⑤ 가난한 자의 송사라고 편벽되이 두호하지 말지니라(3)는 말씀 등은 "공평"과 관련이 됩니다.

① 원수의 길 잃은 소나 나귀를 만나거든 사람에게로 돌릴지며(4),

② 미워하는 자의 나귀가 짐을 싣고 엎드러짐을 보거든 그를 도와 그 짐을 부리울지니라(5)는 말씀 등은 자비와 관련이 있습니다. 재판의 첫째 덕목은 "공평"(6)입니다만 또 하나의 중요한 덕목은 "사랑"입니다. 의로우신 재판장 되시는 하나님께서는 구속사역도 "공의와 사랑"으로 이루셨던 것입니다. 그러므로 언제나 중요한 것은 균형과 조화를 이루는 일입니다. 주님께서 대신 정죄를 당하신 십자가에는 하나님의 "공의와 사랑"이 함께 나타나고 있는 것입니다.

둘째 단원(10-19) 안식일, 안식년, 삼 대 절기

"너는 육 년 동안은 너의 땅에 파종하여 그 소산을 거두고 제 칠 년에는 갈지 말고 묵여 두어서 네 백성의 가난한 자로 먹게 하라 그 남은 것은 들짐승이 먹으리라 너의 포도원과 감람원도 그리할지니라 너는 육 일 동안에 네 일을 하고 제 칠 일에는 쉬라 네 소와 나귀가 쉴 것이며 네 계집종의 자식과 나그네가 숨을 돌리리라"(10-12).

본 단원은 20:22에서 시작 된 언약서의 결론이라고 말할 수가 있습니다. 먼저 6년 농사짓고 1년 땅을 쉬게 하고, 6일 동안 일하고 하루 쉬라고 명하십니다. "네 계집종의 자식과 나그네가 숨을 돌리리라"는 말씀 속에 담겨있는 정신은 "안식"(安息)입니다. 하나님의 백성들이 약속의 땅 가나안에 들어가서 이렇게 살아가라는 말씀입니다. 그런데 이를 말씀하시는 하나님의 의중에는 농사법이나 노동법을 교훈 하려는 것이 전부가 아니었던 것입니다. 출애굽의 목적이 영적 출애굽을 전망하고 있음이 분명하다면 안식년과 안식일의 규례를 통해서도 궁극적으로는 진정한 안식을 주기 위하여 오실 그리스도를 대망(待望)케 하고 있다 하겠습니다. 이점이 이어지는 삼 대 절기를 통해서 더욱 분명하게 나타납니다.

삼 대 절기

"너는 매년 삼 차 내게 절기를 지킬지니라"(14) 하십니다.

본문에서 말씀하고 있는 삼 대 절기는 무교절(15)과, 맥추절(16상)과, 수장절(16하)입니다. 이에 대한 상론이 레위기 23장에 있습니다.

① 무교절과 유월절은 둘이면서 하나입니다. 정월 십 사일 저녁은 유월절의 밤이요, 십 오일부터 칠일 동안은 무교절입니다. 무교절이란 유월절의 밤이 있음으로만이 의미가 성립이 되는 것입니다. 왜냐하면 유월절 어린양의 피로 구속함을 받아 하나님의 백성이 되었기 때문에 죄를 상징하는 누룩을 제하라 하시는 무교절이 뒤따르기 때문입니다.

② 맥추절을 초실절, 칠칠절, 오순절이라고도 말합니다. "초실절"(34 :22)이라고 하는 것은 첫 열매를 드리기 때문이요, 칠칠절이라 하는 것은 첫 열매를 드린 때부터 일곱 안식일(7×7)을 지난 다음날 즉 50일 되는 날(레 23:16)에 지키기 때문입니다. 그래서 오순절(五旬節)이라 하는 것입니다. 초실절과 오순절의 의미를 깨닫기를 바랍니다. 주님이 부활하심으로 첫 열매가 된 때부터 50일이 되는 날 즉 오순절에 성령께서 강림하실 것에 대한 예표였던 것입니다.

③ 삼 대 절기 중 마지막 절기인 수장절이란 "너희 타작 마당과 포도주 틀의 소출을 수장(收藏)한 후에 칠일 동안 초막절을 지킬 것이요"(신16:13) 하신 대로 초막절이라고도 합니다. 이는 출애굽 당시 광야에서 초막에 거하던 것을 기념하는 절기인 것입니다. 이에 대한 구속사적

의미는 나그네와 행인 같은 성도들이 이 세상을 초막절의 정신으로 살아가야 할 것을 말씀합니다. 믿음의 조상 아브라함이 평생을 "동일한 약속을 유업으로 함께 받은 이삭과 야곱으로 더불어 장막에 거한"(히 11:9) 것처럼 말입니다.

그러므로 성경은 초막절의 끝 날을 "곧 큰 날"(요 7:2, 37)이라고 말씀합니다. 초막절의 끝 날이 어찌하여 "큰 날"이라 하는가? 초막에 거하던 광야생활을 청산하고 드디어 약속의 땅에 들어가게 되었기 때문입니다. 이에 대한 영적 의미는 바라고 고대하던 우리 주 예수 그리스도께서 재림하심으로 성취가 될 마지막 절기인 것입니다.

④ 삼 대 절기의 순서를 유념해야만 합니다. 유월절 어린양의 피로 구속함을 받아 하나님의 백성이 되었기에 누룩 없는 떡을 먹어야 하는 무교절을 지키는 것이요, 죽으실 뿐 아니라 다시 살아나셔서 첫 열매가 되셨기에 오순절이 있게 된 것이요, 오순절에 강림하신 성령께서 낮에는 구름기둥, 밤에는 불기둥 같이 광야를 인도하여 주셨기에 초막절의 끝날 곧 큰 날을 맞이할 수가 있게 되기 때문입니다.

⑤ 그리고 삼 대 절기의 근간은 유월절인 것입니다. 유월절이 있었기에 무교절도, 오순절도, 초막절도 가능하게 됨을 잊어서는 아니 됩니다. 어린양의 피로 말미암아 애굽에서 구출되지 못하였다면 광야를 통과하여 약속의 땅에 들어간다는 것은 있을 수가 없기 때문입니다.

여기까지가 "언약서"의 본문이요, 20-33은 부기(附記)와 같은 것입니다. 그러니까 하나님은 삼 대 절기를 지키라는 말씀으로 "언약서"의 결론을 맺으신 셈입니다. 왜 이렇게 하셨습니까? 이는 삼 대 절기를 지킴으로 그리스도를 대망(待望)케 하기 위해서인 것입니다.

셋째 단원(20-33) **사자를 앞서 보내리라**

"내가 내 사자를. 네 앞서 보내어 길에서 너를 보호하여 너로 내가 예비한 곳에 이르게 하리니"(20).

20-33까지는 언약백성들에게 주시는 보장의 말씀입니다.

① 사자를 네 앞서 보내,

② 길에서 너를 보호하여,

③ 내가 예비(가나안)한 곳에 이르게 하리니(20) 하십니다.

그렇다면 네 앞서 보내주시겠다는 이 사자가 누구란 말인가? 하나님의 사자에 대한 언급은 창세기에서도 여러 번(창 22:11, 12, 15등) 언급되고 있습니다. 출애굽기에서도 "이스라엘 진 앞에 행하던 하나님의 사자가 옮겨 그 뒤로 행하매"(14:19) 하고 이미 출애굽의 대열을 선두에서 인도하고 있었음을 말씀한 바입니다. 이는 구약에 나타난 그리스도인 것입니다. 사도 바울도 출애굽 당시 그리스도께서 저들과 함께 하셨음을 증거(고전 10:4)하고 있습니다.

그리스도께서 행렬의 선두에서 인도하셨음이 그 대형(隊形)을 통해서도 나타납니다. 시내 산을 출발할 때에 수두(首頭)로는 그리스도가 나실 유다 자손 진기(민 10:14)가 진행했던 것입니다. 이는 하나님의 명에 의해서였습니다. 그 하나님의 사자의 목소리를 "청종"(21-22)하기만 하면, 보호(20)와, 승리(27)와, 축복(25)과, 번영(30)을 주시겠다고 약속합니다. 이것이 언약 백성들에게 주시는 하나님의 보장입니다.

24장

첫 언약을 세워주신 하나님

> 모세가 그 피를 취하여 백성에게 뿌려 가로되 이는
> 여호와께서 이 모든 말씀에 대하여 너희와 세우신
> 언약의 피니라.
>
> 출 24:8

24장은 첫 언약을 세워주시는 내용입니다. 모세가 "내가 누구관대 바로에게 가며 이스라엘 자손을 애굽에서 인도하여 내리이까" 하고 거절하였을 때 "네가 백성을 인도하여 낸 후에 너희가 이 산에서 하나님을 섬기리니 이것이 내가 너를 보낸 증거니라"(3:11-12) 하신 꿈같은 약속을 하나님은 지켜주신 것입니다. 이제 하나님은 시내 산에 강림하셔서 언약의 말씀을 주시고 언약을 세워주시려는 것입니다. 그러므로 24장의 주제가 "첫 언약을 세워주신 하나님"이 될 수가 있습니다. 이점에 있어서 중요한 점은 첫 언약을 세워주시는 의도가 어디에 있는가를 깨닫는데 있습니다. 이에 분명하지 못하면 혼란에 빠지게 됩니다. 이점을 두 단원으로 나누어 상고하겠습니다.

첫째 단원(1-8) **짐승의 피로 세운 첫 언약**
둘째 단원(9-18) **하나님을 보고 먹고 마심**

첫째 단원(1-8) **짐승의 피로 세운 첫 언약**

"또 모세에게 이르시되 너는 아론과 나답과 아비후와 이스라엘 장로
칠십 인과 함께 여호와에게로 올라와 멀리서 경배하고 너 모세만 여호
와에게 가까이 나아오고 그들은 가까이 나아오지 말며 백성은 너와 함
께 올라오지 말지니라"(1-2).

1-2절에 나타난 구도(構圖)는 첫 언약의 특성을 놀라우리 만치 계시
(啓示)해주고 있습니다. 여기 세 단계가 있습니다. 산밑에는 백성들이
있습니다(2하). 산 중턱에는 아론과 두 아들과 70인 장로들(1)이 있습
니다. 그리고 시내 산 정상에는 모세만이 올라간 구도입니다. 이는 25장
에서 계시하실 성막의 모형을 보여주고 있습니다. 백성들이 머물러 있
는 산밑은 성막의 뜰이고, 아론과 장로들이 머물러 있는 곳은 성소이며,
모세가 홀로 올라간 정상은 다름 아닌 지성소에 해당이 되는 것입니다.

이 구도가 말해주듯이 첫 언약은 여러 개의 장벽(障壁)으로 막혀있
었던 것입니다. 짐승의 피로는 이 장벽을 제거할 수가 없었습니다. 그러
므로 "멀리서 경배하고, 가까이 나아오지 말며"(1-2) 하시는 것입니다.

언약체결

① 모세가 여호와의 모든 말씀을 기록하고(4), ② 산아래 단을 쌓고,
③ 번제와 화목제를 드리게 하고(5), ④ 피를 취하여 반은 여러 양푼에
담고 반은 단에 뿌리고(6), ⑤ 언약서를 백성에게 낭독하여 들리매 그

들이 가로되 여호와의 모든 말씀을 우리가 준행하리이다(7) 하고 서약하고, ⑥ 모세가 그 피를 취하여 백성에게 뿌려 가로되 이는 여호와께서 이 모든 말씀에 대하여 너희와 세우신 언약의 피니라(8) 합니다. 이렇게 하여 첫 언약은 세워졌습니다. 첫 언약을 세워주신 하나님의 의도가 무엇인가? 이를 깨닫는 일은 생각같이 용이한 일이 아닙니다.

언약의 피

① 최우선적으로 첫 언약도 피 없이 세운 것이 아님을 명심해야만 합니다. 그러므로 언약체결에 있어서 핵심은 "너희와 세우는 언약의 피니라"(8) 하신 "피"에 있습니다. 만일 이 피 뿌림이 없다면 언약체결은 의미가 없게 되는 것입니다.

② 이것이 왜 중요하냐 하면 이 "언약의 피"는 주님께서 잡히시던 날 밤에 "이것은 죄 사함을 얻게 하려고 많은 사람을 위하여 흘리는 바 나의 피 곧 언약의 피니라"(마 26:28) 하신 말씀에 대한 그림자였기 때문입니다.

③ 그렇다면 왜 언약에 피 흘림이 필수적인가 하는 점입니다. 이에 대해 성경은 답변하기를 "이러므로 첫 언약도 피 없이 세운 것이 아니니, 피 흘림이 없은즉 사함이 없느니라"(히 9:18-22)고 답변합니다. 그렇다면 첫 언약과 새 언약이 모두 피 흘림으로 세워졌다는 것은 신구언약이 모두 다 대속을 통한 죄 사함과 결부되어 있음을 말해주는 것입니다.

④ 첫 언약의 피는 무슨 피인가? "번제와 화목제를 여호와께 드리게 하고"(5) 취한 피임을 유념하기 바랍니다. 그리고 번제와 화목제는 어린양 되시는 그리스도를 예표하고 있음을 명심하십시오.

⑤ 그러므로 첫 언약도 자력구원의 언약이 아니라 대속구원(代贖救

援)에 근거한 언약이었다는 점입니다. 그렇지 않다면 피로써 세울 이유가 없는 것입니다. 차이는 첫 언약은 짐승의 피로, 새 언약은 하나님의 아들의 피로 세웠다는 차이입니다. 만일 첫 언약이 행위구원의 언약이었다면 율법 하에 있던 구약의 성도들은 한 사람도 구원을 얻지 못했다는 말이 되고 맙니다. 아닙니다. 구약의 성도들도 생축의 피 흘림을 통해서 예수 그리스도의 대속을 바라봄으로 구원에 참여할 수가 있었던 것입니다.

⑥ 질문이 있습니다. 하나님께서 인류의 시조가 타락하자 처음 주신 언약이 행위언약입니까? 은혜언약입니까? 그러니까 행위언약(율법)을 주셨다가 안 되니까 은혜언약(믿음)을 주신 것이냐 하는 말입니다. 많은 분들이 이렇게 생각하고 있습니다. 아닙니다. 은혜언약입니다. 창세기 3장 15절을 원복음이라고 말합니다. 아브라함에게 "네 씨로 말미암아 천하 만민이 복을 얻으리라"고 언약하신 것은 행위언약이 아니라 은혜언약입니다. 하나님은 처음에 복음을 주셨습니다.

⑦ 그렇다면 율법은 무엇인가? 성경은 "가입"(加入)된 것(롬5:20), 또는 "더한 것"(갈 3:19)이라고 말씀합니다. 달리 표현하면 중간에 끼어 든 것이라는 말씀입니다. 그렇다면 율법을 왜 가입하셨을까요? ㉠ "범법함을 인하여 더한 것이라"(갈 3:19)고 말씀합니다. 즉 죄의 확산을 막기 위해서입니다. ㉡ "율법이 가입한 것은 범죄를 더하게 하려 함이라"(롬 5:20) 하십니다. 다시 말하면 죄를 깨닫게 하기 위해서라는 것입니다. "율법이 없을 때에는 죄를 죄로 여기지 아니하느니라"(롬 5:13), 그러므로 "율법으로는 죄를 깨달음이니라"(롬 3:20) 하십니다. 살라고 주신 것이 아니고 죄를 깨달으라고 주신 것입니다. 왜 그렇습니까?

㉢ 죄를 깨달아야만 예수 그리스도를 찾게 되기 때문입니다. 그러므로 율법은 우리를 그리스도에게로 인도하는 몽학선생(갈 3:24, 유치원

어린이를 학교에 데리고 가는)이라고 말씀합니다.

⑧ 그런데 저들은 "여호와의 명하신 모든 말씀을 우리가 준행하리이다"고 두 번(3, 7)이나 장담하고 있습니다. 일견 기특해 보일 수도 있는 이 말이 얼마나 가공스러운 말인가를 뼈저리게 깨달은 사람은 다름 아닌 바울이었습니다. 왜냐하면 자신도 율법의 의로는 흠이 없노라고 교회를 핍박했었기 때문입니다. "이것은 내가 어려서부터 다 행하였나이다". 이 잘못 된 구원관이 그리스도를 배척하고 십자가에 못박았던 것입니다. 바울은 증거합니다. "내가 증거하노니 저희(유대인)가 하나님께 열심히 있으나 지식(성경진리)을 좇은 것이 아니라 하나님의 의를 모르고 자기 의를 세우려고 힘써 하나님의 의를 복종치 아니하였느니라"(롬 10:2-3).

첫 언약도 피로써 세운 것입니다. 그 효험을 다음 단원에서 보게 될 것입니다.

둘째 단원(9-18) 하나님을 보고 먹고 마심

"모세와 아론과 나답과 아비후와 이스라엘 장로 칠십 인이 올라가서 이스라엘 하나님을 보니 그 발 아래는 청옥을 편 듯하고 하늘같이 청명하더라 하나님이 이스라엘의 존귀한 자들에게 손을 대지 아니하셨고 그들은 하나님을 보고 먹고 마셨더라"(9-11).

① 이 말씀 중에서 중요한 사실은 하나님이 이스라엘의 존귀한 자들에게 "손을 대지 아니하셨다"는 말씀입니다. 그들은 하나님이 강림하신 시내 산으로 "올라 간"(9하) 것입니다. 말하자면 지경(地境)을 범한 것입니다. 그런데 "내려가서 백성을 신칙하라 백성이 돌파하고 나 여호와께로 와서 보려고 하다가 많이 죽을까 하노라"(19:21) 하신 하나님께서

손을 대지 아니하셨다는 것입니다. 어찌하여 손을 들어 치시지 아니하셨는가? 더욱이나 "그들은 하나님을 보고 먹고 마셨더라"고 말씀하고 있습니다. 이는 교제가 이루어졌음을 의미합니다. 어떻게 이것이 가능했습니까?

② "번제와 화목제"(5)가 드려졌기 때문입니다. 그 피가 단과 백성에게 뿌려졌기(8) 때문입니다. 하나님은 번제와 화목제와 그 피를 통해서 "이것은 죄 사함을 얻게 하려고 많은 사람을 위하여 흘리는 바 나의 피 곧 언약의 피니라"(마 26:28)를 보셨던 것입니다. 이점이 이어지는 말씀 속에 분명히 나타나고 있습니다.

③ "모세는 그름 속으로 들어가서 산 위에 올랐으며 사십 일 사십 야를 산에 있으니라"(18) 합니다. 그 기간동안 하나님은 모세에게 무엇을 말씀해주셨는가? 그 내용이 25-31장인데 한마디로 성막의 식양을 가르쳐주셨던 것입니다. 그렇다면 성막은 누구에 대한 모형이며, 번제단과, 물두멍과, 촛대와, 향단과, 진설병은 무엇에 대한 모형이란 말인가? 어찌하여 번제단에서 흘린 피를 속죄소에 뿌리라고 말씀하시는가? 그 의미를 아는 신약의 성도들은 하나님께서 40일 40야를 모세에게 복음의 비밀을 말씀하셨음을 깨닫게 됩니다.

그리하여 "하나님이 이스라엘의 존귀한 자들에게 손을 대지 아니하실 뿐만이 아니라 하나님을 보고 먹고 하셨더라"가 가능하여졌음을 깨닫게 되는 것입니다. 나아가 그림자로 보여주신 이 계시가 예수 그리스도라는 실체를 통하여 성취됨으로 "그러므로 형제들아 우리가 예수의 피를 힘입어 성소에 들어갈 담력을 얻었나니 그 길은 우리를 위하여 휘장 가운데로 열어 놓으신 새롭고 산 길이요 휘장은 곧 저의 육체니라, 우리가 마음에 뿌림을 받아 양심의 악을 깨닫고 몸을 맑은 물로 씻었으니 참마음과 온전한 믿음으로 하나님께 나아가자"(히 10:19-22)고 말씀하고 있는 것입니다. 이 큰 일을 이루신 하나님을 찬양하십시다.

25장

식양(式樣)대로 성소를 지으라

출 25:8-9

내가 그들 중에 거할 성소를 그들을 시켜 나를 위하
여 짓되 무릇 네게 보이는 대로 장막의 식양과 그 기
구의 식양을 따라 지을지니라.

25-27장은 하나님께서 모세에게 "내가 그들 중에 거할 성소를 지으
라" 하신 성소에 관한 식양입니다. 우리는 이러한 말씀에 익숙해 있기
때문에 예사로 생각하기가 쉽습니다만 이 말씀은 인간이 들을 수 있는
최고 최대의 말씀인 것입니다. 생각해 보십시오. "하늘과 하늘들의 하늘
이라도 주를 용납지 못하겠거든"(왕상 8:27) 하물며 하나님께서 비천
한 "그들(이스라엘 자손) 중에 거"하시겠다니, 그것도 성막 즉 천막 가
운데 오시겠다니 그 놀라움을 상상이나 할 수가 있겠습니까?

그렇습니다. 이 말씀은 그 자체만으로도 경이로운 일입니다만 더 나
아가야만 합니다. 이 계시는 궁극적으로 하나님께서 인간의 장막 같은
몸을 입으시고 이 땅에 오실 임마누엘 사건을 예표해 주고 있기 때문입

니다. 그러므로 성육신 사건은 최대로 경이로운 일이요 최고의 계시사
건이었던 것입니다. 내가 "거할 성소"라고 말씀합니다. 이는 이 지상에
는 하나님이 거하실 성소가 없었음을 의미합니다. 그렇습니다. 주님은
이 땅에 오셨을 때에 "머리 둘 곳이 없다"고 말씀하셨습니다. "식양" 대
로 지으라 하십니다. 이는 거하실 성소를 마련하기 위한 계획(설계도)
이 있음을 뜻합니다. 이것이 구원계획이요, 하나님 나라 건설인 것입니
다. 이를 보여주시려고 성소를 짓되 "내가 네게 보이는 대로 장막의 식
양과 그 기구의 식양을 따라 지을지니라" 하십니다. 그러므로 본 장의
주제가 "식양 대로 성소를 지으라"가 됩니다. 그렇다면 식양(式樣)을
통해서 보여주기를 원하시는 구속사적 의미가 무엇일까요? 이를 세 단
원으로 나누어 상고하겠습니다.

> 첫째 단원(1-9) **그들 중에 거할 성소**
> 둘째 단원(10-22) **언약궤와 속죄소**
> 셋째 단원(23-40) **진설병과 등대**

첫째 단원(1-9) 그들 중에 거할 성소

"여호와께서 모세에게 일러 가라사대 이스라엘 자손에게 명하여 내
게 예물을 가져 오라하고 무릇 즐거운 마음으로 내는 자에게서 내게 드
리는 것을 너희는 받을지니라"(1-2).

① 이 예물로 "내가 그들 중에 거할 성소"를 지으라는 것입니다. 예
물 목록들을 보면 "금과 은과 놋과 청색 자색 홍색실과 가는 베실과 염
소 털과…호마노며 에봇과 흉배에 물릴 보석이니라"(3-7) 하십니다.

사백 년 동안이나 노예생활을 하던 이들에게 이토록 귀하고 값진 예

물이 있을 리가 있겠습니까? 그러나 하나님께서는 "이스라엘 자손이 모세의 말대로 하여 애굽 사람에게 은 금 패물과 의복을 구하매 여호와께서 애굽 사람으로 백성에게 은혜를 입히게 하사 그들의 구하는 대로 주게 하시므로 그들이 애굽 사람의 물품을 취하였더라"(12:35-36) 하고 이를 위해 쓰시려고 예비케 하셨던 것입니다.

그런데 "백성이 모세가 산에서 내려옴이 더딤을 보고" 무슨 짓을 했습니까? "모든 백성이 그 귀에서 금 고리를 빼어 아론에게로 가져오매 아론이 그들의 손에서 그 고리를 받아 부어서 각도로 새겨 송아지 형상을 만드니"(32:1-4) 하고 금송아지 우상을 만들어 이를 숭배했던 것입니다. 하나님의 영광을 위하여 사용하시려고 예비케 하신 것을 가지고 우상을 만들다니 얼마나 통탄할 노릇입니까? 오늘날 우리들도 주님의 재림이 더딤을 보고 이렇게 하고 있는 것은 아닌지요?

② "그들 중에 거할 성소"라고 말씀합니다. 하나님은 어찌하여 그들 중에 거하기를 원하시는가? 구속사역이란 인류의 시조의 범죄 함으로 말미암아 "함께 거하심"이 파괴되었던 것을 회복하는 역사이기 때문입니다.

③ 그렇다면 어떻게 해서 회복이 되는가? 성막의 식양은 다름이 아니라 하나님이 우리와 함께 거하심이 어떻게 가능하여지는가를 모형을 통하여 보여주기 위한 식양이었던 것입니다. 그점이 번제단과 속죄소 등을 통하여 계시될 것입니다.

성막과, 성전을 통하여 "그들 중에 거하시던" 하나님은 "임마누엘"로 오셔서, 예수 그리스도의 구속으로 말미암아 교회와 성도의 몸을 "그들 중에 거할 성소"로 삼으셨다가 계시록에 가서 "보라 하나님의 장막이 사람들과 함께 있으매 하나님이 저희와 함께 거하시리니 저희는 하나님의 백성이 되고 하나님은 친히 저희와 함께 계셔서"(계 21:3-6) 하고 "그들 중에 거하심"은 완성이 되는 것입니다. 이것이 하나님나라건설인 것입니다.

둘째 단원(10-22) **언약궤와 속죄소**

"그들은 조각목으로 궤를 짓되 장이 이 규빗 반, 광이 일 규빗 반, 고가 일 규빗 반이 되게 하고"(10).

성막의 식양 중에서 첫째로 하신 말씀이 언약궤입니다. 이처럼 언약궤는 성소에 있어서도 핵심이 되는 부분입니다. 이 궤의 용도는 "내가 네게 줄 증거판을 궤 속에 둘지며"(16) 하십니다. 그리하여 언약궤를 "증거궤, 법궤"라고도 불리게 됩니다. 또 "정금으로 속죄소를 만들라"(17) 하시는데 여기에 세심한 주의가 필요합니다. "속죄소를 궤 위에 얹고"(21상) 하심같이 속죄소는 언약궤의 뚜껑인 셈입니다. 그래서 법궤와 속죄소의 규격이 일치하고 있습니다. 이것이 "속죄소"로 불리게 됨은 대 속죄일에 대제사장이 피를 가지고 지성소에 들어가서 이곳에 뿌림(레 16:15)으로 죄를 속하였기 때문입니다.

속죄소에 뿌려진 피

그렇다면 하나님께서 이런 식양을 통해서 계시하시고자 하는 바가 무엇일까요? 궤 속에는 십계명을 기록한 두 돌 판이 있습니다. 이 십계명으로 요약이 되는 율법은 행하라고 주신 계명들입니다. 그들은 "여호와의 명하신 모든 말씀을 우리가 준행하리이다"(24:3)고 서약했지만 준행하지를 못했습니다. 그러면 어떻게 되는 것일까요?

① "죄 아래"(롬 3:9) 있게 된 것입니다.

② 죄 아래 있다는 말은 곧 "심판 아래"(롬 3:19) 있음을 뜻합니다.

③ 심판 아래 있음은 "저주 아래" 있음을 의미합니다. 성경은 말씀합니다. "무릇 율법 행위에 속한 자들은 저주 아래 있나니 기록된바 누구든지 율법책에 기록된 대로 온갖 일을 항상 행하지 아니하는 자는 저주 아래 있는 자라 하였음이라"(갈 3:10).

④ 그러므로 정죄(죽임)를 당한 "피가 그 위에 뿌려지게" 되는 것입니다. 그런데 그 피는 마땅히 죽어야할 범죄자들의 피가 아니라 "대신 흘린 제물의 피"라는 점입니다. 이는 마치 유월절 양의 피가 장자 대신 문설주와 인방에 뿌려짐과 같습니다. 이처럼 제물이 대신 정죄를 당함으로 죽어 마땅한 그들은 살아남을 수가 있는 것입니다.

⑤ 하나님께서 그들을 "피 아래, 곧 은혜 아래"(롬 6:14) 있게 해주신 것입니다. "속죄"라는 말 자체가 "덮는다"는 의미가 있습니다. 하나님은 우리의 죄를 "피로, 은혜로 덮어주신" 것입니다. 이를 달리 표현하기를 "의롭다고 여겨주셨다"고 말합니다. 그러므로 궁극적으로 "언약궤와 속죄소"는 "죄 아래, 심판 아래, 저주 아래" 있던 죄인들이 그리스도의 대속의 피 아래 있게 해주심으로 말미암아 구원이 가능하게 되는 진리를 계시해주고 있는 것입니다.

만남의 장소

그러므로 하나님께서 "거기서 내가 너와 만나고"(22상) 하신 "만남"이 가능해지는 것입니다. "속죄소"는 다름이 아니라 창세기에서 추방당함으로 이산가족이 된 하나님 아버지와 자녀들 간의 만남의 장소였던 것입니다. 이 만남이 가능하게 된 것은 "뿌려진 피"에 있는 것입니다. 이를 위해서 주님은 죽으셨던 것입니다. 지금 하나님께서 보이는 대로 지으라 하신 식양(式樣)은 "개혁할 때까지 맡겨 둔"(히 9:10) 그림자에 불과했던 것입니다. 그러므로 성경은 증거하기를,

① 그리스도께서 참 대제사장으로 오사,

② 염소와 송아지의 피로 아니하고,

③ 오직 자기 피로 영원한 속죄를 이루사

④ 손으로 지은 땅에 있는 성소가 아니라 하늘에 있는 온전한 성소에,

⑤ 단 번에 들어가셨느니라(히 9:11-12)고 말씀합니다. 이를 알았기에 "그러므로 형제들아 우리가 예수의 피를 힘입어 성소에 들어갈 담력을 얻었나니"(히 10:19)라고 말씀하고 있는 것입니다.

네게 명할 모든 일을 말하리라

만남만 이루어지는 것이 아닙니다. "속죄소 위 곧 증거궤 위에 있는 두 그룹 사이에서 내가 이스라엘 자손을 위하여 네게 명할 모든 일을 네게 이르리라"(22하) 하십니다. 만남과 말씀, 즉 교제가 이루어지는 것입니다. 다시 강조합니다만 이것이 가능하게 된 것은 "제물과 대제사장"이 있기 때문입니다. 이 계시가 새 언약에서는 주님께서 친히 제물이 되어주셨고, 주님께서 대제사장이 되사 단 번에 드려주심으로 "영원히 온전케 하셨습니다"(히 10:14).

성경은 "그러므로 우리가 긍휼하심을 받고 때를 따라 돕는 은혜를 얻기 위하여 은혜의 보좌 앞에 담대히 나아갈 것이니라"(히4:16)고 말씀합니다. 여기서 말씀하는 "담대함"이란 예수 그리스도의 대속의 피를 힘입는 믿음의 담대함인 것입니다. 그러므로 담대히 나아가지 못한다면 그것은 겸손이 아니라 불신앙인 것입니다.

하나님과의 "만남과 교제"가 언제 일어나는가? 예배 시에 일어납니다. 기도할 때에 이루어집니다. 그 점을 에베소서 2:18에서는 "이는 저(그리스도)로 말미암아 우리 둘이 한 성령 안에서 아버지께 나아감을

얻게 하려 하심이라"(엡 2:18)고 말씀하고 있습니다. 이 한 절 속에는 삼위 하나님이 함께 계시되어 있음을 주목하시기 바랍니다. 한 사람의 비천한 그리스도인이 기도를 드릴 때에 그는 은혜의 보좌 앞에 나아가고 있는 것입니다. ① 죄인이 은혜의 보좌 앞에 나아감이 가능해진 것은 "저(그리스도)로 말미암아"서입니다. ② 보좌 앞에 나아갈 때 혼자 나아가는 것이 아닙니다. "한 성령 안에서" 즉 성령께서 인도해주신다고 말씀합니다. ③ 보좌에는 누가 계십니까? "아버지께 나아감" 즉 하나님이십니다. 그러므로 형제여, 보좌 앞에까지만 나아갔다가 자기 할 말만 하고 그냥 돌아서지 마십시오. "거기서 너와 만나고, 명할 모든 일을 네게 이르리라" 하신 하나님을 만나고, 말씀을 듣고 나오시기를 기원합니다. 이는 예수 그리스도를 믿는 자에게만 주어지는 특권입니다.

셋째 단원(23-40) 진설병과 등대

"너는 조각목으로 상을 만들되 장이 이 규빗, 광이 일 규빗, 고가 일 규빗 반이 되게 하고"(23).

이 상은 떡을 진설할 "떡 상"입니다. "상위에 진설병을 두어 항상 내 앞에 있게 할지니라"(30) 하십니다. 이 떡 상의 위치는 성소 오른 편입니다. 레위기에서는 "너는 고운 가루를 취하여 떡 열 둘을 굽되 매 덩이를 에바 십분 이로 하여 여호와 앞 순결한 상위에 두 줄로 한 줄에 여섯씩 진설하고, 항상 매 안식일에 이 떡을 여호와 앞에 진설할지니 이는 이스라엘 자손을 위한 것이요 영원한 언약이니라 이 떡은 아론과 그 자손들에게 돌리고 그들은 그것을 거룩한 곳에서 먹을지니"(레 24:8-9) 합니다.

그러니까 안식일마다 열두 덩이 떡을 이 상위에 진설하라 하십니다.

이에 대한 구속사적 의미가 무엇일까요? 주님은 "내가 곧 생명의 떡이니 내게 오는 자는 결코 주리지 아니할 터이요 영원히 목마르지 아니하리라"(요 6:35) 하고 이 떡이 생명의 떡이 되시는 주님의 상징임을 말씀하십니다. 그러니까 하나님은 예배드리러 나아오는 자들을 생명의 떡으로 배불리 먹여주시는 셈입니다. 그래서 이스라엘 열 두 지파를 상징하는 "열두 덩이"를 진설하라 하셨던 것입니다. 주님은 "내가 생명의 떡이라"는 말씀을 하시기 전에 떡 다섯 개로 5000명을 먹이시고도 열두 바구니에 가득하게 하시는 표적을 행하셨습니다.

그러므로 하나님께 나아갔다가 빈손으로 돌아가는 사람은 결코 없을 것입니다. 이것이 진설병의 구속사적 의미입니다. 부언할 말씀이 남았습니다. "그러므로 형제들아 내가 하나님의 모든 자비하심으로 너희를 권하노니 너희 몸을 하나님이 기뻐하시는 거룩한 산 제사로 드리라 이는 너희의 드릴 영적 예배니라"(롬 12:1) 하고 권면하고 있기 때문입니다. 이제는 예수 그리스도의 구속으로 말미암아 형제의 몸을 "진설병"처럼 하나님께 드려야 하는 것입니다. 이것이 헌신입니다. 형제의 헌신을 하나님께서 기쁘심으로 받아주시고 사용하심은 하나님의 "자비"라고 말씀하고 있음을 잊지 마시기 바랍니다.

등대

"너는 정금으로 등대를 쳐서 만들되 그 밑판과 줄기와 잔과 꽃받침과 꽃을 한 덩이로 연하게 하고 가지 여섯을 등대 곁에서 나오게 하되 그 세 가지는 이편으로 나오고 그 세 가지는 저편으로 나오게 하며"(31-32) 하십니다. 그러니까 가운데 가지까지 합하여 등잔이 일곱 개가 (37) 되는 것입니다. 이 등대의 위치는 성소의 왼 편입니다.

그렇다면 이에 대한 구속사적 의미가 무엇이겠습니까? 주님은 "나는 세상의 빛이니 나를 따르는 자는 어두움에 다니지 아니하고 생명의 빛을 얻으리라"(요 8:12) 하십니다. 성경은 "참 빛 곧 세상에 와서 각 사람에게 비취는 빛이 있었나니"(요 1:9) 하십니다. 하나님은 이 등대를 통하여 "참 빛"이 오실 것을 계시하셨던 것입니다. 그러므로 "아론과 그 아들들로 회막 안 증거궤 앞 휘장 밖에서 저녁부터 아침까지 항상 여호와 앞에 그 등불을 간검하게 하라 이는 이스라엘 자손의 대대로 영원한 규례니라"(27:21) 합니다. 다시 말하면 꺼지지 않도록 잘 관리하라고 명하십니다.

등불을 주겠다고 허락하신 하나님

암흑시대와 같았던 사사시대 말기인 사무엘 때에도 "하나님의 등불은 아직 꺼지지 아니하였으며"(삼상 3:3) 하는 말씀을 대하게 됩니다. 아직 소망이 있다는 상징적인 묘사인 것입니다. 타락했던 왕정시대에도 "여호와께서 그 종 다윗을 위하여 유다 멸하기를 즐겨하지 아니하셨음은 이전에 다윗으로 더불어 언약을 세우시고 또 다윗과 그 자손에게 항상 등불을 주겠다고 허(許)하셨음이더라"(왕하 8:19)고 말씀하심으로 궁극적으로 "등불"이 그리스도를 상징하고 있음을 나타내고 있습니다.

메시아 예언이 풍부한 이사야서에서는 "상한 갈대를 꺾지 아니하며 꺼져 가는 등불을 끄지 아니하고"(사 42:3) 라는 묘사가 있습니다. 구속사의 전 과정이 마치 "상한 갈대, 꺼져 가는 등불"과도 같았습니다. 그러나 하나님은 꺾지도 아니하시고 끄지도 않으셨습니다. 언제나 등불을 남겨주셨던 것입니다. 하나님께서 이렇게 해주시지 않으셨다면 우리는 소돔과 같고 고모라와 같이 되고 말았을 것입니다.

본문을 보시면 등잔 받침을 "살구꽃 형상"(33-34)으로 만들라는 말씀이 두 번 언급되어 있는데 어찌하여 살구꽃 형상인가? 살구꽃은 일찍

피는 꽃이기 때문에 "깨어있는 나무"라 불리었습니다. 주님은 주무시는 분이 아니라 깨어있는 살구꽃과 같으신 분이십니다. 그런 의미에서 본문 37절에 "등잔 일곱을 만들어 그 위에 두어 앞을 비추게 하며"(37) 한 묘사는 의미심장합니다. 우리가 하나님 앞에 나아가노라면 "나를 비추는 일곱 등불(일곱 영, 일곱 눈)" 앞에 서게 되는 것입니다. 이를 엄위한 말씀으로만 여기지 마시기 바랍니다. 형제가 하나님 앞에 나아가노라면 인자하신 눈으로 바라보시며 "마음을 감찰하시는 하나님"(롬 8:27)께서 형제가 구하기 전에 필요를 아시는 하나님이라는 의미가 있기 때문입니다.

26장

성막과 휘장의 식양

출 26:30

너는 산에서 보인 식양대로 성막을 세울지니라.

26장의 내용은 "성막"(聖幕) 즉 덮는 천막과 뼈대에 관한 식양입니다. 성막은 네 겹으로 덮도록 되어있습니다. 그리고 골격은 널판으로 되어 있습니다. 성막의 식양은 인간이 고안해 낸 것이 아니라 하나님께서 "보이는 대로"(25:9) 지어야만 하는 것입니다. 그렇다면 성막과 휘장을 통하여 계시하려는 구속사적 의미가 무엇일까요? 이 점을 세 단원으로 나누어 상고하겠습니다.

첫째 단원(1-14) **앙장을 만들라**
둘째 단원(15-30) **널판을 만들어 세우라**
셋째 단원(31-37) **장을 만들어 드리우라**

첫째 단원(1-14) **앙장을 만들라**

"너는 성막을 만들되 앙장 열 폭을 가늘게 꼰 베실과 청색 자색 홍색 실로 그룹을 공교히 수 놓아 만들지니"(1).

앙장(仰帳)이란 성소의 덮개를 말합니다. 성소의 덮개는 네 겹으로 되어 있었습니다. ① 맨 아래는 "가늘게 꼰 베실과 청색 자색 홍색실로 그룹을 공교히 만든"(1) 것으로 덮었습니다. ② 그 위에 "염소털로 만든"(7) 앙장을 덮어라 하십니다. ③ 세 번째로 "붉은 물들인 수양의 가죽"(14상)으로 만든 덮개를 덮고, 맨 위에는 "해달의 가죽으로 그 웃덮개를 만들지니라"(14하) 하십니다.

왜 이런 식양으로 하라 하셨는가? 어떤 분들은 "하얀 베실은 주님의 순결을, 청색 실은 주님께서 하늘에서 오셨음을, 자색 실은 주님의 왕권을, 홍색 실은 주님의 피 흘리심"을 나타낸다고 하나 히브리서 기자가 말한 대로 "이것들에 관하여는 이제 낱낱이 말할 수가 없습니다"(히 9:5). 다만 한가지 분명한 것은 성막이 그리스도의 성육신에 대한 모형이라면 이사야 선지자가 예언한 대로 겉으로 보기에는 "고운 모양도 없고 풍채도 없은즉 우리의 보기에 흠모할만한 아름다운 것이 없도다"(사 53:2)를 나타내고 있다는 점입니다.

겉 덮개인 "해달의 가죽"은 거므스름 한 모양입니다. 그것이 풍상을 겪게 되면은 볼품은 더욱 없어지는 것입니다. 그러나 속에는 조금도 손상을 받지 않는 "청색 자색 홍색 실로 그룹을 공교히 수놓아 만든" 아름다움을 간직하고 있었던 것입니다. 장막 같은 인간의 몸을 입고 오신 우리 주님이 그러하셨습니다. 이제는 예수 그리스도의 구속으로 말미암아 성도들도 "겉 사람은 후패하나 우리의 속은 날로 새롭도다"(고후 4:16) 하는 성숙함에 이르러야만 하는 것입니다. 그리스도의 신부를 상징하고 있는 술람미 여자는 이렇게 말하고 있습니다. "예루살렘의 여자들아 내가 비록 검으나 아름다우니 계달의 장막(해달의 가죽) 같을지라도 솔로몬의 휘장과도 같구나"(아1:5).

둘째 단원(15-30) 널판을 만들어 세우라

"너는 조각목으로 성막을 위하여 널판을 만들어 세우되"(15).

이 "널판"은 성막을 지탱해주는 골격과 같은 것입니다. 그러므로 "남편을 위하여 널판 스물을 만들고"(18), "북편을 위하여도 널판 스물로 하고"(20), "성막 뒤 곧 그 서편을 위하여 는 널판 여섯을 만들라"(22)고 하십니다. 정면 즉 동편에는 기둥을 세우고 "문장"(門帳)을 드리우게 됩니다.

이 널판 아래에는 두 촉을 만들고 이 촉을 은으로 만든 받침 위에 세우라 하십니다. 그리고 여러 개의 널판들이 제 각각 놀지 않도록 "다섯 개"(26)의 띠로 띠우라 명하십니다. 하나님께서 이런 식양을 통하여 계시하시고자 하는 바가 무엇일까요?

이 식양이 신약에 와서는 "그의 안에서 건물마다 서로 연결하여 주 안에서 성전이 되어가고 너희도 성령 안에서 하나님의 거하실 처소가 되기 위하여 예수 안에서 함께 지어져 가느니라"(엡 2:21- 22)로 성취되고 있는 것입니다. 그렇다면 널판들이 어깨동무를 하듯 띠로 하나가 되어 은 받침 위에 서 있는 모습에서 구속함을 얻은 우리 자신들의 모습을 보게 되는 것입니다. 이점이 식양에 분명히 나타나 있습니다.

① 이 널판들을 "은 받침"위에 세우라 하셨는데 그 "은 받침"은 다름이 아니라 "생명을 속하기 위하여 여호와께 드린"(30:15) 속전으로 만들었다(38:27)고 성경이 밝혀주고 있습니다.

② 이 널판들 밑에는 마치 두 발처럼 두 촉을 만들어 은 받침 위에

견고히 세우라 하셨는데 이 식양에서 "자기를 속전"(贖錢)으로 주신 (딤전2:6) 대속의 은총 위에 견고히 서 있는 성도들의 모습을 보게되는 것입니다.

③ 이 널판들은 백향목 같은 것이 아니라 "조각목"으로 만들어졌습니다. 아카시아 나무인 조각목을 통해서 우리 자신들의 비천함을 생각하게 합니다.

④ 여러 개의 널판들을 "띠"로, 그것도 다섯 개나 되는 띠로 연결하라 명하십니다. "널판 가운데 있는 중간 띠는 이 끝에서 저 끝에 미치게 하라"(28) 하십니다. 널판들이 세워지기 전에는 각각이었으나 이제는 떨어질 수 없도록 "연결하여, 지어져 가고" 있는 것입니다.

바울 사도는 이를 염두에 두고 말씀한 것일까요? "이 모든 것 위에 사랑을 더하라 이는 온전하게 매는 띠니라"(골 3:14)고 말씀합니다. 교회란 구속의 은총 위에 굳게 서 있는 성도들이 사랑의 띠로 하나가 되어 하나님을 섬기는 공동체인 것입니다. "너는 산에서 보인 식양대로 성막을 세울지니라"(30)고 거듭 말씀하십니다.

셋째 단원(31-37) 장을 만들어 드리우라

"너는 청색 자색 홍색실과 가늘게 꼰 베실로 짜서 장을 만들고 그 위에 그룹들을 공교히 수 놓아서"(31).

본 단원에서 말씀하시는 "장"(帳)이란 휘장을 가리킵니다. 성막에는 성소와 지성소를 구별하는 휘장과, 성막의 문 역할을 할 "문장"(門帳)과 성막 뜰의 문장이 있었습니다. 하나님은 먼저 "그 장을 갈고리 아래 드리운 후에 증거궤를 그 장안에 들여 놓으라 그 장이 너희를 위하여 성소와 지성소를 구별하리라"(33) 하시고 지성소를 가리울 휘장부터 말씀하십니다.

성막에 있어서 핵심은 증거궤(법궤)입니다. 증거궤 중에서도 두 그룹 사이에 있는 속죄소는 피가 뿌려지는 곳으로 하나님과의 만남의 장소인 것입니다. 그런데 우리 자신의 정체성을 확인하게 되는 곳은 바로 중간에 막힌 휘장을 볼 때입니다. 이 휘장은 "오직 너희 죄악이 너희와 너희 하나님 사이를 내었고"(사 59:2) 하심을 말해주고 있는 표징이기 때문입니다. 인간 편에서 보면은 거룩하시고 의로우신 하나님 앞에 나아가는 길이 막혀있는 상태이고, 하나님 편에서 보면은 "너희 죄가 그 얼굴을 가리워서" 하신 대로 얼굴을 가리우신 상태를 말해주고 있는 것이 중간에 막힌 휘장이었던 것입니다.

하나님이 얼굴을 가리우셨다, 이는 예사 일이 아닙니다. 일반은총으로 주신 해가 가려서 빛을 발하지 않는다고 상상해 보십시오. 하나님께서 그 얼굴을 가리우셨다는 말은 이에 비할 바가 아닌 비극적인 상태를 말해주고 있습니다. 그러므로 인간의 간구가 무엇이어야만 하겠습니까? 하나님의 얼굴을 비춰주심을 간구하는 일입니다. 그러므로 하나님은 제사장들에게 이렇게 축복하라 명하셨던 것입니다.

① 여호와께서 네게 복을 주시고 너를 지키시기를 원하며,

② 여호와는 그 얼굴로 네게 비춰사 은혜 베푸시기를 원하며,

③ 여호와는 그 얼굴을 네게로 향하여 드사 평강 주시기를 원하노라 할지니라 하라(민 6:24-27). 우리는 "복"하면 곧장 물질적인 축복을 연상합니다만 아닙니다. 하나님께서 얼굴을 내게 비춰주시고, 그 얼굴을 내게로 향하여 드신다는 이는 최대의 축복인 것입니다. 구약시대란 하나님의 얼굴을 비춰주시기를 간구한 기간이었던 것입니다. 디디어 하나님께서 그 기도에 응답해주셨습니다. 중간에 막힌 휘장을 열어주신 것입니다. 열어주시되 조금만 열어주신 것이 아니라 사람의 손을 댐이 없이 위로부터 아래까지 완전히 찢어주신 것입니다. 언제 이런 일이 일어

났습니까?

그 얼굴을 네게로 향하여 드사

속죄소에 염소나 송아지의 피가 아니라 하나님의 어린양 되시는 예수 그리스도의 피가 뿌려졌을 때입니다. 주님께서 십자가상에서 "다 이루었다"(요 19:30)고 선언하셨을 때에 그때까지 가로막혀 있던 휘장이 비로소 제거된 것입니다. 하나님께서 이런 식양으로 성막을 지으라 명하심은 우리의 죄로 말미암아 가리우셨던 하나님의 얼굴이 오직 그리스도의 대속으로만이 비춰지게 됨을 시청각적으로 보여주시기를 원하셨던 것입니다. 하나님께서 그 얼굴을 비춰주시기만 한다면, 하나님께서 그 얼굴을 내게로 "향하여 드시기만" 한다면 이것이 은혜요 평강인 것입니다. 바울 사도는 이를 설명해주기를 "하나님께서 예수 그리스도의 얼굴에 있는 하나님의 영광을 아는 빛을 우리 마음에 비춰셨느니라"(고후 4:6)고 말씀하고 있습니다. 이 이상 무엇을 더 바랄 것이 있겠습니까?

그러므로 성도들에게 있어서 가장 큰 근심은 "나에게 비춰주시고 향하여 드셨던 하나님의 얼굴을 가리우시는 일입니다. 다윗은 이점을 "여호와께서 주의 은혜로 내 산을 굳게 세우셨더니 주의 얼굴을 가리우시매 내가 근심하였나이다"(시 30:7) 하고 진술합니다. 다윗이 형통할 수가 있었던 것은 하나님께서 그에게 얼굴을 향하여 드심으로 말미암은 은혜였는데 이를 망각하고 마치 자신의 공로인양 자고(自高) 하자 하나님은 잠시나마 그 얼굴을 가리우셨던 것입니다. 성도들이 거룩한 삶을 살아가지 못할 때에 해가 구름에 가리우듯이 하나님의 은혜의 빛이 일시나마 가리워 질 수가 있는 것입니다. 이렇게 될까보아 이를 근심해야 하는 것입니다.

27장

번제단과 성막뜰의 식양

출 27:8

단은 널판으로 비게 만들되 산에서 네게 보인 대로
그들이 만들지니라.

27장의 내용은 번제단과, 성막 뜰의 식양입니다. 25장부터 시작된 성
막의 식양들을 말씀하면서 강조하고 있는 것이 "네게 보인 대로"(8) 만
들라는 말씀입니다. 25장에서 내가 그들 중에 거할 성소를 지으라고 명
하심으로부터 "내가 네게 보인 대로 지을지니라"는 말씀이 25:9, 40,
26:30, 27:8에서 거듭 거듭 강조하고 있습니다.

이는 가나안 땅에 정착하여 "성전"을 건축하게 되었을 때에도 "다윗
이 가로되 이 위의 모든 것의 식양을 여호와의 손이 내게 임하여 그려
나로 알게 하셨느니라"(대상 28:19)고 성막이나 성전의 식양이 인간이
고안해 낸 것이 아니라 하나님께서 보이신 식양 대로 되었음을 증거 해
주고 있습니다.

그렇다면 하나님은 왜 이처럼 "네게 보인 대로" 만들라고 강력히 명

하시고 있는가? 이에 대해 히브리서는 "저희가 섬기는 것은 하늘에 있는 것의 모형과 그림자라 모세가 장막을 지으려 할 때에 지시하심을 얻음과 같으니 가라사대 삼가 모든 것을 산에서 네게 보이던 본을 좇아 지으라 하셨느니라"(히 8:5)고 이것이 "모형과 그림자"로 보여주셨음을 말씀해주고 있습니다. 그렇다면 "번제단과, 성막 뜰"의 구속사적 의미가 무엇일까요? 이를 세 단원으로 나누어 상고하겠습니다.

첫째 단원(1-8) **성막의 앙장과 결부된 번제단**
둘째 단원(9-19) **번제단과 결부된 성막 뜰**
셋째 단원(20-21) **번제단과 결부 된 등불**

첫째 단원(1-8) 성막의 앙장과 결부된 번제단

"너는 조각목으로 장이 오 규빗, 광이 오 규빗의 단을 만들되 네 모 반듯하게 하며 고는 삼 규빗으로 하고"(1).

① 여기서 말씀하는 "단"(壇)은 번제단을 뜻합니다. 번제단은 하나님께 번제, 속죄제, 화목제 등을 드리는 단입니다.

② 그리고 그 위치는 "또 회막의 성막 문 앞에 번제단을 두고 번제와 소제를 그 위에 드리니 여호와께서 모세에게 명하신 대로 되니라"(40:29) 한 대로 성막 문에 들어서면 최우선으로 만나게 되는 위치인 성막 뜰에 있었습니다. 그러므로 하나님 앞에 나아가기 위해서는 이 번제단을 반드시 통과해야만 했던 것입니다.

③ 번제단을 통하여 계시하고자 하는 바는 말할 것도 없이 그리스도께서 우리 죄를 대신 담당하실 십자가를 예표하고 있습니다. 누구든지 번제단을 통하지 않고는 하나님 앞에 나아가는 것이 불가능한 것입

니다.

④ 그러므로 번제단은 금으로 만든 법궤와는 달리 "놋"으로 만들라고 명하셨던 것입니다. 성경에서 놋은 심판을 상징하고 있습니다. 이점이 "모세가 놋뱀을 만들어 장대 위에 다니 뱀에게 물린 자마다 놋뱀을 쳐다본즉 살더라"(민 21:9)에서 나타납니다. 이는 우리 대신 심판을 받아 십자가에 높이 달리실 주님의 모형이었습니다.

이점에서 하나님이 말씀하시는 순서에 주목할 필요가 있습니다. 하나님은 성막(앙장)을 먼저 말씀하신(26:1-14) 후에 번제단(27:1-8)을 만들라 하시는 것입니다. 이것도 무심한 것이 아니라고 여겨집니다. 왜냐하면 성막은 인간의 몸을 입고 오실 그리스도의 모형이요, 그렇다면 어찌하여 성자 하나님께서 영광을 비우시고 "해달의 가죽"(26:14)과 같은 인간의 비천한 몸을 입고 임마누엘 하신 단 말인가? 바로 번제단에서 죽임을 당하시기 위해서인 것입니다.

⑤ 한가지 집고 넘어가야 할 식양이 남았습니다. 그것은 번제단 "네 모퉁이 위에 뿔을 만들되"(2) 하신 뿔의 의미가 무엇일까 하는 점입니다. 이 뿔은 능력과 권세를 상징하고 있는데 번제단의 뿔은 "이 복음은 모든 믿는 자에게 구원을 주시는 하나님의 능력이라"(롬 1:16)를 나타내고 있습니다. 다윗은 여호와는 "나의 구원의 뿔이시요"(시 18:2) 라고 찬양했으며 신약성경은 "우리를 위하여 구원의 뿔을 그 종 다윗의 집에 일으키셨다"(눅 1:69) 하고 구원하는 능력이 그리스도의 번제단에 있음을 증거하고 있습니다. 죄를 범한 자라도 도망하여 이 뿔을 잡으면 죽음을 면할 수가 있었던 것입니다(왕상 1:50, 2:28). 하나님께서 "네게 보인 식양대로" 하라 명하심은 이러한 모형과 그림자를 통해서 참 것을 계시하기 위해서였던 것입니다. 이것이 성막의 앙장과 결부된 번제단의 의미입니다.

둘째 단원(9-19) 번제단과 결부된 성막 뜰

"너는 성막의 뜰을 만들지니 남을 향하여 뜰 남편에 광이 백 규빗의 세마포장을 쳐서 그 한 편을 당하게 할지니"(9).

성막을 세마포장으로 울타리처럼 둘러치라고 말씀합니다. 그 안이 "성막의 뜰"인 것입니다. 이 뜰을 만들기 위해서는 포장을 고정하기 위한 기둥이 필요한 것입니다. 그래서 한 쪽 면의 "그 기둥이 스물이며"(10) 하고 고정할 기둥을 세우라 하십니다. 이 포장으로 말미암아 성막은 외부와 구별이 되었던 것입니다. 이 뜰에는 번제단과 물두멍이 놓여 있습니다.

먼저 명심해야할 점은 "성막 뜰"에 있어서 핵심은 번제단이라는 점입니다. 번제단이 없는 성막 뜰은 의미가 없는 것입니다. 번제단을 통해서 구속함을 얻지 못한 이방인(불신자)들은 성막 뜰에 들어갈 수가 없는 것입니다. 그러므로 성경은 "주께서 택하시고 가까이 오게 하사 주의 뜰에 거하게 하신 사람은 복이 있나이다"(시 65:4)고 노래하고 있는 것입니다.

그러므로 제사장이 성소에서 분향하는 동안 백성들은 밖(뜰)에서 기도하고 있는 것을 보게 됩니다(눅 1:10). 이런 의미에서 성막 뜰은 하나님의 교회를 상징한다고 말할 수가 있습니다. 그리고 "세마포 포장"은 하나님의 교회가 세속화되지 않도록 거룩하게 구별함을 나타내고 있습니다. 에스겔서에서는 성전 뜰을 언급하면서 "그 사방 담 안 마당의 장과 광이 오백 척씩이라 그 담은 거룩한 것과 속된 것을 구별하는 것이더라"(겔 42:20)고 설명해주고 있습니다. 거룩하게 구별하심의 뜻이 "세마포"라는 말씀에서도 나타납니다. 계시록에 보면 "그에게 허락하사 빛나고 깨끗한 세마포를 입게 하셨은즉 이 세마포는 성도들의 옳은 행실이로다"(계 19:8) 하십니다. 세마포장의 구별이 없게 될 때 하나님의 교회는 세속화되고 마는 것입니다.

이처럼 성막 뜰을 세마포장으로 거룩하게 구별하기 위해서 "기둥"이 필요한 것입니다. 기둥이라는 말이 10번이나 나옵니다. 기둥이 견고하게 서 있음으로만이 외부와의 구별이 가능하게 되는 것입니다. 성막을 중심으로 빙 둘러 서 있는 기둥들을 생각해보십시오. 그리고 이 기둥에 세마포장이 둘러 처진 광경을 상상해 보십시오. 기둥 하나 하나가 누구의 모습같이 생각이 됩니까? 이는 마치 성도들이 세마포 옷을 입고 성막을 옹위(擁衛)하고 있는 듯이 보이지 않습니까? 진실로 이 기둥들이 우리들의 모습을 나타내주고 있다면 나 같은 죄인이 세마포 옷을 입고 견고하게 설 수가 있는 것은 오직 번제단이 있기 때문이며, 그 번제단 네 모퉁이에 뿔이 있기에 가능한 것입니다. 이것이 번제단과 결부된 성막 뜰의 의미입니다.

셋째 단원(20-21) **번제단과 결부 된 등불**

"너는 또 이스라엘 자손에게 명하여 감람으로 찧어 낸 순결한 기름을 등불을 위하여 네게로 가져오게 하고 끊이지 말고 등불을 켜되 아론과 그 아들들로 회막 안 증거궤 앞 휘장 밖에서 저녁부터 아침까지 항상 여호와 앞에 그 등불을 간검하게 하라 이는 이스라엘 자손의 대대로 영원한 규례니라"(20-21).

① 백성들에게 감람유를 가져오게 해서,

② 끊이지 말고 등불을 켜되,

③ 제사장들로 하여금 저녁부터 아침까지 등불을 간검하게 하라 하십니다. 즉 등불에 불똥이 앉게 되면 불이 꺼질 염려가 있기 때문에 이를 보살피라는 말씀입니다. 이때 사용케 하시려고 "그 불집게와 불똥

그릇도 정금으로 만들라"(25:28)고 명하셨던 것입니다.

먼저 생각하게 되는 것은 "등불을 켜고, 간검하라"는 말씀을 어찌하여 여기서 말씀하고 있느냐 하는 점입니다. 논리적인 생각으로는 이 말씀이 "등대"를 만들라, 불집게를 만들라(25:31-40)는 문맥에서 주어져야만 자연스러울 것 같은데 성경은 번제단과 성막 뜰을 말씀하시는 문맥에서 말씀하고 있다는 점입니다. 그러므로 이를 상고하는 우리들도 "등불을 켜되, 저녁부터 아침까지 항상 켜라"는 말씀을 "번제단"과 결부시켜 생각해야만 하는 것입니다. 성경이 그렇게 하고 있기 때문입니다.

이점에서 깨달아야할 것은 그리스도에게 되어진 일은 그의 구속으로 말미암아 그의 성도들에게도 되어진 일이라는 진리입니다. 예를 들면 성막은 예수 그리스도의 모형임이 분명합니다. 그런데 구속사역은 여기서 멈추는 것이 아니라 구속으로 말미암아 성도들의 몸이 성막이 되었다는 데까지 나아가고 있는 것입니다. 25장에서 "등대"의 식양을 말씀할 때는 분명 빛 되시는 그리스도를 상징하고 있습니다. 그런데 본문에서 "번제단"(구속)과 결부시켜 말씀할 때는 성막 뜰이 교회를 상징하고 있듯이 "등불"도 빛의 사명을 감당해야할 교회를 상징하는 것으로 등장하고 있다는 점입니다. 그러하기에 성경은 "일곱 촛대는 일곱 교회니라"고 말씀하면서 "회개치 아니하면 내가 네게 임하여 네 촛대를 그 자리에서 옮기리라"(계 1:20, 2:5)고 말씀하고 있는 것입니다.

"간검"(看儉)하라는 뜻은 "살피라"는 말씀입니다. 이를 신약적으로 말하면 "너희는 자기를 위하여 또는 온 양떼를 위하여 삼가라 성령이 저들 가운데 너희로 감독자를 삼고 하나님이 자기 피로 사신 교회를 치게 하셨느니라"(행 20:28)가 될 것입니다. 그리스도인들은 자신과, 교회의 등불 위에 불똥이 앉지 못하도록 간검해야할 책임이 있는 것입니다. 그리하여야만 "너희는 세상의 빛이라" 하신 사명을 감당할 수가 있는 것입니다. 나 같은 죄인이 감히 "세상의 빛"이 될 수가 있었던 것은 전적으로 번제단으로 말미암아 가능하게 된 것임을 잊어서는 아니 됩니다. 이것이 번제단과 결부된 등불의 의미입니다.

28장

영화롭고 아름다운 제사장

출 28:4

"그들의 지을 옷은 이러하니 곧 흉패와 에봇과 겉옷
과 반포 속옷과 관과 띠라 그들이 네 형 아론과 그
아들들을 위하여 거룩한 옷을 지어 아론으로 내게
제사장 직분을 행하게 할지며".

28장은 하나님을 섬길 제사장에 관한 내용입니다. 제사장이 입을 복식(服飾)의 식양을 자세하게 말씀합니다. 한마디로 "네 형 아론을 위하여 거룩한 옷을 지어서 영화롭고 아름답게 할지니"(2) 하십니다. 그런데 이는 모세의 형 아론을 위해서가 아닙니다. 우리 죄를 위하여 자신을 단 번에 드려주실 참 대제사장 되시는 예수 그리스도의 신성이 "영화롭고 아름다운" 분이심을 보여주기 위해서인 것입니다. 구약의 대제사장은 이에 대한 예표였던 것입니다.

거룩한 옷을 지어서 영화롭고 아름답게 하여 "내게 제사장 직분을 행하게 하라" 하십니다. 그렇다면 제사장 "직분"(職分)이 무엇일까요? 죄

를 범함으로 하나님 존전에서 추방당한 인간은 "대속제물"과 이를 드려
줄 "제사장"을 통해서만 하나님과 교제할 수가 있었던 것입니다. 이것
이 제사장 직분입니다. 이점이 제사장의 복식을 통해서 분명히 계시되
어 있습니다. 이를 세 단원으로 나누어 상고하겠습니다.

첫째 단원(1-3) **아론 가문의 제사장직**
둘째 단원(4-30) **에봇의 견대와 흉패**
셋째 단원(31-43) **겉옷과 관의 패**

첫째 단원(1-3) **아론 가문의 제사장직**

"너는 이스라엘 자손 중 네 형 아론과 그 아들들 곧 나답과 아비후와
엘르아살과 이다말을 그와 함께 네게로 나아 오게 하여 나를 섬기는 제
사장 직분을 행하게 하되"(1).

하나님께서는 아론의 가문을 제사장 직분을 행할 자로 택하셨습니다.
이는 참으로 존귀한 축복입니다. 그런데 본문을 상고할 때에 예표로 세
우신 아론 계통의 제사장과 참 제사장이신 그리스도와의 유사성은 무엇
이며 다른 점은 무엇인가를 볼 수 있어야만 합니다. 신약에서는 히브리
서가 그렇게 하고 있기 때문입니다.

① 제사장이라는 "이 존귀는 아무나 스스로 취하지 못하고 오직 아
론과 같이 하나님의 부르심을 입은 자라야 할 것이니라"고 말씀하면서
"또한 이와 같이 그리스도께서 대제사장 되심도 스스로 영광을 취하심
이 아니요", 시편 110:4에서 "여호와가 맹세하고 변치 아니하시리라 이
르시기를 너는 멜기세덱의 반차를 좇아 영원한 제사장이라 하셨도다"
한 예언의 성취로 된 것이라고 (히 5:5-6) 말씀합니다. 이것은 유사성입

니다.

② 그러나 "저희는 맹세 없이 제사장이 되었으되 오직 예수는 자기에게 말씀하신 자로 말미암아 맹세로 되신"(히 7:21) 것은 다른 점이라고 말씀합니다.

③ "율법은 약점을 가진 사람들을 제사장으로 세웠거니와 율법 후에 하신 맹세의 말씀은 영원히 온전케 되신 아들을 세우셨느니라"(히 7:28)하고 이것이 다른 점이라고 말씀합니다.

④ 저들은 염소와 송아지의 피로 드렸으나 우리의 대제사장은 "오직 자기 피로 영원한 속죄를 이루신"(히 9:12) 이것이 다르다고 말씀합니다.

⑤ 저들이 같은 제사를 반복해서 드림은 이 제사로는 언제든지 죄를 없게 하지 못하기 때문이었으나 오직 그리스도는 죄를 위하여 한 영원한 제사를 드리시고 단 번에 온전케 하신(히 10:11-14) 이것이 다르다고 말씀합니다.

⑥ "저희 제사장 된 자의 수효가 많은 것은 죽음을 인하여 항상 있지 못함이로되 예수는 영원히 계신 고로 그 제사 직분도 갈리지 아니하나니"(히 7:23-24), 이것이 다른 점이라고 말씀합니다.

이러한 대제사장이 우리에게 있는 것이라

그리고 성경은 이렇게 말씀합니다. "이제 한 말에 중요한 것은 이러한 대제사장이 우리에게 있는 것이라"(히 8:1). 성경 말씀은 모두가 중요한 것입니다. 그런 중에서도 성경 자체가 이것은 "중요한 것"이라고 말씀하고 있는 것, 그것이 바로 "이러한 대제사장을 우리가 모셨다"는 것입니다. "그가 하늘에서 위엄의 보좌 우편에 앉으셨느니라" 하십니다. 그리고 "그가 항상 살아서 저희(형제)를 위하여 간구하심이니라"(히

7:25) 하십니다. 이는 자기 피로 구속하신 자를 잃지 않으시려 돌보심을 의미합니다. 이러한 대제사장을 우리가 모셨는데 그래도 부족합니까? 하나님은 지금 대제사장의 복식을 통하여 이러한 대제사장을 우리가 모셨다는 것이 얼마나 복스러운 일인가를 계시하시려는 것입니다.

제사장의 복식 중에서 특히 주목해야할 점은 에봇의 견대(7)와 흉패(15), 그리고 관(冠)의 패(36)입니다. 그렇다면 여기에 담겨있는 구속사적 의미가 무엇일까요?

둘째 단원(6-30) 에봇의 견대와 흉패

"그들이 금실과 청색 자색 홍색실과 가늘게 꼰 베실로 공교히 짜서 에봇을 짓되 그것에 견대 둘을 달아 그 두 끝을 연하게 하고"(6-7).

제사장의 복식 중에서 우선적으로 에봇을 말씀합니다. 에봇은 겉옷 위에 입는 일종의 조끼와 같은 것입니다. 이 에봇이 제사장의 옷 중에서 가장 중요한 것이요, 에봇은 곧 제사장을 상징하는 옷이었던 것입니다(삼상 2:18, 호 3:4). 그러므로 본문에는 "에봇"이라는 말이 12번이나 나옵니다.

에봇의 견대

"그것(에봇)에 견대 둘을 달아 그 두 끝을 연하게 하고…호마노 두 개를 취하여 그 위에 이스라엘 아들들의 이름을 새기되 그들의 연치 대로 여섯 이름을 한 보석에, 나머지 여섯 이름은 다른 보석에 보석을 새기는 자가 인에 새김같이 너는 이스라엘 아들들의 이름을 그 두 보석에 새겨 금테에 물리고 그 두 보석을 에봇 두 견대에 붙여 이스라엘 아들들의 기념 보석을 삼되 아론이 여호와 앞에서 그들의 이름을 두 어깨에 메어서 기념이 되게 할지며"(7-12) 하십니다.

이 견대는 에봇의 어깨부분에 다는 것입니다. 그런데 견대에는 호마노라는 두 보석에 한쪽에 여섯 지파 씩 열두 지파의 이름을 새겨서 달라고 말씀합니다. 이는 대제사장이 이스라엘 열 두 지파를 대표해서 하나님께 나아감을 나타냅니다. 더욱 실감 있게 표현하자면 열 두 지파를 어깨에 메고 하나님께 나아가고 있는 것이라고 말할 수가 있을 것입니다. 이점은 이어서 말씀하시는 흉패(胸牌)를 통해서도 나타나고 있습니다.

에봇의 흉패

"너는 판결 흉패를 에봇 짜는 법으로 금실과 청색 자색 홍색실과 가늘게 꼰 베실로 공교히 짜서 만들되…그것에 네 줄로 보석을 물리되…이 보석들은 이스라엘 아들들의 이름대로 열 둘이라 매 보석에 열 두 지파의 한 이름씩 인을 새기는 법으로 새기고…아론이 성소에 들어갈 때에는 이스라엘 아들들의 이름을 기록한 이 판결 흉패를 가슴에 붙여 여호와 앞에 영원한 기념을 삼을 것이니라"(15-29).

이 흉패는 에봇의 가슴부분에 정승들의 옷처럼 붙이는 것입니다. 그런데 이 흉패에 보석 열 두 개를 달되 이스라엘 열 두 지파의 이름을 새겨서 달라고 명하십니다. 그러니까 대제사장이 하나님 앞에 나아갈 때에는 비록 혼자서 나아가고 있지만 열 두 지파를 어깨에 메고, 가슴에 안고 들어가는 격인 것입니다. 이 모형을 통해서 보여주시고자 하는 계시가 무엇일까요?

① 성경은 "그리스도께서 장래 좋은 일의 대제사장으로 오사 손으로 짓지 아니한 곧 이 창조에 속하지 아니한 더 크고 온전한 장막으로 말

미암아 염소와 송아지의 피로 아니하고 오직 자기 피로 영원한 속제를 이루사 단번에 성소에 들어가셨느니라"(히 9:11-12)고 말씀합니다. "성소에 들어 가셨다"는 말이 중요한데 이는 땅에 있는 성소가 아니라 "오직 참 하늘에 들어가사"(히 9:24)를 의미합니다.

② 들어가신 것만이 아니라 성경은 "저희를 위하여 간구하심이니라"(히 7:25)고 말씀합니다. 로마서에서도 "죽으실 뿐 아니라 다시 살아나신 이는 그리스도 예수시니 그는 하나님 우편에 계신 자요 우리를 위하여 간구하는 자시니라"(롬 8:34)고 말씀합니다.

③ 하늘 성소에 들어가셔서 간구하고 계시는 우리의 대제사장의 견대와 흉패에 형제의 이름이 새겨져 있음을 생각해보십시오. "어깨"는 힘을 상징하고, 가슴은 사랑을 나타냅니다. 주님은 어깨에 형제를 메고, 가슴에 형제를 품고 간구하고 계신다는 말씀입니다. 하나님은 "내가 어떻게 독수리 날개로 너희를 〈업어〉 내게로 인도하였음을 너희가 보았느니라"(19:4)고 말씀합니다. 모세도 회상하기를 "광야에서도 너희가 당하였거니와 사람이 자기 아들을 안음같이 너희 하나님 여호와께서 너희의 행로 중에 너희를 〈안으사〉 이곳까지 이르게 하셨느니라"(신 1:31)고 말씀합니다. 성경은 말씀합니다. "야곱 집이여 이스라엘 집의 남은 모든 자여 나를 들을 지어다 배에서 남으로부터 내게 〈안겼고 태에서 남으로부터 내게 품기운〉 너희여 너희가 노년에 이르기까지 내가 그리하겠고 백발이 되기까지 내가 너희를 품을 것이라 내가 지었은즉 안을 것이요 품을 것이요 구하여 내리라"(사 46:3-4).

④ 또 있습니다. 주님께서 속죄제물이 되셔서 십자가에 달리실 때에 비록 혼자 담당하신 것이었으나 그 어깨에는 영적 이스라엘 자손들을 메고, 가슴에는 그들을 품고 대표자로써 담당하실 것에 대한 예시였기 때문입니다. 이를 알았기에 사도 바울은 "그리스도의 사랑이 우리를 강권하시는도다 우리가 생각건대 한 사람이 모든 사람을 대신하여 죽었은

즉 모든 사람이 죽은 것이라"(고후 5:14)고 말씀했던 것입니다.

구속사역은 여기서 멈추는 것이 아닙니다. 그러므로 우리는 좀 더 나아가야만 합니다. 왜냐하면 이 영광스러움이 예수 그리스도의 구속으로 말미암아 우리에게 적용이 되기 때문입니다.

① 성도들의 신분은 하나님의 자녀요, 지위(地位)는 "왕 같은 제사장"인 것입니다.

② 예수 그리스도의 구속으로 말미암아 우리들에게 "영화롭고 아름다운" 옷을 입혀주셨습니다. 이것이 "칭의"입니다. 이점을 이사야 선지자는 말씀하기를 "내가 여호와로 인하여 크게 기뻐하며 내 영혼이 나의 하나님으로 인하여 즐거워하리니 이는 그가 구원의 옷으로 내게 입히시며 의의 겉옷으로 내게 더하심이 신랑이 사모를 쓰며 신부가 자기 보물로 단장함 같게 하셨음이라"(사 61:10)고 말씀하고 있습니다.

③ 영화로운 직분만큼 그 책임 또한 중한 것입니다. 하나님 앞에 나아가는 형제의 견대에는 누구들의 이름이 새겨져 있습니까? 형제는 하나님께 나아갈 때에 가슴에 누구들을 품고 나아가고 있습니까? 사도 바울은 이렇게 말씀합니다. "나로 이방인을 위하여 그리스도 예수의 일군이 되어 하나님의 복음의 제사장 직무를 하게 하사 이방인을 제물로 드리는 그것이 성령 안에서 거룩하게 되어 받으심직하게 하려 하심이라"(롬 15:16). 이것이 에봇의 견대와 흉패를 통한 적용입니다.

셋째 단원(31-43) 겉옷과 관의 패

"너는 에봇 받침 겉옷을 전부 청색으로 하되 두 어깨 사이에 머리 들어갈 구멍을 내고 그 주위에 갑옷 깃같이 깃을 짜서 찢어지지 않게 하고 그 옷 가장자리로 돌아가며 청색 자색 홍색실로 석류를 수놓고 금방울을 간격하여 달라"(31-33).

본 단원은 겉옷과 관(冠)에 붙일 패에 관한 내용입니다.

겉옷

겉옷을 통해서 두 가지 요점을 깨닫게 됩니다. 첫째는 "찢어지지 않게 하라"(32)는 의미입니다. 일부러 찢는 것은 물론이요, 겉옷을 입고 벗을 때에 실수로라도 찢어지지 않도록 머리 들어갈 구멍을 마치 갑옷 깃같이 견고하게 짜서 만들라는 말씀입니다. 어찌하여 "찢어짐"을 이토록 방지하고 있는 것일까요?

① 성경에서 옷을 찢음은 극도의 비통함을 나타내는 행위입니다(삿 11:35, 왕하 19:1). 그러므로 제사장은 어떠한 경우에도 비통해 하거나 절망해서는 아니 된다는 의미인 것입니다. 그리하여 "관유로 부음을 받고 위임되어 예복을 입은 대제사장은 그 머리를 풀지 말며 그 옷을 찢지 말라"(레 21:10)고 명하셨던 것입니다. 왜 그렇습니까? 하나님을 섬기는 제사장이 절망감에 빠져 그 옷을 찢는다면 이는 구속사역을 주권적으로 성취해 나가시는 하나님의 주권에 대한 경건치 못함이며 불 신앙이 될 수가 있기 때문입니다. 제사장이 하나님을 믿지 못하고 절망감에 빠진다면 제사장을 통해서 위로와 소망을 받아야할 백성들은 어찌하라는 말입니까?

그러므로 아론의 두 아들이 다른 불로 분향을 하다가 죽임을 당했을 때에도 "모세가 아론과 그 아들 엘르아살과 이다말에게 이르되 너희는 머리를 풀거나 옷을 찢지 말아서 너희 죽음을 면하고 여호와의 진노가 온 회중에게 미침을 면케 하라"(레 10:6)고 경고했던 것입니다.

② 옷 가장자리에 "금방울"을 달라고 말씀하는 의도입니다. "아론이 입고 여호와를 섬기러 성소에 들어갈 때와 성소에서 나갈 때에 그 소리

가 들릴 것이라 그리하면 그가 죽지 아니하리라"(35) 하십니다. 그런데 그 "소리"에 죽지 않게 하는 어떤 능력이 있는 것이 아님은 분명합니다. 이점에서 모세가 "너희는 머리를 풀거나 옷을 찢지 말아서 너희 죽음을 면하라"(레 10:6)고 한 말을 상기할 필요가 있습니다. 죄인이 하나님을 가까이 한다는 것은 "심히 두렵고 떨리는"(히 12:21) 일인 것입니다. 그렇다면 이 금방울 소리는 대제사장의 마음을 경성(警醒)케 하는 의미가 있는 것으로 여겨집니다.

이에 대한 빛을 비춰주는 말씀이 있습니다. 하나님께서는 이스라엘 자손들에게 명하여 그들의 대대로 그 옷단 귀에 술을 만들어 달라고 명하셨습니다. 그리고 설명하기를 "이 술은 너희로 보고 여호와의 모든 계명을 기억하여 준행하고 너희로 방종(放縱)케 하는 자기의 마음과 눈의 욕심을 좇지 않게 하기 위함이라"(민 15:39)고 말씀합니다. 그런데 대제사장의 옷에는 술 대신 금방울을 달라 하신 것입니다. 그렇다면 대제사장이 지성소에 들어가서 하나님을 섬길 때에 금방울 소리를 들으면서 더욱 경성케 하기 위해서임을 깨닫게 됩니다. 우리가 움직일 때마다 울리는 저 금방울 소리를 듣고 있습니까!

관의 패(牌)

"너는 또 정금으로 패를 만들어 인을 새기는 법으로 그 위에 새기되 여호와께 성결이라 하고 그 패를 청색 끈으로 관 위에 매되 곧 전면에 있게 하라"(36-37).

이 패는 대제사장이 쓰는 관(모자)의 전면에 붙이는 마크입니다. 경찰 모자의 전면에는 경찰 마크가 붙어 있듯이 이는 그 사람의 신분을 나타내고 있습니다. 대제사장이 쓸 관(冠)의 패에다가는 『여호와께 성결』이라는 글을 새겨서 붙이라고 말씀합니다. "그 패가 아론의 이마에

늘 있으므로 그 성물을 여호와께서 받으시게 되리라"(38) 하십니다. 만일 이 패 즉 "여호와께 성결"이 없다면 그는 부정하여 그가 드리는 성물을 하나님은 받으실 수가 없으시다는 말씀이 됩니다. 그렇다면『여호와께 성결』이라는 이 패의 의미가 무엇일까요?

① 대제사장은 하나님께서 택하셔서 세우신 "구별된 자"임을 나타내고 있습니다.

② 그러므로 그에게는 고도의 성결이 요구되고 있음을 의미합니다. 그러나 대제사장도 자신을 위하여 속죄제(29:14, 히 7:27)를 드리고 있음을 봅니다.

③ 그러므로『여호와께 성결』이란 흠이 없으신 그리스도의 예표로써의 성결 즉 은혜일 수밖에 없는 것입니다. 말하자면 칭의와 같은 의미가 있다 하겠습니다. 이렇게 하심으로 "그 성물을 여호와께서 받으시게 되리라" 하십니다. 아벨의 제물이 열납 된 것도 "믿음으로" 말미암아 가능했던 것이요, 우리의 기도를 열납하심도 오직 주님의 피를 힘입기 때문입니다. 우리의 이마에는 항상『여호와께 성결』이라는 패가 붙어있음을 늘 명심하십시다.

29장

제사장의 위임식

출 29:7

"관유를 가져다가 그 머리에 부어 바르고".

29장은 제사장의 위임 예식입니다. "위임식"이라는 말이 6번(22, 26, 27, 31, 34, 35)이나 나옵니다. "위임하라"는 말도 4번(1, 9, 29, 33)이나 나옵니다. 위임 예식에 있어서 핵심은 "관유를 가져다가 그 머리에 부어 바르는" 일입니다. 모든 복식을 다 갖추었다하여도 기름부음, 즉 관유를 부음 받지 못한다면 소용이 없는 것입니다.

이는 구약의 대제사장이 우리의 대제사장이 되시는 그리스도를 예표하고 있다는 명백한 증거인 것입니다. 그러므로 본 장에서도 구약의 대제사장이 우리의 대제사장과 같은 점과 다른 점을 볼 수 있어야만 하겠습니다. 이를 세 단원으로 나누어 상고하겠습니다.

첫째 단원(1-9) **관유를 그 머리에 바르라**

둘째 단원(10-37) **속죄제와 번제를 드리라**

셋째 단원(38-46) **상번제를 통하여 만나리라**

첫째 단원(1-9) 관유를 그 머리에 바르라

"너는 그들에게 나를 섬길 제사장 직분을 위임하여 그들로 거룩하게 할 일이 이러하니 곧 젊은 수소 하나와 흠 없는 수양 둘을 취하고"(1).

이는 위임식을 위한 준비입니다. "수소"는 속죄제(14)를 위한 것이며, "수양" 둘은 번제(18)와 화목제(25)를 위한 것입니다. 위임식 절차는 이렇습니다.

① 아론과 아들들을 데려다가 물로 씻기고(4),

② 아론에게는 대제사장의 옷을 입히는데 속옷과, 겉옷과, 에봇을 입히고, 흉패를 달고, 띠를 띠우고(5),

③ 머리에 관을 씌우고, 그 위에 성패를 더하고(6),

④ 관유를 가져다가 그 머리에 부어 바르고(7),

⑤ 그 아들들에게는 제사장 옷을 입히고(8),

⑥ "위임하여 거룩하게 할지니라"(9) 하십니다.

위임식 중에서 핵심은 "관유"를 머리에 바르는 일인데 제사장의 제사장 됨이 관유가 그 머리에 부어졌다는데 있는 것입니다. 대제사장은 부모가 사망해도 머리를 풀지 말며 그 옷을 찢지 말라 하시는데 왜냐하면 "이는 하나님의 위임한 관유가 그 위에 있음이니라"(레 21:12)고 말씀합니다. 관유가 부어졌다는 것이 어째서 이처럼 중요하냐 하면 이 관유가 바로 "기름부음을 받은 자"라는 그리스도를 예표해주고 있기 때문입니다.

시편 기자는 이러한 신령한 의미를 알았기에 이 광경을 감동적인 노래로 읊고 있습니다.

> 머리에 있는 보배로운 기름이
> 수염 곧 아론의 수염에 흘러서
> 그 옷깃까지 내림 같고(시 133:2).

관유를 아론의 머리에 부었을 때 그 기름이 수염으로 흘러 옷깃까지
흘러 내렸던 것입니다. 이를 통해서 교회의 머리되시는 그리스도에게
부어진 기름 즉 성령이 교회의 지체가 되는 모든 성도들에게 흘러내리
게 됨을 보았던 것입니다. 이점을 신약에서는 "그(그리스도)를 교회의
머리로 주셨느니라 교회는 그의 몸이니 만물 안에서 만물을 충만케 하
시는 자의 충만이니라"(엡 1:22-23)고 말씀하고 있습니다. 그러하기 때
문에 교회의 영광스러움을 "형제가 연합하여 동거함(교회)이 어찌 그
리 선하고 아름다운고" 하고 감탄하면서 "거기서 여호와께서 복을 명하
셨나니 곧 영생이로다"(시 133편)했던 것입니다. 이것(선하고 아름다
움, 곧 영생)이 가능하게 된 것은 우리의 머리에 부음 받은 관유로 말미
암아서입니다.

둘째 단원(10-37) 속죄제와 번제를 드리라

"너는 송아지를 회막 앞으로 끌어오고 아론과 그 아들들은 그 송아지
머리에 안수할지며 너는 회막문 여호와 앞에서 그 송아지를 잡고"(10
-11).

① 그런 연후에 수송아지를 잡아 속죄제를 드리라(10-14) 말씀합니
다.

② 또 수양 하나를 잡아 번제를 드리라 하십니다. 이 순서를 마음에

간직해 두시기를 바랍니다. 먼저는 속죄제요 다음이 번제입니다. 어째서 이 순서가 중요하냐 하면 속죄제를 통해서 죄 사함을 받은 후에 헌신을 의미하는 번제를 드려야 하기 때문입니다. 그렇지 않으면 그의 번제는 받으실 수가 없는 것입니다. 그러므로 번제란 전적인 헌신을 뜻하는 "그 수양의 전부를 단 위에 불 사르라"(18)고 말씀하시는 것입니다.

③ 다른 수양을 잡아 그 피를 취하여 아론과 아들들의 오른 귓부리와, 오른손 엄지와, 오른발 엄지에 바르라 하십니다(20). 이는 의미심장한 일이라 하겠습니다. 성경은 "모든 물건이 피로써 정결케 된다"(히 9:22)고 말씀하고 있는데 제사장은 피를 귓부리에 바름으로 하나님의 말씀을 잘 알아듣도록 거룩하게 하고, 피를 손과 발에 바름으로 하나님을 섬기는 거룩한 지체가 되게 하신 것입니다.

④ 이를 뒷받침하는 말씀이 피와 관유를 아론과 아들들의 옷에 뿌리라(21) 그러면 거룩하리라는 말씀입니다.

그렇다면 여기서 말씀하는 속죄제가 누구를 위한 속죄제인가? 지금 제사장의 위임식 절차를 말씀하시는 중입니다. 그러므로 이 속죄제는 백성들을 위한 것이 아니라 제사장 자신의 죄를 위한 속죄제인 것입니다. 이점에 대해 성경은 "저 대제사장들이 먼저 자기 죄를 위하고 다음에 백성의 죄를 위하여 날마다 제사 드리는 것과 같이 할 필요가 없으니"(히 7:27) 하십니다. 우리의 대제사장이신 그리스도는 자신을 위한 속죄제를 드릴 필요가 없고 오직 백성인 우리들의 죄를 위한 속죄제를 드려주셨던 것입니다. 예표로 세운 대제사장과 참 대제사장이신 그리스도와 다른 점이 이것입니다.

셋째 단원(38-46) 상번제를 통하여 만나리라

"네가 단 위에 드릴 것은 이러하니라 매일 일 년 된 어린양 두 마리니 한 어린양은 아침에 드리고 한 어린양은 저녁때에 드릴지며"(38-39).

이는 제사장이 조석(朝夕)으로 드리는 상번제입니다. 상번제는 "소제"와 "전제"(41)와 함께 드리는 "향기로운" 제사입니다. 소제는 고운 밀가루에 기름을 더하여 드리는 5대 제사 중 유일하게 피가 없는 제사요, 전제는 포도주를 부어드리는 제사입니다. 이는 속죄제나 속건제와는 달리 하나님과 동행하는 전적인 헌신의 삶을 나타냅니다. 그러므로 "향기로운 냄새"(41)라고 말씀합니다. 속죄제에는 "향기로운 냄새"라는 묘사가 없습니다. 여기서 포도주를 부어드리는 관제(전제)는 죽도록 충성하는 순교를 상징하고 있습니다.

그렇다면 항상 드려야하는 상번제를 언제까지 계속해야만 하는 것일까요? 그렇습니다. "전체로 번제함과 속죄제는 기뻐하지 아니 하시나니…오직 나를 위하여 한 몸을 예비하셨도다"(히 10:5-6) 하신 그리스도가 오셔서 자신의 몸을 번제로, 자신의 피를 전제로 드려주실 때까지입니다. 그 날이 오기까지 상번제를 드리면서 그리스도를 대망케 하셨던 것입니다.

하나님께서는 상번제를 드릴 때에 "내가 거기서 너희와 만나고 네게 말하리라"(42)고 말씀하십니다. 그러므로 상번제를 드린다는 것은 하나님과의 교제가 지속되고 있다는 증거가 되는 것입니다. 제사장의 직무는 위임예식을 드림으로 끝나는 것이 아니라 시작에 불과하고 상번제를 드림으로 하나님과의 교제가 지속되어 나가야함을 말씀하고 있습니다.

이제는 예수 그리스도께서 단 번에 드려주신 번제와 관제로 말미암아 제사장 된 우리가 상번제를 드려야할 차례입니다. 사도 바울은 빌립보교회에 보낸 옥중 서신에서 "만일 너희 믿음의 제물과 봉사(번제)위

에 내가 나를 관제(포도주를 붓듯)로 드릴지라도 나는 기뻐하고 너희
무리와 함께 기뻐하리니"(빌 2:17) 하고 말씀했던 것입니다. 바울은 하
나님을 섬김에 있어서 관제(순교)를 헌신의 절정으로 여겼던 것입니다.
그러므로 "관제와 같이 벌써 내가 부음이 되고 나의 떠날 기약이 가까
웠도다 내가 선한 싸움을 싸우고 나의 달려갈 길을 마치고 믿음을 지켰
으니"(딤후 4:6-7) 하고 그의 마지막 서신에서 고백하고 있음을 봅니
다.

① "그들 중에 거하려고 그들을 애굽 땅에서 인도하여 내었다"(46)
고 말씀하십니다. 하나님은 우리와 함께 거하기를 그토록 원하십니다.

② 그러므로 매일 경건의 시간을 가져야만 하는 것입니다. 이것이 상
번제입니다. 그리하여 하나님과 만나고 그 날 그 날 말씀하심을 들음으
로 하나님과 동행하는 삶을 살아야만 하는 것입니다.

③ 나아가 우리의 몸을 번제(헌신)로 드려야만 하겠습니다. 성경은
말씀합니다. "너희 몸을 하나님이 기뻐하시는 거룩한 산 제사로 드리
라"(롬 12:1). 언제까지입니까? "내가 속히 오리니" 하신 재림의 그 날
까지입니다.

30장

향단과 물두멍의 식양

출 30:15

"너희의 생명을 속하기 위하여 여호와께 드릴 때에 부자라고 반 세겔에서 더 내지 말고 가난한 자라고 덜 내지 말지며".

30장의 내용은 분향할 단(1)과 물두멍(18)의 식양과, 관유(25)와 향 (34)에 관한 말씀으로 되어있습니다. 그런데 그 중간에 "생명의 속전" (12)에 관한 말씀이 들어 있습니다. 생명의 속전이란 우리들의 죄 값을 대신 지불하신 그리스도의 죽으심에 대한 예표인 것입니다. 그러므로 본인은 "향단, 물두멍, 생명의 속전, 관유"등을 번제단과 결부시켜 생각 해 보고자 합니다. 왜 그렇게 하고 있는가는 내용을 보시면 이해가 될 것입니다. 이를 네 단원으로 나누어 상고하겠습니다.

첫째 단원(1-10) **번제단과 결부된 향단**

둘째 단원(11-16) **번제단과 결부된 속전**
셋째 단원(17-21) **번제단과 결부된 물두멍**
넷째 단원(22-38) **번제단과 결부된 관유와 향**

첫째 단원(1-10) **번제단과 결부된 향단**

"너는 분향할 단을 만들지니 곧 조각목으로 만들되 장이 일 규빗, 광이 일 규빗으로 네모 반듯하게 하고 고는 이 규빗으로 하며 그 뿔을 그것과 연하게 하고"(1-2).

분향할 단을 만들라 하십니다. 이를 정금으로 싸고, 금테를 두르고, 금고리를 만들고 하신 대로 모두가 금으로 만들라 하십니다. 놋으로 만든 번제단을 "놋단"이라 하듯 금으로 만든 향단을 "금단"이라고 부르기도 합니다. 이 향단의 위치는 "그 단을 증거궤 위 속죄소 맞은 편 곧 증거궤 앞에 있는 장 밖에 두라"(6)고 말씀합니다.

① 향단에서 오르는 향연(香煙)은 기도를 상징(계 8:3-4)합니다. 문제는 누구의 기도인가가 중요합니다.

② 이 향단도 주님께서 우리를 위하여 간구하시는 중보(中保)사역을 나타내고 있는 것입니다. 그러므로 그 위치가 중요한 것입니다. 그점을 ⑤번에서 보게 될 것입니다.

③ 놋 단이 우리의 죄를 위하여 대속의 죽음을 죽으신 십자가를 상징하는 것이라면, 금단은 "죽으실 뿐 아니라 다시 살아나신 이는 그리스도 예수시니 그는 하나님 우편에 계신 자요 우리를 위하여 간구하시는 자시니라"(롬 8:34)를 상징하고 있기 때문입니다.

④ "아론이 아침마다 그 위에 향기로운 향을 사르되"(7) 합니다. 망각하지를 마십시오. 이 향단에 조석으로 향을 사르고 있는 대제사장 아

론의 어깨와 가슴에는 열 두 지파의 이름이 새겨져 있음을! 번제단에서 죽임을 당하신 주님은 항상 살아서 하나님 앞에서 형제를 위하여 간구하고 계시는 것입니다. 번제단에서 구속하신 형제를 잃지 않으시기 위해서인 것입니다. 제사장은 이 두 단(壇) 즉 "번제단과 향단" 사이에서 섬겼던 것입니다.

⑤ 여기 하나의 난제(難題)가 있습니다. 구약성경에서는 향단의 위치를 "장 밖에"(6) 두라고 명하셨는데 신약성경에서는 금향로가 "휘장 뒤 지성소"(히 9:3-4), 그러니까 "장 안에" 있는 것으로 말씀하고 있기 때문입니다. 휘장 밖이냐? 휘장 안이냐? 질문을 드려보겠습니다. 휘장이 찢어진 후에 제1차로 들어간 분이 누구인지 아시겠습니까? 성경은 "휘장 안에 들어가나니 그리로 앞서 가신 예수께서"(히 6:19-20) 하고 주님이셨음을 말씀하고 있습니다. 그러니까 성소에 들어가는 길이 아직 나타나지 아니한 구약시대(히 9:8)에는 우리의 중보자는 휘장 밖에 있었으나, 신약시대에 와서 그가 "자기 피로 영원한 속죄를 이루사 단번에 성소(하늘 지성소)에 들어가셨느니라"(히 9:12)고 증거한 히브리서 기자가 향로의 위치를 장 안에 있는 것으로 보고 있는 것은 너무나 합당하다 하겠습니다. 그러므로 성경은 "그는 하나님 우편에 계신 자요 우리를 위하여 간구하시는 자시니라"(롬 8:34)고 말씀하는 것입니다.

형제여, 이제는 우리들도 휘장 밖에서 기도하고 있는 것이 아닙니다. "그러므로 형제들아 우리가 예수의 피를 힘입어 성소에 들어갈 담력을 얻었나니 그 길은 우리를 위하여 휘장 가운데로 열어 놓으신 새롭고 산 길이요 휘장은 곧 저의 육체니라"(히 10:19-20) 하십니다.

본문을 주목해보십시오. 향단에는 "뿔"(2, 3, 10)이 있습니다. 뿔은 능력을 나타냅니다. 기도에는 능력이 있습니다. 그 능력은 "향단 뿔을 속죄제의 피로 속죄할지니라"(10) 하신 대로 그 피를 믿는 데서 오는 담대함이요 능력임을 명심해야만 합니다. 이것이 번제단과 결부된 향단의 의미입니다.

둘째 단원(11-16) 번제단과 결부된 속전

"네가 이스라엘 자손의 수효를 따라 조사할 때에 조사 받은 각 사람은 그 생명의 속전을 여호와께 드릴지니 이는 계수할 때에 그들 중에 온역이 없게 하려 함이라"(12).

① 계수 함을 받은 자는 "생명의 속전"을 드리라고 명하십니다. 그래야만 온역이 없게 된다는 것입니다. 여기서 말씀하는 "온역"은 흑사병과 같은 역병을 일컫는 말로 곧 죽음을 뜻합니다. 생명의 속전을 드리지 않으면 곧 죽임을 당하게 된다는 말씀인 것입니다.

② 왜냐하면 죄 값은 사망이기 때문입니다. 아무나 계수 할 때 속전을 드리라고 말씀하는 것이 아님을 유념하십시오. "이스라엘 자손의 수효"(12)를 조사할 때입니다. 이스라엘은 하나님의 택하신 하나님의 백성들입니다. 하나님의 백성의 수 가운데 들기 위해서는 누군가 그의 죄값을 대신 지불하는 "생명의 속전" 곧 구속이 필요함을 나타내고 있습니다.

③ 그러므로 "너희 생명을 속하기 위하여 여호와께 드릴 때에 부자라고 반 세겔에서 더 내지 말고 가난한 자라고 덜 내지 말지며"(15) 하시는 것입니다. 이는 모든 영혼의 가치가 동일함을 나타냅니다.

④ 신약성경에서는 이 진리가 "그(그리스도)가 모든 사람을 위하여 자기를 속전으로 주셨으니 기약이 이르면 증거할 것이라"(딤전 2:6) 하고 그리스도로 말미암아 성취되었음을 증거하고 있습니다. 형제가 계수함을 받아 생명 책에 오르게 된 것은 오직 예수 그리스도께서 속전을 드려주셨기 때문임을 기억하고 있습니까? 천하 인간에 다른 이름을 주

신 일이 없습니다. 그러므로 성경은 말씀합니다. "아무도 결코 그 형제를 구속하지 못하며 저를 위하여 하나님께 속전을 바치지도 못할 것은 저희 생명의 구속이 너무 귀하며 영영히 못할 것임이라"(시 49:7-8). 이것이 번제단과 결부된 속전의 의미입니다.

셋째 단원(17-21) 번제단과 결부된 물두멍

"너는 물두멍을 놋으로 만들고 받침도 놋으로 만들어 씻게 하되 그것을 회막과 단 사이에 두고 그 속에 물을 담으라 아론과 그 아들들이 그 두멍에서 수족을 씻되 그들이 회막에 들어갈 때에 물로 씻어 죽기를 면할 것이요"(17-20).

물두멍은 놋으로 만든 큰 대야입니다. 제사장이 성소에 들어갈 때에 수족을 씻고 들어가야 "죽음을 면할 것이요"(20) 하십니다. 이점은 21절에서도 "그들이 수족을 씻어 죽기를 면할지니" 하고 거듭 강조되어 있습니다.

이점에서 생각해야할 점은 하나님은 "죽음"을 거듭 거듭 경고하고 있다는 점입니다. 시내산에 강림하실 때도 "지경을 범하지 말지니 범하는 자는 정녕 죽임을 당할 것이니라"(19:12, 21)고 거듭 경고하셨습니다. 제사장의 옷과 결부해서도 "그것들을 입어야 죽지 아니하리니"(28:43, 35) 하고 거듭 경고하셨습니다. 이제 물두멍과 결부해서도 "물로 씻어 죽기를 면할 것이요" 하고 반복해서 경고하십니다. 여기에 공통점이 있는데 모든 경우가 하나님을 가까이 하다가 죽임을 당할까 보아 경계하셨다는 것입니다. 이것이 구약시대의 특성입니다.

그렇다면 어찌하여 하나님을 가까이 하다가 죽임을 당하게 된다는 말인가? 그것은 분명합니다. 죄 때문에 그러한 것입니다. 그러므로 제사장이 물두멍에서 씻어 죽기를 면할 것이요 하심은 물두멍의 물이 주님이 흘리신 보혈의 상징임을 말씀해주고 있는 것입니다. 그러므로 물두멍의 위치를 "회막과 단(번제단) 사이에 두라"고 명하시는 것입니다. 번제단을 통하고, 물두멍을 거쳐, 회막(성소)에 들어가게 되는 것입니다. 그래야만 죽임을 면하게 된다는 것입니다. 그 순서가 말해주고 있듯이 번제단이 있음으로 물두멍의 존재의미가 성립이 되는 것입니다.

한가지 더 유념해야할 것은 "놋으로 물두멍을 만들고 그 받침도 놋으로 하였으니 곧 회막문에서 수종드는 여인들의 거울로 만들었었더라"(38:8)는 말씀입니다. 그러니까 거울을 통해서 자신의 죄을 깨닫고 물두멍에서 씻음을 받아야할 것을 말씀하고 있는 것입니다. 이점을 신약성경에서는 "우리가 마음에 뿌림을 받아 양심의 악을 깨닫고 몸을 맑은 물로 씻었으니 참마음과 온전한 믿음으로 하나님께 나아가자"(히 10:22)고 말씀하고 있습니다. 이것이 번제단과 결부된 물두멍의 의미입니다.

넷째 단원(22-38) 번제단과 결부된 관유와 향

"너는 상등 향품을 취하되 유질 몰약 오백 세겔과 그 반수의 향기로운 육계 이백 오십 세겔과 계피 오백 세겔을 성소의 세겔 대로하고 감람 기름 한 힌을 취하여 그것으로 거룩한 관유를 만들되"(22-25).

관유에 관해서는 29장에서 제사장 위임예식을 살펴보면서 말씀드린 바가 있습니다. 관유는 기름부음 즉 성령을 나타냅니다. 본문에서는 관유의 제조방법과 그 용도를 엄격히 제한하고 있습니다. "사람의 몸에 붓지 말며 이 방법대로 이와 같은 것을 만들지 말라 이는 거룩하니 너희는 거룩히 여기라"(32) 하십니다. 이를 신약적으로 말한다면 "누구든지 말로 인자를 거역하면 사하심을 받으려니와 성령을 모독하는 자는 사하심을 받지 못하리라"(눅 12:10)가 될 것입니다.

그런데 관유를 대제사장의 머리에만 붓는 것이 아니라 "너는 그것(관유)으로 회막과 증거궤에 바르고 상과 그 모든 기구며 등대와 그 기구며 분향단과 및 번제단과 그 모든 기구와 물두멍과 그 받침에 발라 그것들을 지성물로 구별하라"(26-29)고 말씀하심을 보게 됩니다. 이는 하나님을 섬김에 있어서 "신령과 진정"으로 섬겨야함을 나타냅니다. 이를 알았기에 사도 바울은 "하나님의 성령(관유)으로 봉사하며 그리스도 예수로 자랑(번제단)하고 육체를 신뢰하지 아니하는 우리가 곧 할례당이라"(빌 3:3)고 선언했던 것입니다.

이에 대한 좋은 예가 있습니다. "육체의 일은 현저하니"(갈 5:19) 하고 "육체의 일"들을 열거한 다음에 "오직 성령의 열매는"(갈 5:22) 하고 성령으로 봉사할 때에 맺어지게 되는 열매를 열거합니다. 차이를 아시겠습니까? 사람이 하는 일을 가리켜 "육체의 일"이라고 말하고 있습니다. 반면 성령으로 봉사할 때에는 "성령의 열매"라고 말씀하고 있습니다. "일과, 열매"를 분별하기를 바랍니다. 우리는 주님의 교회를 섬길 때에 "일"만 하느라고 분주한 것은 아닌지, 아니면 하나님께서 기쁘심으로 열납하시는 성령의 열매를 맺고 있는지 점검해 보아야만 할 것입니다.

너희를 위하여 만들지 마라

"여호와께서 모세에게 이르시되 너는 소합향과 나감향과 풍자향의 향품을 취하고 그 향품을 유향에 섞되 각기 동일한 중수로 하고 그것으로 향을 만들되 향 만드는 방법대로 만들고 그것에 소금을 쳐서 성결하게 하고 그 향 얼마를 곱게 찧어 내가 너와 만날 회막 안 증거궤 앞에 두라 이 향은 너희에게 지극히 거룩하니라"(34-36).

이는 향을 만드는 방법입니다. 성경에서 "향"은 기도를 상징하고 있습니다. "나의 기도가 주의 앞에 분향함과 같이 되며 나의 손드는 것이 저녁 제사같이 되게 하소서"(시 141:2) 합니다. 신약성경에서도 "향이 가득한 금대접을 가졌으니 이 향은 성도의 기도들이라"(계 5:8), "또 다른 천사가 와서 제단 곁에 서서 금향로를 가지고 많은 향을 받았으니 이는 모든 성도의 기도들과 합하여 보좌 앞 금단에 드리고자 함이라 향연이 성도의 기도와 함께 천사의 손으로부터 하나님 앞으로 올라가는지라"(계 8:3-4) 합니다.

그러므로 금향단에서 올라가는 향연은 첫째, 우리의 중보자되시는 그리스도께서 드려주실 기도를 나타냅니다. 둘째, 이제는 그리스도의 구속으로 말미암아 성도들이 제사장이 되어 하나님 앞에 나아가 드려야 하는 기도로 적용이 됩니다. 기도란 하나님과 "만나고, 말씀을 받는"(25:22) 통로인 것입니다. 이점에서 주목하게 되는 것은 그 향을 "너희를 위하여 만들지 말라"(37)는 말씀입니다. 무슨 뜻일까요?

① 속되게 하지말고 거룩하게 성별 하라는 의미가 있을 것입니다.

② 보다 더 "정욕으로 쓰려고 잘못 구함"(약 4:3)을 경계하신 말씀으로 다가옵니다.

31장

성령으로 충만케 하여
성막을 세우게 하심

출 31:15

하나님의 신을 그에게 충만하게 하여 지혜와 총명과
지식과 여러 가지 재주로 공교한 일을 연구하여 금
과 은과 놋으로 만들게 하며.

성막 식양에 관한 말씀은 30장까지에서 끝을 맺고 본 장에서는 성막
을 건축할 자를 지명하시는 것(1-11)과, 안식일을 준수하라(12-17)는
말씀을 하심으로 시내산에서의 모든 말씀을 끝맺고 있습니다. 모세가
40주 40야를 하나님과 함께 있으면서 받은 말씀은 크게 두 부분으로 나
눌 수가 있는데 "율법과, 성막 식양"입니다. 31장은 이에 대한 마무리로
성막을 건축할 자로 브사렐을 지명하시고, 말씀하신 십계명을 두 증거
판에 기록하여 모세에게 주십니다. 모세는 이를 받아 가지고 시내산에

서 내려오는 것을 다음 장에서 보게 될 것입니다.

"내가 네게 명한 것을 다 만들게 할지니"(6하) 하시는데 어떻게 해서 명한 대로 만드는 것이 가능하여지는가를 주목해보아야만 합니다. 왜냐하면 우리들도 주님의 몸 된 교회를 명한 대로 섬겨야하기 때문입니다. 이를 두 단원으로 나누어 상고하겠습니다.

첫째 단원(1-11) **브사렐을 지명하여 부르심**
둘째 단원(12-18) **너희는 나의 안식일을 지키라**

첫째 단원(1-11) **브사렐을 지명하여 부르심**

"내가 유다 지파 훌의 손자요 우리의 아들인 브사렐을 지명하여 부르고"(2).

하나님의 하시는 일에는 빈틈이 없으십니다. 성막의 식양을 다 말씀하신 후에 "이제 됐다 내려가서 명한 대로 만들라" 하고 만들 책임을 모세에게 떠넘기시지 않으셨습니다. 이를 세울 자를 준비시켜 주심을 보게 됩니다. 성막의 식양은 너무나 "공교"(4)한 일이어서 만일 감당할 자를 준비시켜 주시지 않았다면 명하신 식양 대로 세운다는 것은 불가능했을지도 모릅니다.

① 브사렐을 지명하여 부르고(2),
② 하나님의 신을 그에게 충만케 하여(3),
③ 지혜와 총명과 지식과 여러 가지 재주로 공교한 일을 연구하여,
④ 금과 은과 놋으로 만들게 하며(4),
⑤ 오홀리압을 세워 그와 함께 하게 하며(6),
⑥ 지혜로운 마음이 있는 자에게 내가 지혜를 주어 그들로 내가

네게 명한 것을 다 만들게 할지니(6) 하십니다. 이렇게 말씀하신 후에 비로소 "내가 네게 명한 대로 그들이 만들지니라"(11) 하시는 것입니다.

앞에서 살펴본 대로 성막의 식양은 이를 통해서 그리스도를 계시하시려는 모형과 그림자로 주어진 것이기 때문에 일점일획도 어긋남이 없이 명하신 대로 세워야만 하는 것입니다. 만일 임의대로 한다면 성막 식양의 단순한 변개(變改)에 끝이는 것이 아니라 "그리스도의 복음을 변하게"(갈 1:7) 하는 다른 복음이 되고 말기 때문입니다. 그러므로 하나님께서 명하신 대로 준행한다는 것이 얼마나 중요한 가를 39-40장에 가서 확인하게 될 것입니다.

이 말씀이 신약교회에는 어떻게 적용이 되는가? 성경은 말씀합니다. "그가 혹은 사도로, 혹은 선지자로, 혹은 복음 전하는 자로, 혹은 목사와 교사로 주셨으니 이는 성도를 온전케 하며 봉사의 일을 하게 하며 그리스도의 몸(교회)을 세우려 하심이라"(엡 4:11). "그리스도의 몸을 세우려 하심", 이것이 하나님이 거하실 성막 즉 교회를 세우는 일인 것입니다. "그의 안에서 건물마다 서로 연결하여 주안에서 성전이 되어가고 너희도 성령 안에서 하나님의 거하실 처소가 되기 위하여 예수안에서 함께 지어져 가느니라"(엡 2:21-22)고 말씀합니다.

성막을 세우는 일은 브사렐 혼자서 한 것이 아니라 많은 사람이 동역함을 보게 됩니다. 교회를 섬기는 일에도 마찬가지입니다. 이에 대해 성경은 말씀하기를 "은사는 여러 가지나 성령은 같고 직임은 여러 가지나 주는 같으며 또 역사는 여러 가지나 모든 것을 모든 사람 가운데서 역사하시는 하나님은 같으니 각 사람에게 성령의 나타남을 주심은 유익하게 하려 하심이라"(고전 12:4-7)고 말씀합니다.

이점에서 한가지 강조하고자 합니다. 그것은 "공교한 일을 연구하여" 한 "연구"(研究)라는 말씀입니다. 우리는 항용 "하나님의 신을 그에게 충만하게 하셨다" 하면 본인은 가만히 있어도 되는 양 생각하는 경향이 있습니다. 아닙니다. 성령의 감동은 기계적이 아니라 유기적인 감동인 것입니다. 이점을 선지자들에게서도 보게 됩니다. "이 구원에 대하여는 너희에게 임할 은혜를 예언하던 선지자들이 〈연구하고 부지런히 살펴서〉"(벧전 1:10) 그리스도께서 받으실 고난과 영광을 증거했다고 말씀합니다.

오늘날 "그리스도의 몸을 세우는데" 부르심을 받은 현대교회의 브사렐과 오홀리압에게는 "부지런히 연구하고 살피는" 지혜로운 마음이 부족한 것은 아닌가 반성하게 합니다.

둘째 단원(12-18) **너희는 나의 안식일을 지키라**

"너는 이스라엘 자손에게 고하여 이르기를 너희는 나의 안식일을 지키라 이는 나와 너희 사이에 너희 대대의 표징이니 나는 너희를 거룩하게 하는 여호와인줄 너희로 알게 함이라"(13).

출애굽기에는 생각 외로 안식일을 지키라는 말씀이 강조되어 있는 것(16:23, 20:8, 23:12, 31:13, 35:2)을 보게 됩니다. 그렇다고 편의상 이를 주일성수로 적용시켜서는 곤란합니다. 왜냐하면 구약에서 안식일을 지키라는 말씀과 신약의 주일성수와는 그 개념이 다르기 때문입니다. "너희는 안식일을 지킬지니 이는 너희에게 성일이 됨이라 무릇 그 날을 더럽히는 자는 죽일지며 무릇 그 날에 일하는 자는 그 백성 중에서 그 생명이 끊쳐지리라"(14) 하십니다. 15절에서도 "안식일에 일하는 자를 반드시 죽일지니라" 하고 범하는 자를 극형에 처하라 하십니다.

이에 대해 몇 가지 물음을 제기하게 됩니다. ㉠ 안식일 준수가 어떤 의미가 있기에 이처럼 엄명을 하시고 중벌을 내리신 단 말인가? ㉡ 어찌하여 안식일 준수를 이 시점에서 또다시 강조하고 있는가? ㉢ 이 명령이 신약교회에는 어떻게 적용이 되는가?

① 먼저 인식해야할 점은 안식일 준수가 윤리나 도덕적인 계명이 아니라 하나님과의 관계 즉 신학적인 계명이라는 점입니다. 그러므로 범죄자가 꼭 같이 죽임을 당한다해도 간음하다가 죽임을 당하는 것과, 안식일을 범하다가 죽임을 당하는 것과는 구속사적인 의미가 다를 수밖에 없는 것입니다. 간음죄는 파렴치한 죄에 속하지만 안식일을 범한 죄는 사상범(思想犯)에 비할 수가 있다는 말입니다.

② 다음으로 생각해야할 점은 모든 율법이 그러하듯이 여기서 말씀하고 있는 안식일 준수도 백성들을 억압하고 괴롭히기 위한 것이 절대로 아니라는 점입니다. 성경은 "내가 오늘날 네 행복을 위하여 네게 명하는 여호와의 명령과 규례를 지킬 것이 아니냐"(신 10:13) 하고 "네 행복"을 위해서라는 것입니다. 계명이나 징계가 당시에는 괴로운 것일 수도 있습니다. 그러나 "마침내 네게 복을 주려 하심이었느니라"(신 8:16)고 말씀합니다.

하나님은 자기 백성을 바벨론을 들어 징벌하시는 마당에서도 "나 여호와가 말하노라 너희를 향한 나의 생각은 내가 아나니 재앙이 아니라 곧 평안이요 너희 장래에 소망을 주려 하는 생각이라"(렘 29:11) 하십니다. 복을 주려하시고, 평안을 주려하심에서라는 것입니다. 이와 같은 하나님의 마음은 구약시대만이 아니라 신구약시대를 막론하고 일관된 것입니다.

③ 이런 맥락에서 볼 때 본문 17절에서 "나 여호와가 엿새 동안에 천지를 창조하고 제 칠일에 쉬어 평안하였음이니라 하라"는 말씀은 이 대목을 해석하는 열쇠와도 같은 말씀인 것입니다. 안식일을 지키라 하심은 자기 백성들을 "쉼과, 평안함"에의 초대라는 의미가 되기 때문입니

다. 23:12을 보십시오. "너는 육일 동안에 네 일을 하고 제 칠일에는 쉬라 네 소와 나귀가 쉴 것이며 네 계집 종의 자식과 나그네가 숨을 돌리리라" 하십니다.

안식일 준수의 구속사적 의미

그렇다면 어찌하여 저들이 숨을 통할 여지가 없도록 고달픈 삶을 살아가야만 했습니까? 그 답이 2:23-24인 것입니다. "이스라엘 자손은 고역으로 인하여 탄식하며 부르짖으니 그 고역으로 인하여 부르짖는 소리가 하나님께 상달한지라", 그들에게 "쉬어 평안"케 하시려고 구원하셔서 가나안 복지로 인도하시려는 것입니다. 그렇다면 묻습니다. 가나안 땅에 정착한 후에 그들에게 쉼과 평안함이 있었습니까? 성경은 말씀합니다. "만일 여호수아가 저희에게 안식을 주었더면 그 후에 다른 날을 말씀하지 아니하셨으리라"(히 4:8).

④ 지금 바로의 노예가 되어서 탄식하며 부르짖는 야곱의 자손 이야기가 아닙니다. 죄 값에 팔려 사탄의 노예가 되어 "죽기를 무서워하므로 일생에 매어 종노릇하는 모든 자"(히 2:15)에게 "쉼과, 평안"을 주시기 위한 하나님의 계획을 예표를 통해서 보여주고 있는 것입니다.

⑤ 그러므로 출애굽기 2:24이 해답이 되는 것입니다. "하나님이 그 고통 소리를 들으시고 아브라함과 이삭과 야곱에게 세운 그 언약을 기억하사" 하십니다. 하나님께서 그들에게 세워주신 언약은 가나안 땅을 주리라가 전부가 아니었습니다. 그의 자손으로 그리스도를 보내셔서 천하만민이 구원의 복 즉 "쉼과 평안"을 얻게 하시려는 구원계획이었던 것입니다.

⑥ 그러므로 궁극적인 안식은 아브라함에게 언약하신 그리스도로 말미암아 주어지게 되는 것입니다. 주님은 말씀합니다. "안식일은 사람을

위하여 있는 것이요 사람이 안식일을 위하여 있는 것이 아니니 이러므로 인자는 안식일에도 주인이니라"(막 2:27-28). "안식일의 주인"이라는 말을 오해해서는 아니 됩니다. 주님은 안식일의 주인이니까 마음대로 해도 괜찮다는 그런 뜻이 아닙니다. "수고하고 무거운 짐 진자들아 다 내게로 오라 내가 너희를 쉬게 하리라"(마 11:28) 하신 안식일의 성취자가 되신다는 말씀입니다. 인류의 소망은 오직 안식일의 주인 되시는 그리스도에게 있는 것입니다. 하나님께서 안식일 준수를 그토록 엄명하시는 의도가 여기에 있었던 것입니다. 이는 축복의 문제가 아니라 죽느냐 사느냐하는 구원의 문제인 것입니다.

⑦ 하나님께서는 안식일을 지킴으로 참 안식을 주실 그리스도를 바라고 기다리게 하시려고 그토록 엄명하시는 것입니다. 그러므로 이를 무시하고 안식일을 범한다면 죽임을 당해 마땅한 것입니다. 왜냐하면 이는 곧 안식일의 주인되시는 그리스도를 배척하는 것이 되기 때문입니다. 하나님께서 시내산에서의 결론적인 말씀을 안식일 준수로 끝맺고 있는 의도를 이제야 알 것 같습니다. 그렇다면 안식일 준수가 신약의 교회에는 어떻게 적용이 되는가?

① 안식일은 첫 창조에 근거하나, 주일은 재창조에 근거를 두고 있습니다.

② 그러므로 구약의 안식일은 제 칠일이었으나, 신약의 주일은 첫째 날입니다.

③ 안식일은 육신이 숨을 돌리는 날이었으나, 주일은 영혼이 쉼을 얻게 된 날입니다.

④ 안식일은 죽이는 의문이었으나. 주일은 살리는 복음(눅 6:9)입니다.

⑤ 그러므로 주일을 안식일과 혼동하여 주일을 범하면 벌을 받을까 두려워하는 율법적인 마음으로 주일을 지킬 것이 아니라 구속함을 얻은

기쁨과 감사로 지키는 "영의 새로운 것으로 섬겨야"(롬 7:6) 하는 것입니다.

"여호와께서 시내산 위에서 모세에게 이르시기를 마치신 때에 증거판 둘을 모세에게 주시니 이는 돌판이요 하나님이 친히 쓰신 것이더라"(18).

32장

중보자를 통한 구원

> 모세가 그 하나님 여호와께 구하여 가로되 여호와여 어찌하여 그 큰 권능과 강한 손으로 애굽 땅에서 인도하여 내신 주의 백성에게 진노하시나이까.

32장은 "백성이 모세가 산에서 내려옴이 더딤을 보고, 우리를 인도할 신을 우리를 위하여 만들라"(1) 하는 장면입니다. 이점에서 우리가 주목해야할 점은 산상(山上)에서 주어지고 있는 은총과, 그 시각 산하(山下)에서 벌어지고 있는 배신행위의 대조를 볼 수 있어야만 합니다. 산상에서 일어난 일은 하나님이 해주신 은혜요, 산하에서 벌어지고 있는 일은 인간이 행한 배은망덕한 일입니다. 하나님은 변함이 없이 그토록 진실하셨으나, 인간은 언제나처럼 그토록 거짓되었습니다. 이것이 성경 역사이기도 합니다. 창세기 3장을 생각해보십시오. 그토록 선하신 하나님을 인간은 배신한 것입니다. 그럼에도 불구하고 하나님은 원복음을 주셨습니다. 그러므로 우리의 시선을 산 아래로 향한다면 절망할 수밖에 없습니다. 산 위를 바라보아야만 하는 것입니다. 그래야 소망이 있기 때문입니다. 이것이 하나님 중심입니다. 이렇게 하는 것이 구속사의 관점으로 보는 것입니다.

이점에서 명심해야할 점은 저들의 배은망덕한 죄를 사하여 주신 일이나 우리 죄를 용서해 주신 일 등이 하나님의 의로우심에 손상을 입으면서 해주신 일이 절대로 아니라는 점입니다. 그래서 중보자가 필요했던 것입니다. 하나님께서 "내가 그들에게 진노하여 그들을 진멸하고 너로 큰 나라가 되게 하리라"(10) 하고 "진멸"하겠다고 말씀합니다. 이는 화풀이가 아니라 공의의 발로입니다. 출애굽한 그들은 겨우 시내산까지 와서 진멸을 당할 처지에 놓인 것입니다. 이 절망적인 상황에서 모세는 하나님의 손을 붙잡고 간구함으로 말미암아 "말씀하신 화를 그 백성에게 내리지 아니하시니라"(14) 합니다. 그러므로 본 장의 주제가 금송아지가 아니라 "중보자를 통한 구원"이 될 수가 있습니다. 이점을 네 단원으로 나누어 상고하겠습니다.

첫째 단원(1-6) 우리를 인도할 신을 만들라
둘째 단원(7-14) **중재자로 인하여 뜻을 돌이키신 하나님**
셋째 단원(15-20) **깨어진 증거판**
넷째 단원(21-35) **보응할 날에는 그들의 죄를 보응하리라**

첫째 단원(1-6) 우리를 인도할 신을 만들라

"백성이 모세가 산에서 내려옴이 더딤을 보고 모여 아론에게 이르러 가로되 일어나라 우리를 인도할 신을 우리를 위하여 만들라 이 모세 곧 우리를 애굽 땅에서 인도하여 낸 사람은 어찌 되었는지 알지 못함이니라"(1).

그리하여 아론이 백성들이 가져온 금 고리를 "부어서 각도로 새겨 송아지 형상을 만들었다"(4)고 말씀합니다. 얼마나 어처구니없는 일입니까? 그렇다면 저들의 신앙이 어디가 잘못된 것일까요? "우리를 위하여"(1중), 또는 "자기를 위하여"(8) 하고 자기 중심적인 신앙이 이런 잘못에 빠지게 만든 요인임을 깨달아야만 합니다. 저들은 금송아지를 만들어 놓고 "내일은 여호와의 절일"이라고 "공포"(5)했습니다. 그들은 "송아지의 절일"이라고 말하고 있는 것이 아닙니다. "여호와의 절일"이라고 말하고 있습니다. 저들은 단순히 송아지를 만든 것이 아니라 "자기를 위한"(8) "하나님"을 만들었던 것입니다. 그것이 황금송아지 형상이 되었을 뿐입니다. 섬뜩한 마음이 들지 않습니까?

아론이 그 앞에 단을 쌓고 "내일은 여호와의 절일이니라"고 공포하는 이 장면은 하나님께서 시내산에 강림하실 때에 "예비하여 제 삼일을 기다리게 하라"(19:11) 하신 말씀을 연상하게 합니다. 아론은 백성들에게 "내일은 여호와의 절일이니 예비하여 내일을 기다리라" 한 셈입니다.

그리하여 "이튿날에 그들이 일찍이 일어나 번제를 드리며 화목제를 드리고 앉아서 먹고 마시며 일어나서 뛰놀았더라"(6) 합니다. 이 말씀을 24장의 장면과 대조해보십시오. "이른 아침에 일어나 산아래 단을 쌓고 이스라엘 십이 지파 대로 열두 기둥을 세우고 이스라엘 청년들을 보내어 번제와 소로 화목제를 여호와께 드리고, 먹고 마셨더라"(4-5, 11). 눈치를 채셨습니까? 하나님께 예배를 드린 것과 꼭 같이 한 것입니다. 용어도, 행위도 같았습니다. 다만 다른 것은 예배 대상이 "아브라함의 하나님, 이삭의 하나님, 야곱의 하나님 여호와"가 아니라 "우리를 인도할 신을 우리를 위하여 만들라"(1) 하고 자기들을 위한 "자기 신"을 숭배한 것입니다.

동명 이인의 하나님

성경은 "나는 이러한 하나님이니라" 하신 하나님의 자기 계시입니다. 그런데 이 성경을 "자기를 위하여" 자기 좋을 대로 해석하고, 증거하고, 믿는다면 성경이 계시하신 하나님이 아니라 자신들이 만든 "여호와"라는 동명이인(同名異人)의 하나님을 만들어 놓고 예배하는 오류에 빠질 위험이 있는 것입니다. 그러하기 때문에 하나님께서는 "무릇 내가 네게 명한 대로 만들지니라"(31:6, 11)고 거듭 거듭 강조하셨던 것입니다. 주님은 "내가 이 반석 위에 내 교회를 세우리라"(마 16:18)고 말씀하셨는데 우리는 주님께서 명하신 대로 세우고 있는지, 그리하여 오늘의 교회상이 주님이 세우시고자 한 모습을 닮고 있는지 심각하게 고민해 보아야만 할 것입니다.

28:2을 기억하고 있습니까? 하나님은 산상에서 모세에게 "네 형 아론을 위하여 거룩한 옷을 지어서 영화롭고 아름답게 할지니" 하고 말씀하고 있는데 산 아래에서는 그 아론이 금 신상을 만드는데 주도적인 역할을 하고 있는 것입니다.

참과 거짓을 분별하는 근거가 형식에 있는 것이 아님을 명심하십시오. 형식만 이라면 볼 수 없는 하나님보다는 볼 수 있는 금 신상이 더욱 매력적일 수도 있습니다. 더구나 "금"으로 만든 신상이라는데 경각심을 갖게 합니다. 번제와 화목제(예배)를 드리기만 하면 되는 것이 아닙니다. 먹고 마심(교제)에 있는 것도 아닙니다. 열광적으로 뛰노는데(환희) 있는 것도 아닙니다. 참 교회와 거짓교회의 구별은 하나님의 말씀이 바르게 선포되고 있느냐 여부에 있는 것입니다. 만일 하나님의 말씀이 왜곡된다면 성경이 계시하고 있는 하나님이 아니라 자신들이 만들어낸 동명이인과 같은 엉뚱한 하나님을 숭배하는 것이 될 수가 있는 것입니다. 이러한 잘못에 빠지게 되는 주도적인 책임은 아론과 같은 위치에 있는 말씀의 사역자들에게 있는 것입니다. 그래서 "선생 된 우리가 더 큰 심판을 받게"(약 3:1) 되리라고 말씀하시는 것입니다.

둘째 단원(7-14) 중재자로 인하여 뜻을 돌이키신 하나님

"여호와께서 모세에게 이르시되 너는 내려가라 네가 애굽 땅에서 인도하여 낸 네 백성이 부패하였도다"(7).

하나님께서 구속하여 자기 백성 삼으신 이스라엘 자손들을 가리켜 "네 백성"이라고 말씀하심을 듣게 된다는 것은 슬픈 일입니다. 어찌하여 하나님께서 "네 백성"이라고 부르시게 되었습니까? "그들이 내가 그들에게 명한 길을 속히 떠나 자기를 위하여 송아지를 부어만들고 그것을 숭배하며 그것에게 희생을 드리며 말하기를 이스라엘아 이는 너희를 애굽에서 인도하여 낸 너희 신이라 하였도다"(7) 하십니다. 그냥 "신"이라고만 말한 것이 아닙니다. "너희를 애굽에서 인도하여 낸 너희 신"이라고 말했습니다. 하나님께 대하여 이보다 더한 배신행위는 없을 것이며, 슬프시게 하는 일이란 달리는 없을 것입니다. "속히 떠나"라고 말씀합니다. 얼마나 속히 떠났을까요? "여호와의 모든 말씀을 우리가 준행하리이다"(24:7) 하고 서약한 바로 그 자리에서 불과 40일 후에 그들은 십계명의 1-3계명을 파기했던 것입니다. 이들을 어찌 "내 백성"이라고 부르실 수가 있으셨겠습니까? 모세는 이렇게 탄식합니다. "우매무지한 백성아 여호와께 이같이 보답하느냐 그는 너를 얻으신 너의 아버지가 아니시냐 너를 지으시고 세우셨도다"(신 32:6).

"여호와께서 또 모세에게 이르시되 내가 이 백성을 보니 목이 곧은 백성이로다 그런즉 나대로 하게 하라 내가 그들에게 진노하여 그들을 진멸하고 너로 큰 나라가 되게 하리라"(9-10) 하십니다. 형제가 모세라면 이 말씀을 듣고 어떻게 했겠습니까? 모세는 세 가지를 들어서 간구합니다.

모세의 중보기도

① "여호와여 어찌하여 그 큰 권능과 강한 손으로 애굽 땅에서 인도하여 내신 주의 백성에게 진노하시리이까"(11) 합니다. 이는 하나님의 주권과 결부되는 간구인 것입니다. 하나님께서 저들을 큰 권능과 강한 손으로 애굽에서 인도하여 내실 때에는 계획하심이 있으셨기 때문인데 이들을 멸하신다면 이는 하나님의 주권이 손상을 받게 될 것이라는 뜻이 함의되어 있는 것입니다. 그래서 모세는 "어찌하여"라는 말을 두 번(11, 12)이나 말씀드리고 있는 것입니다. 그러므로 하나님은 "네 백성"이라 말씀하시나 모세는 "주의 백성"이라고 말하고 있습니다.

② "어찌하여 애굽 사람으로 이르기를 여호와가 화를 내려 그 백성을 산에서 죽이고 지면에서 진멸하려고 인도하여 내었다 하게 하려하시나이까"(12) 하고 간구합니다. 이는 주의 이름 곧 주의 영광과 결부되는 말입니다. 이점을 민수기에서는 "이제 주께서 이 백성을 한 사람 같이 죽이시면 주의 명성(名聲)을 들은 열국이 말하여 이르기를 여호와가 이 백성에게 주기로 맹세한 땅에 인도할 능이 없는 고로 광야에서 죽였다 하리이다"(민 14:15-16)고 말씀하고 있습니다.

③ "주의 종 아브라함과 이삭과 이스라엘을 기억하소서 주께서 주를 가리켜 그들에게 맹세하여 이르시기를 내가 너희 자손을 하늘의 별처럼 많게 하고 나의 허락한 이 온 땅을 너희의 자손에게 주어 영영한 기업이 되게 하리라 하셨나이다"(13) 하고 간구합니다. 이는 하나님의 언약을 들어서 간구하는 것입니다. "주의 주권을 위하여, 주의 이름을 위하여, 주의 언약을 위하여", "주의 맹렬한 노를 그치시고 뜻을 돌이키사

주의 백성에게 이 화를 내리지 마옵소서"(12하) 합니다. 이는 기도의
본이 되고, 하나님의 뜻에 합당한 중보기도였던 것입니다. "여호와께서
뜻을 돌이키사 말씀하신 화를 그 백성에게 내리지 아니하시니라"(14)
합니다.

중보자 그리스도

④ 이점에서 주의해야할 점과, 깨달아야할 점이 있습니다. 하나님은
노하기를 속히 하시는데 도리어 모세가 그 노를 누구려드린 양 말하는
것을 주의해야만 합니다. 성경이 이렇게 말씀하심은 "하나님과 사람 사
이에 중보도 한 분이시니 곧 사람이신 그리스도 예수라"(딤전 2:5) 하
신 주님의 중보로 말미암아 구원이 가능하게 될 것을 계시하기 위해서
인 것입니다. 이점에서 모세는 그리스도의 예표로 등장합니다. 그러므
로 모세는 "나와 같은 선지자 하나를 너를 위하여 일으키시리니 너희는
그를 들을 지니라"(신 18:15)고 말씀했던 것입니다. 그리고 이 예언은
그리스도에게서 성취되었음을 성경은 증언(행 3:22)하고 있습니다. 이
는 깨달아야할 점입니다.

⑤ 모세는 기도하기를 "슬프도 소이다 이 백성이 자기들을 위하여
금신을 만들었사오니 큰 죄를 범하였나이다 그러나 합의하시면 이제 그
들의 죄를 사하시옵소서 그렇지 않사오면 원컨대 주의 기록하신 책에서
내 이름을 지워버려 주옵소서"(31-32)합니다. 이는 하나님께 협박하는
말이 아닙니다. 저들의 죄를 그냥 사하실 수가 없다면 저들 대신 자신을
벌하시고 사해달라는 그런 뜻이 함의되어 있는 것입니다. 동일한 감동
에 의하여 사도 바울은 "나의 형제 곧 골육의 친척을 위하여 내 자신이
저주를 받아 그리스도에게서 끊어질지라도 원하는 바로라"(롬 9:3)고
말씀하고 있습니다. 그렇습니다. 하나님은 그냥 뜻을 돌이키시거나 용

서하실 수가 없으신 분이십니다. 이는 하나님의 공의가 용납지 않는 것입니다. 모세는 이를 알았던 것입니다.

⑥ 그러하기 때문에 뜻을 돌이키시면서 "그러나 내가 보응할 날에는 그들의 죄를 보응하리라"(34:하)고 말씀하셨던 것입니다. 그 보응할 날이 언제입니까? "이를 인하여 그(그리스도)는 새 언약의 중보니 이는 첫 언약(구약시대) 때에 범한 죄를 속하려고 죽으사"(히 9:15) 한 그 날인 것입니다. 주님께서는 구약의 성도들이 범한 죄까지를 속하려고 대신 보응을 받으셨던 것입니다. "여호와께서 뜻을 돌이키사 말씀하신 화를 그 백성에게 내리지 아니하시니라"(14). 그러나 잊지는 마십시오. 그 화를 보응할 날에 자기 아들에게 대신 내리셨음을! 인류의 구원은 오직 예수 그리스도의 중보로 말미암아 가능해진 것입니다.

셋째 단원(15-20) 깨어진 증거판

"모세가 돌이켜 산에서 내려오는데 증거의 두 판이 그 손에 있고 그 판의 양면 이편 저편에 글자가 있으니 그 판은 하나님이 만드신 것이요 글자는 하나님이 쓰셔서 판에 새긴 것이더라"(15-16).

중보의 사명을 감당하므로 하나님의 진노에서 백성들을 구원한 모세가 "진에 가까이 이르러 송아지와 그 춤추는 것을 보고 대노하여 손에서 그 판들을 산 아래로 던져 깨뜨리니라"(19) 합니다. 이를 해석하는데 있어서 예민한 통찰력이 요구됩니다. 이는 모세가 모르고 내려온 돌발상황이 아닙니다. 하나님께로부터 저들이 송아지 신상을 만들어 놓고 숭배하며 희생을 드리면서 너의 신이라고 말하고 있다는 것을 들어 알고 있었습니다. 뿐만 아니라 저들을 위하여 중보기도를 드리므로 화를 내리지 않겠다는 허락까지 받은 모세입니다.

이런 맥락으로 바라볼 때에 모세가 증거판들을 산 아래로 던져 "깨뜨렸다"는 것을 "대노"의 화풀이로만 볼 것이 아니라 "우리가 다 준행하리이다"(24:7) 하고 세운 언약의 파기로 보아야만 하는 것입니다(렘 31:32). 모세의 혈기에서가 아니라 하나님의 섭리로 보아야만 한다는 말씀입니다. 그렇다면 저들은 어떤 처지에 놓이게 된 것입니까? 여기에는 양면성이 있습니다.

① "저주" 하에 놓이게 된 것입니다. 왜냐하면 "네가 만일 네 하나님 여호와의 말씀을 순종하지 아니하여 내가 오늘날 네게 명하는 그 모든 명령과 규례를 지켜 행하지 아니하면 이 모든 저주가 네게 임하고 네게 미칠 것이니"(신 28:15) 하고 말씀하고 있기 때문입니다. 그러므로 "모세가 그들의 만든 송아지를 가져 불살라 부수어 가루를 만들어 물에 뿌려 이스라엘 자손에게 마시우니라"(20) 한 것은 그들이 저주를 마신 셈입니다.

② 그러나 하나님은 인간이 저지른 악을 선으로 바꾸사 저들을 "행위언약" 아래서 "믿음언약" 아래로 이끌어 들이셨던 것입니다. 성경은 구원의 방도에 두 길이 있음을 말씀합니다. "믿음으로 살리라"는 길과 "이를 행하는 자는 그 가운데서 살리라"(갈 3:11-12)는 길입니다. 믿음으로 살리라는 언약은 아브라함에게 세워주신 언약(창 15:6)이고, 행함으로 살리라는 언약은 모세를 중보로 세운 언약입니다. 깨어진 언약은 "믿음으로 살리라"는 언약이 아닙니다. "이를 행하는 자는 살리라"한 행위언약이었던 것입니다. 인간의 행위로 구원 얻을 수 없음이 대번에 판명이 된 셈입니다. 하나님께서는 판을 깨뜨리게 하심으로 이를 보여주셨던 것입니다.

성경은 말씀합니다. "내가 이것을 말하노니 하나님의 미리 정하신 언약(아브라함에게 세워주신 언약)을 사백 삼십 년 후에 생긴 율법이 없이하지 못하여 그 약속을 헛되게 하지 못하리라"(갈 3:17). 다시 말씀

드립니다만 하나님께서 아브라함에게 세워주신 언약은 "아브라함이 하
나님을 믿으매 이것이 저에게 의로 여기신 바 되었느니라"(롬 4:3)한
믿음언약이었던 것입니다. 깨어진 언약은 우리가 다 준행하리이다"한
"행위언약"이었지 "믿음언약"은 아니었던 것입니다. "믿음으로 살리라"
는 언약은 은혜언약이니 깨어질 수도 없는 것입니다.

　깨어진 증거판은 "율법의 행위로 그의 앞에 의롭다 하심을 얻을 육체
가 없음"(롬 3:20)을 단적으로 보여주고 있습니다.

넷째 단원(21-35) 보응할 날에는 그들의 죄를 보응하리라

　"모세가 아론에게 이르되 이 백성이 네게 어떻게 하였기에 네가 그들
로 중죄에 빠지게 하였느뇨"(21).

　아론은 구차한 변명을 늘어놓았으나 "모세가 본즉 백성이 방자하니
이는 아론이 그들로 방자하게 하여 원수에게 조롱거리가 되게 하였음이
라"(25) 합니다. "이에 모세가 진 문에 서서 가로되 누구든지 여호와의
편에 있는 자는 내게로 나아 오라 하매 레위 자손이 다 모여 그에게로
오는지라" 합니다. "여호와의 편에 선 자"란 송아지 우상을 숭배하는 일
에 동참하지 않은 자들을 가리킵니다. 엘리야 선지자 때에도 "그러나
내가 이스라엘 가운데 칠 천을 남기리니 다 무릎을 바알에게 꿇지 아니
하고 다 그 입을 바알에게 맞추지 아니한 자니라"(왕상 19:18) 하십니
다. 살았다 하는 이름은 가졌으나 죽은 자로다 라는 책망을 받은 사데
교회에도 "그러나 사데에 그 옷을 더럽히지 아니한 자 몇 명이 네게 있
어 흰옷을 입고 나와 함께 다니리니 그들은 합당한 자인 연고라"(계
3:4) 하십니다. 어느 시대에나 은혜로 택하심을 따라 남은 자는 있기
마련입니다.

"여호와의 편에 있는 자"들에 의하여 "이 날에 백성 중에 삼천 명 가량이 죽인 바 된지라"(28) 합니다. 어찌 삼천 명만이 죽어야했겠습니까? 이는 죄에 대한 경고성 징벌이었을 것입니다. 그리한 후에 모세는 여호와께 다시 나아가 기도합니다. 핵심은 "큰 죄를 범했다는 자복과, 이제 그들의 죄를 사하여주옵소서"(31-32) 하는 간구입니다. 어찌하여 모세의 중보기도가 여기서 다시 등장하는 것일까요? 하나님께서 저들의 죄를 사하시되 "그러나 내가 보응하는 날에는 그들의 죄를 보응하리라"(34하)는 말씀을 계시하기 위해서인 것입니다. 이 "보응하리라"는 말은 하나님을 자칫 지독한 하나님이라는 인상을 줄 수도 있을 것입니다. 아닙니다. 이는 "주께서 눈이 정결하시므로 악을 참아 보지 못하시는"(합 1:13) 거룩하시고 의로우신 하나님의 속성을 나타내주고 있는 것입니다.

그러므로 구약시대란 죄를 사하리라 하셨어도 그것은 완결 된 것이 아니라 "간과"(看過)하심이었음을 깨달아야만 합니다. 성경은 "이는 하나님께서 길이 참으시는 중에 전에 지은 죄(구약시대)를 간과(보고도 못 본 척)하셨다"(롬 3:25)고 말씀합니다. 다른 말로 하면 보류해두신 것입니다. 언제까지입니까? "곧 이 때(자기 아들을 화목제물로 내어주신 때)에" 합니다. 마치 저수지에 물이 고이듯이 쌓여져만 갔던 진노를 자기 아들에게 쏟으신 것입니다. 그리하여 "자기도 의로우시며 또한 예수 믿는 자를 의롭다 하려 하심이니라"(롬 3:25-26)고 말씀합니다. 주님은 "첫 언약 때에 범한 죄까지 속하려고 죽으셨던"(히 9:15) 것입니다.

"그러나 내가 보응할 날에는 그들의 죄를 보응하리라"는 말씀 속에는 망극하기 비할 데 없는 이러한 뜻이 함축되어있는 것입니다. 명심하십시다. 죄는 반드시 보응을 받습니다. 다만 우리를 대신하여 자기 아들에게 보응하셨던 것입니다. 이것이 "중보자를 통한 구원"입니다.

33장

은혜와 긍휼을 베푸시는 하나님

> **출 32:11**
> 여호와께서 가라사대 내가 나의 모든 선한 형상을 네 앞으로 지나게 하고 여호와의 이름을 네 앞에 반포하리라 나는 은혜줄 자에게 은혜를 주고 긍휼히 여길 자에게 긍휼을 베푸느라.

33장은 송아지 우상을 숭배한 사건으로 말미암아 "나는 너희와 함께 올라가지 아니하겠다"(3) 하시는 하나님께 모세의 간청으로 말미암아 "내가 친히 가리라"(14)는 허하심을 받는 내용입니다. 깨어진 돌 판처럼 파괴되었던 하나님과의 관계가 모세의 중보로 말미암아 회복이 된 것입니다.

본 장에서 주목해야할 말씀이 있습니다. 그것은 "은총"(恩寵)이라는 말입니다. 모두 다섯 번(12, 13, 13, 16, 17)이나 등장합니다. 이는 지금까지는 볼 수 없었던 말씀입니다. 비극적이고도 절망적인 상황에서 모세가 앞세우고 기도한 것은 다름 아닌 "은총"이었던 것입니다. 하나님의 뜻을 돌이키게 할 수 있었던 것이 바로 이 은총입니다. 그리하여 하나님은 말씀하십니다. "나는 은혜줄 자에게 은혜를 주고 긍휼히 여길 자에게 긍휼을 베푸느니라". 그러므로 본 장을 하나님 중심으로 바라보게 되면 의외다 싶게 주제가 "은혜와 긍휼을 베푸시는 하나님"이 될 수가 있는 것입니다. 그리고 이보다 더 중요하고 귀한 것은 달리는 없습니다. 이를 세 단원으로 나누어 상고하겠습니다.

첫째 단원(1-11) **가슴 아픈 말씀**
둘째 단원(12-16) **모세의 중보기도**
셋째 단원(17-23) **은혜로운 말씀**

첫째 단원(1-11) **가슴 아픈 말씀**

"너희로 젖과 꿀이 흐르는 땅에 이르게 하려니와 나는 너희와 함께 올라가지 아니하리니 너희는 목이 곧은 백성인즉 내가 중로에서 너희를 진멸할까 염려함이니라 하시니"(3).

하나님께서는 "내가 아브라함과 이삭과 야곱에게 맹세"(1)한 그 약속을 지켜서 너희로 가나안 땅에 이르게 하려니와 "나는 너희와 함께 올라가지 아니하겠다"(3)고 말씀합니다. 하나님께서 지금까지 동행하여 주심은 모세가 "주께서 우리와 함께 행하심으로 나와 주의 백성을 천하 만민 중에 구별하심이 아니니이까"(16) 말한 대로 최고 최대의 축복이었던 것입니다. "하나님과 동행" 하는 그 안에는 모든 것이 다 들어 있는 것입니다. 그런데 이 은총을 입은 자들에게는 이에 상응하는 책임이 뒤 따르는 법입니다. 그래야만 이 복된 관계를 유지해 나갈 수가 있는 것입니다.

그러나 이스라엘은 그러하지를 못했습니다. "너희는 목이 곧은 백성"이라고 거듭(3, 5) 말씀하십니다. 목이 곧다는 말은 순종과는 반대되는 고집이 세다 는 뜻입니다. 하나님께서 이러한 자들과 동행하신다면 "중로에 너희를 진멸할까 염려함이라" 하십니다. 왜냐하면 하나님은 의로우신 분이시기 때문입니다. 그러므로 너희와 동행할 수가 없을 뿐만이 아니라 동행하지 않는 것이 너희를 위하는 일이라는 뜻이 됩니다. 하나님은 약속한 "선물"은 주되, "자신"은 주시지 않겠다는 것입니다. 그렇다면 중요한 것은 선물입니까? 주 자신입니까?

"백성이 이 황송한 말씀을 듣고 슬퍼했다"(4상)고 말씀합니다. 이는 황송한 말씀이기보다는 "서운한 말씀"(현대인의 성경), 보다는 "가슴 아픈 말씀"(공동번역)이었던 것입니다. 그리하여 통곡을 하면서 "한 사람도 그 몸을 단장하지 아니했다"(4하)고 말씀합니다. 그리하여 "이스라엘 백성이 호렙산에서부터 그 단장품을 제하니라"고 말씀하고 있는데 이는 단순한 근신을 의미하는 것만은 아니었던 것입니다. 왜냐하면 금 신상은 바로 이 단장품(32:2)으로 만들었기 때문입니다. 그러므로 이는 "실족케 한 오른 눈을 빼어 버리듯"(마 5:29) 하는 결단의 의미가 있는 것입니다. 본 단원에는 "진멸"(3, 5)이라는 말이 강조되어 있고 뒷부분에는 "은총"이라는 말이 반복적으로 나오는 것도 주목해보아야만 합니다. 그러니까 진멸을 받아 마땅한 자들이 하나님의 은총을 입게 되었다는 것입니다.

이후로 "모세가 항상 장막을 취하여 진 밖에 쳐서 진과 멀리 떠나게"(7) 했다고 말씀합니다. 이러한 묘사는 하나님과 백성과의 관계가 소원(疎遠)하여졌음을 말해주고 있습니다.

그러한 중에서도 "모세가 회막에 들어갈 때에 구름 기둥이 내려 회막에 서며 여호와께서 모세와 말씀하시니"(9) 합니다. "사람이 그 친구와 이야기함같이 여호와께서는 모세와 대면하여 말씀하셨다"(11)고 합니다. 이것은 무엇을 말해주고 있느냐 하면 하나님과의 교제가 "멀리, 떠나게" 된 상황에서도 이 중보자로 말미암아 소망이 남아 있음을 나타내주고 있습니다. 그러므로 12절 이하에는 얍복 강변에서의 야곱의 기도(창 32:24)와, 겟세마네 동산에서의 주님의 기도(눅 22:44)를 연상케 하는 모세의 중보기도가 나옵니다.

둘째 단원(12-17) 모세의 중보기도

"모세가 여호와께 고하되",

① "보시옵소서 주께서 나더러 이 백성을 인도하여 올라가라 하시면서 나와 함께 보낼 자를 내게 지시하지 아니하시나이다 주께서 전에 말씀하시기를 나는 이름으로도 너를 알고 너도 내 앞에 은총을 입었다 하셨사온즉"(12) 합니다. 이는 "전에 말씀하신" 약속을 붙잡고 하는 기도입니다.

② "내가 참으로 주의 목전에 은총을 입었사오면"(13상) 합니다. 이는 하나님의 은혜에 근거하여 간구하는 것입니다. 자신의 간구가 무슨 자격이나, 공로나, 청구할 만한 권리가 있어서가 아니라 전적으로 하나님의 은총만을 기대한다는 간구인 것입니다.

③ "주의 길을 내게 보이사 내게 주를 알리시고"(13중) 합니다. 이는 하나님의 뜻을 묻는 기도입니다.

④ "이 족속을 주의 백성으로 여기소서"(13하) 합니다. 이는 하나님의 이름을 위한 기도입니다. 만일 이들을 진멸하시면 어찌되겠습니까? 신명기 9:28-29절을 보십시오. 진멸 당할 위기 때마다 모세는 만일 그렇게 하시면 "여호와께서 그들에게 허락하신 땅으로 인도하여 들일 능력도 없고 그들을 미워도 하사 광야에서 죽이려고 인도하여 내셨다 할

까 두려워하나이다 그들은 주의 큰 능력과 펴신 팔로 인도하여 내신 주의 백성 곧 주의 기업이로소이다"고 간구했다고 말하고 있습니다. 기도가 이에 이르자 "여호와께서 가라사대 내가 친히 가리라"(14) 하고 은총을 베푸십니다. 그러자 모세는 용기를 내어 더욱 육박합니다.

⑤ "주께서 친히 가지 아니하시려거든 우리를 이곳에서 올려 보내지 마옵소서"(15) 합니다. 자신들도 올라가지 않겠다는 말입니다. 하나님께서 동행하여주시지 않는다면 가나안 땅인들 무슨 기쁨이 되겠나이까, 하나님 계신 여기가 좋사오니 라는 뜻이 들어 있습니다.

⑥ "나와 주의 백성이 주의 목전에 은총 입은 줄을 무엇으로 알리이까 주께서 우리와 함께 행하심으로 나와 주의 백성을 천하만민 중에 구별하심이 아니니이까"(16) 합니다. "주께서 우리와 함께 행하심으로", 이것이 최대의 은총이요 축복임을 말씀합니다. 모세는 바로 안 것이요, 여기에 핵심이 있습니다. 그런데 이를 박탈하신다면 천하만민보다 나을 것(구별하심)이 무엇이 있겠느냐는 것입니다. 이것이 모세의 중보기도입니다.

셋째 단원(17-23) 은혜로운 말씀

"여호와께서 모세에게 이르시되 너의 말하는 이 일도 내가 하리니 너는 목전에 은총을 입었고 내가 이름으로도 너를 앎이니라"고 말씀하십니다. 모세의 중보기도로 "내가 친히 가리라"는 허락을 받아내기에 이른 것입니다. "나는 너희와 함께 올라가지 않겠다"는 말씀이 "가슴 아픈 말씀이라"면 "내가 친히 가리라"는 말씀은 무엇하고도 바꿀 수 없는 "은혜로운 말씀"이었던 것입니다. 모세는 여기에 머물지 않고 "원컨대 주의 영광을 내게 보이소서"(18) 하고 실로 엄청난 소원을 말하기에 이릅니다. 모세가 이렇게 하고 있음을 무모한 소청이라고 여겨서는 아니 됩니다. 증거판을 산 아래로 던져 "깨뜨린" 시점에서 "주의 영광을 내게 보이소서" 하고 간청하고 있음을 유념하시기를 바랍니다. 여기에 전환점이 있습니다.

주의 영광을 내게 보이소서

그것은 앞장에서는 "증거판이 깨어지고"(행위언약), 본 장에서는 "주의 영광"(복음)이 나타나고 있기 때문입니다. "주의 영광을 내게 보이소서" 라는 말씀은 복음이지 휘장이 지성소를 가로막고 있는 의문(儀文)에 속한 말은 아니었던 것입니다. 주의 영광을 보는 것이 누구에 의하여 어떻게 가능하여지는가를 생각하시기 바랍니다. 이를 알았기에 사도 바울은 "우리가 다 수건을 벗은 얼굴로 거울을 보는 것같이 주의 영광을 보매 저와 같은 형상으로 화하여 영광으로 영광에 이르니 곧 주의 영으로 말미암음이니라"(고후 3:18)고 말씀했던 것입니다. 의문의 수건이 벗어지고 막힌 휘장이 찢어져야만, 달리 말하면 증거판이 깨어져야만 주의 영광을 볼 수가 있는 것입니다. 성경은 말씀합니다. "우리를 거스리고 우리를 대적하는 의문에 쓴 증서를 도말하시고 제하여(깨뜨려)버리사 십자가에 못박으시고"(골 2:14). 이는 이 대목을 해설해주는 적절한 말씀인 것입니다.

그러므로 주님은 십자가를 앞에 놓고 "아버지여 내게 주신 자도 나 있는 곳에 나와 함께 있어 아버지께서 창세 전부터 나를 사랑하시므로 내게 주신 나의 영광을 저희로 보게 하시기를 원하옵나이다"(요 17:24) 하고 간구하였던 것입니다. 주의 영광을 볼 수 있는 것은 율법으로 가능한 것이 아닙니다. "주의 영으로 말미암아"서입니다. 이는 복음 중에서도 최고봉이요 극치인 것입니다.

이점이 하나님께서 모세에게 "보라 내 곁에 한 곳이 있으니 너는 그 반석 위에 섰으라"(21)는 말씀에서도 나타나고 있습니다. "그 반석"이 라고 말씀합니다. 이 말씀은 우리를 대번에 "내가 거기서 호렙산 반석 위에 너를 대하여 서리니 너는 반석을 치라 그것에서 물이 나리라"(17: 6) 하신 "그 반석"으로 인도해줍니다.

① 모세가 하나님께 은총을 입을 수 있었던 것도 치심을 당한 반석으로 말미암아서입니다.

② 목이 곧은 백성들과 동행하심이 가능해진 것도 반석이 치심을 당했기 때문에 가능하여진 것입니다.

③ 하나님의 영광을 보는 것이 허락된 것도 치심을 당한 그리스도의 의를 통해서만이 가능해지는 것입니다.

그러나 모세에게는 "내 영광이 지날 때에 내가 너를 반석 틈에 두고 내가 지나도록 내 손으로 너를 덮었다가 손을 거두리니 네가 내 등을 볼 것이요 얼굴은 보지 못하리라"(22-23)고 온전히 허락되지는 않았습니다. 또한 모세는 광채 나는 얼굴을 수건으로 "가리웠더라"(34:33) 합니다. 왜냐하면 그는 구약에 속한 자요 예표의 인물이었기 때문입니다. 이것이 모세의 한계입니다. 형제여, 그 날에는 하나님께서 우리들을 반석 틈에 엎드려 있도록 손으로 덮으시지 않을 것입니다. 등만 볼 수 있게 하지도 않을 것입니다. 그러하기는커녕 "우리의 낮은 몸을 자기 영광의 몸의 형체와 같이 변케 하시리라"(빌 3:21)고 말씀하십니다. 그 날에는 그 영광의 형체를 수건으로 결코 가리지 않을 것입니다. 이는 "은혜줄 자에게 은혜를 주고 긍휼히 여길 자에게 긍휼을 베푸느니라"(19) 하신 하나님의 은혜와 긍휼로 말미암아서입니다.

34장

인자와 진실이 많으신 하나님

출 34:6

여호와께서 그의 앞으로 지나시며 반포하시되 여호
와로라 여호와로라 자비롭고 은혜롭고 노하기를 더
디 하고 인자와 진실이 많은 하나님이로다.

하나님은 출애굽기를 통해서 하나님의 속성과 결부된 중요한 자기계
시를 몇 번 하셨습니다. "나는 스스로 있는 자니라(3:14), 나는 여호와
니라(6:2)" 하십니다. 그런데 여기서는 "여호와로라 여호와로라 자비롭
고 은혜롭고 노하기를 더디하고 인자와 진실이 많은 하나님이로라"고
계시하고 있는 것입니다. 이 계시는 깨어진 돌판 대신으로 새로운 돌판
을 주시는 문맥과 결부되어 주어졌음을 유념해야만 합니다.

그러므로 새로운 돌판을 깨어진 돌판에 대한 단순한 회복으로 여겨
서는 부족합니다. 이 중대한 사건을 하나님도 예기치 못하셨던 돌발사
태인양 취급해서는 아니 됩니다. "모든 일을 그 마음의 원대로 역사하

시는"(엡 1:11) 하나님을 모세가 대노하여 깨뜨린 돌판이나 수습하여
주는 그런 하나님으로 만들어서는 아니 됩니다. 새로운 돌판은 "자비롭
고 은혜롭고 노하기를 더디 하고 인자와 진실이 많은 하나님이로라" 하
신 분이 주신 것임을 명심해야만 합니다. 그러므로 34장의 주제가 "인자
와 진실이 많으신 하나님"이 될 수가 있습니다. 이를 세 단원으로 나누
어 상고하겠습니다.

첫째 단원(1-9) **다시 만들어진 두 돌판**
둘째 단원(10-28) **다시 세워진 언약**
셋째 단원(29-35) **모세의 얼굴에 나타난 영광**

첫째 단원(1-9) **다시 만들어진 두 돌판**

"여호와께서 모세에게 이르시되 너는 돌판 둘을 처음 것과 같이 깎아
만들라 네가 깨뜨린바 처음 판에 있던 말을 내가 그 판에 쓰리니"(1).
1-4절은 "모세가 돌판 둘을 처음 것과 같이 깎아 만들고 아침에 일찍
이 일어나 그 두 돌판을 손에 들고 여호와의 명대로 시내산에 올라가
는"(4) 장면입니다. 그런데 5-7절은 돌판에 글을 쓰시는 장면이 아니라
"여호와께서 구름 가운데 강림하사 그와 함께 거기 서서 여호와의 이름
을 반포하실새 여호와께서 그의 앞으로 지나시며 반포하시되 여호와로
라 여호와로라 자비롭고 은혜롭고 노하기를 더디 하고 인자와 진실이
많은 하나님이로라" 하고 하나님을 나타내시는 내용입니다. 이는 모세
가 "원컨대 주의 영광을 내게 보이소서"(33:18) 한 소청에 대한 응답이
었던 것입니다. 이 계시는 본 장에 있어서만 중심 되는 말씀이 아니라
구약성경에 있어서 중심 축(軸)을 이루는 하나님의 자기 계시임을 알

아야만 합니다.

① 열 명의 족장이 정탐한 땅을 악평함으로 하나님께서 노하사 "그들을 쳐서 멸하고 너로 그들보다 크고 강한 나라를 이루게 하리라" 하셨을 때에도 모세는 "여호와는 노하기를 더디 하고 인자가 많아 죄악과 과실을 사하나 형벌 받을 자는 결단코 사하지 아니하고 아비의 죄악을 자식에게 갚아 삼 사대까지 이르게 하리라 하셨나이다 구하옵나니 주의 인자의 광대하심을 따라 이 백성의 죄악을 사하시되 애굽에서부터 지금까지 이 백성을 사하신 것 같이 사하옵소서(민 14:18-18) 하고 이 말씀을 붙들고 기도했습니다.

② 히스기야 왕의 고백에서도(대하 30:9),

③ 시편기자의 찬양에서도(시 86:15, 103:8),

④ 포로에서 귀환한 후의 에스라의 기도에서도(느 9:17),

⑤ 니느웨에 파송 된 요나의 말에서도(욘 4:2) 나타나고 있는 "하나님의 하나님 되심"을 나타내고 있는 말씀인 것입니다. 그렇다면 이 계시를 통해서 어떤 하나님이심을 보여주고 있습니까?

6-7절의 내용을 관찰해보면 은혜라는 말과 보응이라는 말이 동시에 나타나고 있습니다. "죄를 용서하나, 면죄하지 않고 보응하리라" 하고 상반되는 것처럼 보입니다. 이는 "인자(仁慈)와 진실(眞實)이 많은 하나님"(6하)이라는 묘사로 설명할 수가 있습니다. "인자를 천 대까지 베풀며 악과 과실과 죄를 용서하나"(7상) 라는 말씀은 하나님의 사랑(인자)의 발로입니다. 그런데 "형벌 받을 자는 결단코 면죄하지 않고 아비의 악을 자여 손 삼 사대까지 보응하리라"(7하)는 말씀은 하나님의 공의(진실)의 발로입니다. 우리가 믿는 하나님은 죄를 용서하시는 인자가 많으신 하나님만은 아니십니다. 죄를 참아 보지 못하시는(합 1:13) 진실하신 하나님도 되시는 것입니다. 이를 알았기에 시편기자는 "여호와께서 그 백성에게 구속을 베푸시되, 진실과 정의(공의)로 행하신 바"

(시 111:7-8)라고 찬양하고 있는 것입니다.

그렇습니다. 하나님께서 우리의 죄를 용서하시고 구원하여주신 행사는 비공식적으로 행하신 떳떳치 못한 행사가 아닙니다. "진실과 정의"로 행하신 정정당당한 행사였던 것입니다. 그러므로 송아지 형상의 우상을 만들어 놓고 "이스라엘아 이는 너희를 애굽 땅에서 인도하여 낸 너희 신이로다"고 말하면서 번제와 화목제를 드린 엄청난 죄를 용서하심도 하나님의 의로우심에 손상을 입으시면서 하신 행사가 아니라 "인자와 진실", "진실과 정의"로 행하신 행사였음을 놓쳐서는 아니 됩니다.

이러한 맥락에서 본문을 바라볼 때에 "다시 만들어진 두 돌판"이 깨어진 돌판에 대한 단순한 복원이 아니라 이전 것은 파기하고 새로운 것으로 주어졌음을 깨닫게 되는 것입니다.

둘째 단원(10-28) 다시 세워진 언약

"여호와께서 가라사대 보라 내가 언약을 세우나니 곧 내가 아직 온 땅 아무 국민에게도 행치 아니한 이적을 너희 전체 백성 앞에 행할 것이라 너의 머무는 나라 백성이 다 여호와의 소위를 보리니 내가 너를 위하여 행할 일이 두려운 것임이니라"(10).

"보라 내가 언약을 세우나니" 하신 말씀을 깨어진 언약을 회복시켜주겠다는 차원으로만 보아서는 부족합니다. 비록 깨어진 돌판과 다시 만들어진 돌판에 기록된 내용이 동일할지라도 그 영광스러움은 전연 다르기 때문입니다. 다시 세워진 언약에서는 처음 돌판 때 볼 수 없었던 영광스러운 빛을 볼 수가 있는 것입니다. "다시 세워진 언약"을 받아 가지고 내려오는 모세의 얼굴에서는 "광채"(光彩)가 발했습니다. "여호와와 말씀하였음을 인하여"(29중)가 전부라면 첫 돌 판을 받아가지고 하산

할 당시도 당연히 광채가 났어야할 것이 아닙니까? 그러나 그때에는 광
채가 없었습니다. 모세는 이 광채를 수건으로 가리웠습니다. 바울 사도
는 이를 가리켜 구약시대를 상징하는 것이라(고후 3:14)고 해석해주고
있습니다. 그렇습니다. 구약시대에도 복음의 광채(그리스도)는 있었습
니다. 다만 가려져 있었을 뿐입니다.

　　첫 번 돌판과 결부하여 언약서를 낭독하였을 때에 그들은 "여호와의
모든 말씀을 우리가 준행하리이다"(24:7)고 말했습니다. 그렇게 서약을
하고 언약은 세워졌던 것입니다. 이는 행함으로 의롭다함을 얻겠다는
언약이었지 복음은 아니었던 것입니다. 그러나 그들은 그 자리에서, 불
과 몇 일 후에, 금송아지 우상을 숭배함으로 언약을 파기했던 것입니다.
이를 말해주는 것이 "깨어진 돌판"입니다. 이는 무엇을 말해주고 있느
냐 하면 행함으로 의롭다함을 얻음의 불가능성을 말해주고 있는 것입니
다.

광채 나는 모세의 얼굴

　　그런데 "다시 세우시는 언약"(10, 27)에서도 이를 되풀이하고 있다고
생각할 수가 있단 말입니까? 첫 번 돌판 때에는 그들은 분명 이를 행함
으로 구원을 얻으려고 했습니다. 주님 당시의 유대인들, 사울 때의 바울
자신도 그러했습니다. 그러나 성경을 깊이 상고해보면 이는 모세 때 시
내산에서 이미 폐기처분(깨뜨리심)되었던 것입니다. 그렇다면 "다시 세
워진 언약"의 기능은 무엇이란 말인가? 하나님의 백성답게 살아가면서
"그리스도에게로 인도하는 몽학선생"(갈 3:24)으로 주셨던 것입니다.
하나님은 첫 돌판도 이러한 의도로 주셨을 것인데 이간은 잘난척하면서
이를 행함으로 구원에 이르려했던 것입니다. 그러므로 둘 째 돌판에서
는 "우리가 다 준행하리이다"라는 재(再)서약이 없습니다. 하나님께서

둘째 돌판을 주시면서 무엇이라 말씀하십니까? 이를 행하면 살리라 하셨습니까? 아닙니다. 요약하면 다른 신을 섬기지 말고(12-17),

① "무교절을 지키라"(18) 하십니다. 왜냐하면 이 날에 유월절 어린양의 피로 말미암아 애굽에서 해방되었기 때문입니다.

② "초태생은 다 내 것이라"(19)고 말씀합니다. 왜냐하면 장자(초태생)를 어린양의 피로 대속(사셨기)했기 때문입니다.

③ "나귀의 첫 새끼는 어린양으로 대속할 것이요"(20) 하십니다. 왜냐하면 나귀는 부정한 짐승으로 취급되었기 때문에 대속이 없이는 살아남을 수가 없었기 때문입니다. 그래서 "그렇게 아니하려면 그 목을 꺾을 것이며"(20중) 하시는 것입니다. 이 말씀을 통해서 어린양의 피로 대속함을 받지 아니하면 멸망 받을 수밖에 없는 우리 자신의 모습을 보게 됩니다.

④ "칠칠절" 곧 오순절을 지키라(22상) 명하십니다.

⑤ "수장절" 곧 초막절을 지키라(22하) 하십니다.

이것은 복음이지 더 이상 행위언약이 아닙니다. "매년 세 번씩 주 여호와 이스라엘의 하나님 앞에 보일지니라"(23)는 삼 대 절기가 무엇에 대한 그림자이며 어떻게 성취되었는가를 알고 믿는 사람이라면 본 장에서 의문(儀文)이 아니라 복음을 만나게 되는 것입니다. 다만 수건에 가려져 그림자로 나타났을 뿐입니다.

셋째 단원(29-35) 모세의 얼굴에 나타난 영광

"모세가 그 증거의 두 판을 자기 손에 들고 시내산에서 내려오니 그 산에서 내려올 때에 모세는 자기가 여호와와 말씀하였음을 인하여 얼굴 꺼풀에 광채가 나나 깨닫지 못하였더라"(29).

모세의 얼굴에서 광채가 발하였습니다. 모세는 시내산에 올라가서 하나님 앞에 40주야를 지나기를 두 번(신 9:18)하였습니다. 그런데 깨어진 돌판 때에는 광채가 났다는 말씀이 없습니다. 그러므로 이는 그가 받은 둘째 돌판과 무관하지 않다고 여겨집니다. 누구보다도 이를 간파한 사람은 바울이었습니다. 이 대목을 해설하기를 "그러나 저희 마음이 완고하여 오늘까지라도 구약을 읽을 때에 그 수건이 오히려 벗어지지 아니하고 있으니"(고후 3:14상) 합니다. 바울의 논리는 수건이 벗어지지 않고 있어서 구약을 읽으면서도 광채를 보지 못함을 지적하려는 것입니다. 그렇다면 그 광채가 무엇을 의미하는 것일까요? 사도 바울은 성령의 감동으로 이를 가리켜 "그리스도의 영광의 복음의 광채"(고후 4:4)라고 말씀하고 있습니다.

① 구약에도 광채가 있었다는 것입니다.

② 그런데 구약시대는 수건으로 가려져 있었다는 것입니다.

③ 이 수건이 주님이 오심으로 벗어졌다는 말씀입니다. 그래서 "그 수건은 그리스도 안에서 없어질 것이라"(고후 3:14하)고 말씀하고 있습니다. 말하자면 "이 비밀은 만세와 만대로부터 옴으로 감취었던 것인데 이제는 그의 성도들에게 나타났다"(골 1:26)는 말씀인 것입니다.

④ 그런데 "오늘까지라도(밝히 나타난 신약시대) 구약을 읽을 때에 그 수건이 오히려 벗어지지 아니하고 있다"고 탄식합니다.

⑤ 누구들이 그렇다는 것입니까? 유대인들이 그러했다는 것입니다. 그들이 수건이 벗어진 마음으로 구약을 읽는다면 무엇을 보게 되고 누구를 만나게 될 것입니까? 그리스도입니다. 그러므로 구약성경을 수건이 벗어지지 않고 있는 유대인의 안목으로 해석해서는 아니 됩니다.

⑥ 이 사건을 계기로 다음 장에서부터는 본격적으로 성막을 만드는 것을 보게 됩니다. 이를 통해서 육신의 장막을 입고 임마누엘 하실 그리스도를 만나게 되는 것입니다. 그 절정을 40장에 가서 보게 될 것입니다.

그런데 바울 당시만이 아니라 "오늘까지도" 구약을 읽을 때에 그 수건이 오히려 벗어지지 아니하고 있어서 그리스도를 보지 못하고 있는 것은 아닌지 걱정스럽습니다. 바울의 눈에서 "비늘 같은 것이 벗어지듯"(행 9:18) "내 눈을 열어서 주의 법의 기이한 것을 보게 하소서"(시 119:18) 하고 간구해야만 합니다.

눈을 감았다가 뜬 자

발람이 좋은 예가 될 것입니다. 그는 브올산 꼭대기에 올라 이스라엘의 진을 바라보면서 저주하려 하였습니다. 그러나 하나님이 그의 눈을 여시매 "브올의 아들 발람이 말하며 눈을 감았던 자가 말하며 하나님의 말씀을 듣는 자가 말하며 지극히 높으신 자의 지식을 아는 자, 전능자의 이상을 보는 자, 엎드려서 눈을 뜬 자가 말하기를" 하고 진술합니다. 그가 감았던 눈을 떠서 본 것이 무엇입니까? "내가 그를 보아도 이때의 일이 아니며 내가 그를 바라보아도 가까운 일이 아니로다 한 별이 야곱에게서 나오며 한 홀이 이스라엘에게서 일어나서"(민 24:15-17) 하고, "한 별, 한 홀"이 이스라엘에서 일어날 것을 보았던 것입니다. 즉 그리스도를 보았던 것입니다. 하나님이 하시는 일은 놀랍지 않습니까? 그리고 부끄럽지 않습니까? 발람의 기사를 민수기 22-24장까지 무려 세 장을 할애하여 말씀하시는 의도가 어디에 있을까요? 바로 우리들을 위해서입니다. 거짓 선지자도 눈을 여시매 구약에서 그리스도를 보고 있는데 가려져 있던 계시가 밝히 드러난 신약시대에 "마음이 완고하여 오늘까지라도 구약을 읽을 때에 그 수건이 오히려 벗어지지 않고" 있다면 이는 자신과 회중들을 위해 불행한 일이 아닐 수가 없습니다.

모세의 얼굴에 발한 광채는 없어질 것이었습니다. 왜냐하면 이는 그림자로 주어진 것이기 때문입니다. 그러나 그리스도의 구속으로 말미암아 하나님의 자녀 된 우리에게 나타날 영광은 영원히 없어지지 아니할 것입니다. 성경은 말씀합니다. "사랑하는 자들아 우리가 지금은 하나님의 자녀라 장래에 어떻게 될 것은 아직 나타나지 아니하였으나 그가 나타내심이 되면 우리가 그와 같을 줄을 아는 것은 그의 계신 그대로 볼 것을 인함이니"(요일 3:2), "우리가 다 수건을 벗은 얼굴로 거울을 보는 것같이 주의 영광을 보매 저와 같은 형상으로 화하여 영광으로 영광에 이르니 곧 주의 영으로 말미암음이니라"(고후 3:18).

35장

여호와께서 명하신 말씀이 이러하니라

> **출 35:1**
>
> 모세가 이스라엘의 온 회중을 모으고 그들에게 이르
> 되 여호와께서 너희에게 명하사 행하게 하신 말씀이
> 이러하니라.

35장은 모세가 시내산에서 하산하여 하나님께서 명(命)하신 바를 백성들에게 전달하는 내용입니다. 그 내용은 한마디로 성막을 건축하라는 것입니다. 본 장은 그 준비과정이고 본격적인 작업은 36장에서부터 시작이 됩니다. 두 번째 돌판을 받아 가지고 내려왔을 때는 황금송아지를 만든 것이 아니라 성막을 만들었던 것입니다.

이점에서 명심 또 명심해야할 점은 성막은 "내가 그들 중에 거할 성소"(25:8)라고 말씀하신 대로 임마누엘 하실 그리스도의 모형이라는 점입니다. 그러므로 사활을 좌우할 정도로 중요한 말씀은 "여호와의 명하신 대로" 만들어야 한다는 것입니다. 왜냐하면 하나님께서는 성막과 번제단과 휘장 등을 통하여 하나님께 나아가는 길이 어떻게 해서 열려

지게 되는 가를 계시하시기를 원하고 있기 때문입니다. 한마디로 "그리스도의 영광의 복음의 광채"를 계시하시려는 것입니다.

그러므로 "모세가 이스라엘 온 회중을 모으고 그들에게 이르되 여호와께서 너희에게 명하사 행하게 하신 말씀이 이러하니라" 하고 명하신 말씀을 그대로 전달하고 있는 것입니다. 이 점이 중요하고도 먼저입니다. 모세가 명하신 말씀이 "이러하니다"라고 그대로 전해주었기 때문에 그대로 지을 수가 있었던 것입니다. 만일 여호와께서 명하신 대로하지 않고, 예를 들면 번제단과 물두멍의 위치를 바꾼다던가 하면 다른 복음이 되고 마는 것입니다. 명하신 대로하기만 한다면 어떤 결과에 이르게 될까요? 그 광경을 40장에서 보게 될 것입니다. 그러므로 35장의 주제가 "여호와께서 명하신 말씀이 이러하니라"가 될 수가 있습니다. 이를 세 단원으로 나누어 상고하겠습니다.

> 첫째 단원(1-3) **특별한 안식일**
> 둘째 단원(4-9) **마음에 원하는 자는 드릴지니라**
> 셋째 단원(10-35) **여호와의 명하신 것을 만들지니라**

첫째 단원(1-3) **특별한 안식일**

"엿새 동안은 일하고 제 칠 일은 너희에게 성일이니 여호와께 특별한 안식일이라 무릇 이 날에 일하는 자를 죽일지니"(2).

모세가 백성들에게 전한 첫 말씀이 안식일을 지키라는 명입니다. 이 말씀을 대하면서 이상하다는 생각이 들게 됩니다. 왜냐하면 모세는 지금 성막 짓는 "일"을 말하려는 것입니다. 그런데 "일하는 자는 죽일지니" 하고 안식하라는 말부터 하고 있기 때문입니다. 만일 34:21의 전달이라면 안식일뿐만이 아니라 3대 절기를 지키라는 말씀도 같이 전했어야 할 것입니다. 그런데 그에 대한 언급은 없습니다.

① 안식일 준수는 윤리(사람과의 관계)가 아니라 경건에 속한 하나님과의 관계인 것입니다. 그러므로 "하나님의 일"보다는 "하나님과의 관계"가 더 중요함을 나타내주고 있습니다. 성막을 세우는 일은 중요한 "역사"(役事)임에는 틀림이 없습니다. 그러나 안식일을 지킴으로 하나님과의 교제를 지속해나간다는 것은 최우선의 과제인 것입니다(참고 왕상 6:12). 그러므로 안식일을 범한다는 것은 "안식일의 주인"(막 2:28)이신 그리스도를 배척하는 것이 되어 그 마지막은 사망인 것입니다.

② 이것은 율법이 아니라 복음 적이라고 말할 수가 있습니다. 왜냐하면 율법은 엿새 동안 일하고 "제 칠일에는 쉴지니"(34:21)하는데, 모세는 성막 공사보다도 먼저 안식하라는 말부터 하고 있기 때문입니다. 안식일은 일곱째 날이지만 주일은 첫째 날인 것입니다.

③ 이점은 이제부터 세우게 될 성막 과도 부합이 됩니다. 성막을 통하여 계시하시려는 것은 율법이 아니라 우리에게 안식을 주시려는 복음이었던 것입니다.

둘째 단원(4-9, 20-29) **마음에 원하는 자는 드릴지니라**

"모세가 이스라엘 자손의 온 회중에게 고하여 가로되 여호와의 명하신 일이 이러하니라 이르시기를 너희의 소유 중에서 너희는 여호와께 드릴 것을 취하되 무릇 마음에 원하는 자는 그것을 가져다가 여호와께 드릴지니"(4-5).

모세는 "여호와께서 명하신 말씀이 이러하니라"(1) 하고 먼저 "안식일을 지키라" 명한 후에, "여호와께서 명하신 일이 이러하니라"(4) 하고 성막 제조에 필요한 물품을 "가져다가, 드릴지니" 합니다. 4-9까지는 성막 제조에 필요한 목록들(5하-9)이고, 20-29은 모세의 명을 듣고 물러가 "무릇 마음이 감동된 자와 무릇 자원하는 자가 와서 성막을 짓기 위하여 그 속에서 쓸 모든 것을 위하여, 거룩한 옷을 위하여 예물을 가져 여호와께 드렸으니"(20-21) 하는 내용입니다.

"가져다가, 드릴지니"와 결부된 핵심적인 말씀은 "무릇 마음에 원하는 자"(5)라는 말씀입니다. "곧 마음에 원하는 남녀가 와서 가슴 핀과 귀고리와 가락지와 목걸이와 여러 가지 금품을 가져왔으되 사람마다 여호와께 금 예물을 드렸으며"(22), "마음에 원하는 이스라엘 자손의 남녀마다 여호와께서 모세의 손을 빙자하여 명하신 모든 것을 만들기 위하여 물품을 가져다가 여호와께 즐거이 드림이 이러하였더라"(29) 합니다. 신약성경에서도 "각각 그 마음에 정한대로 할 것이요 인색함으로나 억지로 하지 말지니 하나님은 즐겨 내는 자를 사랑하시느니라"(고후 7)고 말씀하고 있습니다.

"가져다가 드리는" 문맥에 "마음에 감동을 받아 슬기로운 모든 여인은 염소털로 실을 낳았으며"(26) 하는 말씀이 끼어있음을 주목하게 됩니다. 이 말씀이 여기에 끼어있는 것은 가져다가 드릴 예물이 없는 어떤 여인이 몸을 드려 봉사하는 이 헌신을 기쁨으로 열납하셨기 때문일 것입니다.

셋째 단원(10-19, 30-35) 여호와의 명하신 것을 만들지니라

"무릇 너희 중 마음이 지혜로운 자는 와서 여호와의 명하신 것을 다 만들지니"(10).

10-19은 만들어야할 목록들입니다. 그리고 30-35은 "볼지어다 여호와께서 유다 지파 훌의 손자요 우리의 아들인 브사렐을 지명하여 부르시고(30), 또 그와 단 지파 아하사막의 아들 오홀리압을 감동시키사 가르치게 하시며"(34) 하고 성막 제조의 총 책임자로 브사렐을, 그의 동역자로 오홀리압을 하나님께서 지명하셨음을 발표하는 내용입니다. 이점에서 주목해야할 점은 모세가 브사렐이나 오홀리압을 칭찬하거나 높이고 있지 않다는 점입니다. "하나님의 신을 그에게 충만케 하여" 하고 어디까지나 하나님을 높이고 하나님께 모든 영광을 돌리고 있습니다. 이는 작은 일 같고 쉬운 일로 여겨질 수도 있습니다만 아닙니다. 목회현장에서 자주 직면하게 되고 유혹을 받게 되는 아주 큰 일인 것입니다. 성도들을 치켜세울 때 목회하기가 편하기 때문입니다. 그러나 성경은 경계하십니다. "이는 아무 육체라도 하나님 앞에서 자랑하지 못하게 하려 하심이라"(고전 1:29), "그런즉 자랑할 데가 어디뇨 있을 수가 없느니라"(롬 3:27), "행위에서 난 것이 아니니 이는 누구든지 자랑치 못하게 함이니라"(엡 2:9). 바울 사도가 "자랑"이라는 문제를 어째서 이처럼 중요하게 다루고 있는지 아시겠습니까?

인류의 시조는 "하나님 같이 되리라"는 말에 유혹이 되었습니다. 그리하여 타락한 인간의 첫째 특성은 자기중심적이 된 것입니다. 하나님 중심에서 인간 중심으로의 전환, 이것이 타락입니다. 그리하여 인간은 칭찬 받고, 높임 받고, 드러내고, 자랑하기를 좋아하게 되었습니다. 자랑은 교만을 가져옵니다. 자랑이 교회 내에 침투하면 분열이 생깁니다. 가정에 침투하면 불화 하게 만듭니다. 하나님 앞에서 자랑은 치명적인 병입니다. 브사렐과 오홀리압이 많은 수고를 하고 성막을 공교히 만들었다 하여도 자신을 자랑하려한다면 이를 받으시겠습니까?

"브사렐을 지명하여 부르시고"(30), "또 그와 단 지파 아히사막의 아들 오홀리압을 감동시키사 가르치게"(34) 하신 이는 하나님이셨습니다.

하나님의 일은 하나님이 하십니다. 모세는 "여호와의 명하신 일이 이러하니라"(4)하고 말을 시작하여 "여호와의 무릇 명하신 대로 할 것이니라"(36:1)하고 말씀을 끝맺고 있습니다.

이것입니다. 칸트는 말하기를, 누구누구는 말하기를이 아닙니다. "여호와의 명하신 일이 이러하니라"를 가감없이 전해주어야만 하는 것입니다. 또한 "내 생각에는, 나는 생각합니다"가 아니라 "여호와의 무릇 명하신 대로 할 것이니라"가 최종적인 권위입니다.

36장

임마누엘의 수종자들

36장에서 드디어 성소 공사가 시작이 됩니다. 마음이 감동된 자와 무릇 자원하는 자들이 드린 헌물로 말미암아 "있는 재료가 모든 일을 하기에 넉넉하여 남음이 있었더라"(7) 합니다. 그리하여 성막 공사에 착수한 것입니다. 성막을 세우는 내용이 36장부터 시작하여 40장에 가서 완성이 되는데 이 장들(36-40장)을 살펴보기에 앞서서 다시 한번 강조해야만 하겠습니다.

① 성소는 "내가 그들 중에 거할 성소를 지으라" 하신 하나님의 명에 의하여 세우게 된 것입니다.

② 그러나 "우주와 그 가운데 있는 만유를 지으신 신께서는 천지의

주재시니 손으로 지은 전에 계시지 아니하신다"(행17:24)고 말씀합니다.

③ 이는 임마누엘의 모형이었던 것입니다. 그러므로 마음이 감동이 되어 예물을 드리고, 성막 건축에 봉사하고 있는 저들은 다름이 아니라 장차 육신의 장막을 입고 이 땅에 오실 임마누엘의 수종자들이라는 것입니다.

④ 여기서 멈추는 것이 아니라 이는 "너희가 하나님의 성전인 것과 하나님의 성령이 너희 안에 거하시는 것을 알지 못하느뇨"(고전3:16)하신 하나님의 성전인 교회를 세우는 일로 적용이 되는 것입니다. 그러므로 이 대목(36-40장)을 비상한 관심을 가지고 상고해야만 하는 것입니다.

⑤ 나아가 성소를 세우는 일, 교회를 세우는 일 등이 곧 하나님 나라 건설임을 놓쳐서는 아니 됩니다. 그러므로 구약의 성도들이나 신약의 성도들은 모두가 하나님의 나라건설의 역군(役軍)들이라는 사실입니다. 그리하여 본 장의 제목을 "임마누엘의 수종자들"이라고 붙이게 되었습니다. 이를 세 단원으로 나누어 상고하겠습니다.

첫째 단원(1-19) **앙장과 덮개를 만듦**

둘째 단원(20-34) **성막에 세울 널판들과 띠를 만듦**

셋째 단원 (35-38) **휘장을 만듦**

첫째 단원(1-19) **앙장과 덮개를 만듦**

"일하는 사람 중에 마음이 지혜로운 모든 사람이 열 폭 앙장으로 성막을 지었으니 곧 가늘게 꼰 베실과 청색 자색 홍색 실로 그룹들을 무늬 놓아 짜서 지은 것이라"(8).

1-7은 앞 장(35:30-35)에 연결된 말씀으로 브사렐과 오홀리압 및 마음이 지혜로운 사람들에게 "여호와의 명하신 대로 할 것이니라"(1)고 명하는 내용과, 백성들이 드린 헌물이 "너무 많이 가져와, 넉넉하여 남음이 있었다"는 내용입니다.

드디어 전무후무한 역사가 시작이 된 것입니다. 성막을 제조하는 이 대목을 관찰하는 포인트는 하나님께서 "만들지니라" 명하신 대로 "만드니라" 하고 그대로 짓고 있음을 주목하는 일입니다. 그러므로 하나님의 명과 그대로 만들었다는 내용이 문자 적으로 꼭 같을 정도입니다. 그러나 이는 무의미한 반복이 아니라 후대인 우리에게 "너희도 명한 대로 해야한다"는 경고성 메시지가 들어있다고 여겨집니다.

그러므로 우리들도 ① 임마누엘의 수종자들이 명하신 대로하고 있는 것과, ② 그 식양의 영적 의미가 무엇인가? 하는 두 가지에 초점을 맞추어 요점만 말씀드리기로 하겠습니다. 자세한 점은 하나님께서 모세에게 명하시는 대목을 참고하기 바랍니다.

성소 공사는 성막(천막)을 만드는 것으로부터 시작이 됩니다. 제일 먼저 "앙장으로 성막을 지었으니" 합니다. 성막의 덮개는 네 겹으로 되어있었는데 제일 먼저 "지었다"고 언급하고 있는 것이 맨 아래 덮는 앙장입니다.

< 앙 장 >

☞ 명하시기를 : 너는 성막을 만들되 앙장 열 폭을 가늘게 꼰 베실과 청색 자색 홍색 실로 그룹을 공교히 수놓아 만들지니(26:1),

※ 명한 대로 : 일하는 사람 중에 마음이 지혜로운 모든 사람이 열 폭 앙장으로 성막을 지었으니 곧 가늘게 꼰 베실과 청색 자색 홍색실로

그룹들을 무늬 놓아 짜서 지은 것이라(8).

☞ 명하시기를 : 그 성막을 덮는 막(둘째 덮개) 곧 앙장을 염소털로 만들되 열 한폭을 만들지며(26:7),

※ 명한 대로 : 그 성막을 덮는 막 곧 앙장을 염소털로 만들되 십 일폭을 만들었으니(14).

◉ 영적 의미 : 첫째와 둘째 덮개를 앙장이라고 말씀하고 있는데 이는 그리스도의 내면에 있는 신성과 아름다움을 나타냅니다.

< 덮 개 >

☞ 명하시기를 : 붉은 물들인 수양의 가죽으로 막의 덮개를 만들고 해달의 가죽으로 그 웃 덮개를 만들지니라(26:14),

※ 명한 대로 : 붉은 물들인 수양의 가죽으로 막의 덮개를 만들고 해달의 가죽으로 그 웃 덮개를 만들었더라(19).

◉ 영적 의미 : 수양의 가죽으로 만든 셋째 막과, 해달의 가죽으로 만든 넷째 막은 "앙장"이라 하지 않고 "덮개"라고 말씀합니다. 이는 모두 "고운 모양도 없고 풍채도 없은즉"(사 53:2) 이라고 묘사한 그리스도의 외모를 나타냅니다.

◆ 적용 : 그리스도의 신부를 상징하는 술람미 여인은 "내가 비록 검으나(해달의 가죽) 아름다우니 게달의 장막 같을지라도 솔로몬의 휘장과도 같구나"(아 1:5) 하고 내면의 아름다움을 말하고 있습니다. 사도 바울도 "겉 사람은 후패하나 우리의 속은 날로 새롭도다"(고후 4:16)고 말씀합니다. 그러므로 이점에서 중요한 것은 덮개와 앙장의 순서입니다. 만일 이것이 뒤바뀌게 되면 외식(外飾)하는 자가 되고 맙니다. 바

리새인들이 그러했던 것입니다. "오직 마음의 숨은 사람을 온유하고 안정한 심령의 썩지 아니할"(벧전 3:4) 것으로 단장해야만 하겠습니다.

둘째 단원(20-34) 성막에 세울 널판들과 띠를 만듬

< 성막에 세울 널판 >

☞ 명하시기를 : 너는 조각목으로 성막을 위하여 널판을 만들어 세우되(26:15),

※ 명한 대로 : 그가 또 조각목으로 성막에 세울 널판들을 만들었으니(20).

◉ 영적 의미 : 성막에 세울 널판이란 골격이라 할 수가 있습니다. 이는 주님의 인성을 나타냅니다.

< 띠 >

☞ 명하시기를 : 너는 조각목으로 띠를 만들지니 성막 이편 널판을 위하여 다섯이요(26:26),

※ 명한 대로 : 그가 또 조각목으로 띠를 만들었으니 곧 성막 이편 널판을 위하여 다섯이요.

◉ 영적 의미 : 성경은 "겸손으로 허리를 동이라"(벧전5:5) 하십니다. 띠는 주님의 겸손과 제자들의 발을 씻기시기까지 하신 섬김을 나타냅니다. 그러므로 "이 모든 것 위에 사랑을 더하라 이는 온전하게 매는 띠니라"(골 3:14)고 말씀했던 것입니다.

셋째 단원(35-38) 휘장을 만듦

< 장(帳) >

☞ 명하시기를 : 너는 청색 자색 홍색실과 가늘게 꼰 베실로 짜서 장을 만들고 그 위에 그룹들을 공교히 수놓아서(26:31),

※ 명한 대로 : 그가 또 청색 자색 홍색실과 가늘게 꼰 베실로 장을 짜고 그 위에 그룹들을 공교히 수놓고(35).

☞ 명하시기를 : 청색 자색 홍색실과 가늘게 꼰 베실로 수놓아 짜서 성막 문을 위하여 장을 만들고(26:36),

※ 명한 대로 : 청색 자색 홍색실과 가늘게 꼰 베실로 수놓아 장막 문을 위하여 장을 만들고(37).

● 영적 의미 : 성막의 장(帳)은 ① 성소와 지성소를 막는 장(35)과, ② 성막 문에 칠 장(37)과 성막 뜰의 문장 등 모두 세 개였습니다. 이처럼 성막이나, 성전은 "막혔고 나누어져"있었습니다. 이는 죄가 분리를 가져왔음을 나타냅니다.

● 적용 : "그는 우리의 화평이신지라 둘로 하나를 만드사 중간에 막힌 담을 허시고"(엡 2:14) 합니다. 그러므로 주님은 기도하셨습니다. "내게 주신 영광을 내가 저희에게 주었사오니 이는 우리가 하나가 된 것같이 저희도 하나가 되게 하려 함이니이다"(요 17:22). 그럼에도 불구하고 우리는 여러 개의 휘장으로 나누어져 있지는 아니합니까?

● 영적 논리 : 여기 주목해 보아야할 점이 있습니다. 그것은 순서와 관련이 있습니다. 하나님께서 모세에게 성막 식양에 관하여 명하실 때

는 "궤를 짓되"(25:10) 하고 제일 먼저 법궤를 말씀하셨습니다. 이는 성막에 있어서 하나님의 임재를 뜻하는 법궤가 핵심이 되기 때문일 것입니다. 그런데 "명하신 대로" 성막을 짓는 대목에서는 본 장에서 살펴본 바 대로 제일 먼저 "앙장과 덮개, 성막에 세울 널판, 널판을 연결할 띠, 휘장" 등 구조물을 "지었다"고 말씀하고 있기 때문입니다. 그 의도가 무엇일까 하는 물음을 갖게 합니다.

그것도 브사렐과 오홀리압이 만든 것이 아니라 "일하는 사람 중에 마음이 지혜로운 모든 사람"(8)이 만들었다고 말씀하고 있습니다. "일하는 사람들"이란 누구들일까? "마음이 슬기로운 모든 여인은 손수 실을 낳고 그 낳은 청색 자색 홍색실과 가는 베실을 가져왔으며 마음에 감동을 받아 슬기로운 모든 여인은 염소털로 실을 낳았으며"(35:25-26) 한 "여인들"이었을 것입니다. 그리고 여인들의 봉사로 만들어지고 있는 "앙장과 덮개"가 그리스도께서 육신의 장막을 입고 오실 것에 대한 모형이라면 주님의 공생애 중에 갸륵한 헌신으로 주님을 수종들었던 여인들을 연상하게 됨은 지나친 비약은 아닐 것입니다

말하자면 자기들의 소유로 주님을 섬긴 "어떤 여자들 곧 일곱 귀신이 나간 자 막달라 인이라 하는 마리아와 또 헤롯의 청지기 구사의 아내 요안나와 또 수산나와 다른 여러 여자들"(눅 9:2-3)이나, "예수의 뒤로 그 발 곁에 서서 울며 눈물로 그 발을 적시고 자기 머리털로 씻고 그 발에 입맞추고 향유를 부은"(눅 7:38) 이름 모를 여인이나, "매우 값진 향유 곧 순전한 나드 한 옥합을 가지고 와서 그 옥합을 깨뜨리고 예수의 머리에 부은"(막 14:3) 여인이나, 주님의 시체에 바르기 위하여 향품을 가지고 새벽 미명에 무덤으로 달려간 "막달라 마리아와 야고보의 어머니 마리아와 또 살로메"(막 16:1) 등을 상기한다는 것은 자연스러운 일이라 하겠습니다. 나아가 사도 바울이 옥중에서 "또 참으로 나와 멍에를 같이 한 자 네게 구하노니 복음에 나와 함께 힘쓰던 저 부녀들

을 돕고"(빌 4:3) 한 여인들과, 지금도 주님의 몸 된 교회에서 수종들고
있는 무명의 여인들 말입니다.

37장

성소 안의 기구들을 만들게 하심

출 37:1

브사렐이 조각목으로 궤를 만들었으니 장이 이 규빗 반, 광이 일 규빗 반, 고가 일 규빗 반이며.

37장은 36장에서 만든 성소(천막) 안에 드려 놀 기구들 즉 언약궤와, 떡 상과, 등대와, 향단을 만드는 내용입니다. 그리고 성막의 구조물은 무명(無名)의 지혜로운 마음이 있는 사람들의 봉사에 의하여 만들어진 반면, 이 기구들은 브사렐이 만들었다고 명기하고 있습니다. 만들라 하신 대로 만들되 "법대로 하였더라"(29) 합니다. 이 기구들의 형태를 아는 것도 중요하지만 놓쳐서는 아니 될 진리는 그 영적인 의미입니다. 이를 두 단원으로 상고하겠습니다.

첫째 단원(1-9) 증거궤와 속죄소를 만듬
둘째 단원(10-29) 떡 상과 등대와 향단을 만듬

첫째 단원(1-9) 증거궤와 속죄소를 만듦

< 증거궤 >

☞ 명하시기를 : 그들은 조각목으로 궤를 짓되 장이 이 규빗 반, 광이 일 규빗 반, 고가 일 규빗 반이 되게 하고(25:10).

※ 명한 대로 : 브살렐이 조각목으로 궤를 만들었으니 장이 이 규빗 반, 광이 일 규빗 반, 고가 일 규빗 반이며(1).

< 속죄소 >

☞ 명하시기를 : 정금으로 속죄소를 만들되 장이 이 규빗 반, 광이 일 규빗 반이 되게 하고(25:17),

※ 명한 대로 : 정금으로 속죄소를 만들었으니 장이 이 규빗 반, 광이 일 규빗 반이며(6).

● 영적 의미 : 궤 이름이 "증거궤(출 30:6), 언약궤(민 10:33), 법궤(레 16:2), 여호와의 궤(수 4:11)" 등으로 다양하게 불리 우는 것은 그 영적인 의미 때문입니다. 이 궤의 용도는 "내가 네게 줄 증거판을 궤 속에 둘지며"(25:16) 하신, 십계명을 기록한 돌 판를 두는 곳입니다.

또한 속죄소는 별도로 떨어져 있는 것이 아니라 "속죄소를 궤 위에 얹고"(25:21) 한 대로 법궤의 뚜껑과 같은 것입니다. 이 부분이 성소에 있어서 핵심입니다.

① 이 속죄소에는 대제사장이 일년 일차 대속죄일에 피를 가지고 지성소에 들어가서 뿌리는 곳입니다.

② 그러니까 법궤 안에 있는 십계명은 "피 아래" 있게 된 것입니다.

③ 하나님이 우리를 보실 때에 속죄소가 궤 위에 놓여있지가 않다면

십계명(율법)을 통해서 보실 수밖에 없으나 피가 속죄소에 뿌려짐으로
말미암아 피를 통해서 보시게 됨으로 의롭다함을 얻게 되는 것입니다.

④ 하나님께서는 "거기서 내가 너와 만나고"(25:22) 하셨던 것입니
다. 하나님과의 만남이 가능해지는 것은 속죄소에 뿌려진 대속의 피로
말미암아서였습니다.

이것이 복음입니다. 전적인 하나님의 은혜입니다. 이는 하나님께서
고안해 내신 방법이요, 이것은 전적으로 하나님께서 해주신 일입니다.
법 아래 있게 되면 모두가 "죄 아래"(롬 3:9) 있게 되고, "심판 아래"
(롬 3:19) 있게 되는 것입니다. 그러나 이제는 "피 아래, 은혜 아래"(롬
6:15) 있게 됨으로 하나님께 의롭다함을 얻게 되고 하나님과의 만남이
가능해진 것입니다. 하나님은 그리스도를 보내시기 전에 이를 모형을
통해서 보여주시려고 성소를 짓되 내가 네게 보일 식양 대로 지으라 명
하셨던 것입니다. 이제 분명합니까?

둘째 단원(10-29) 떡 상과 등대와 향단을 만듦

< 떡 상 >

☞ 명하시기를 : 너는 조각목으로 상을 만들되 장이 이 규빗, 광이
일 규빗, 고가 일 규빗 반이 되게 하고(25:23),

※ 명한 대로 : 그가 또 조각목으로 상을 만들었으니 장이 이 규빗,
광이 일 규빗, 고가 일 규빗 반이며(10).

< 등 대 >

☞ 명하시기를 : 너는 정금으로 등대를 쳐서 만들되 그 밑판과 줄기

와 잔과 꽃받침과 꽃을 한 덩이로 연하게 하고(25:31),

※ 명한 대로 : 그가 또 정금으로 등대를 만들되 그것을 쳐서 만들었으니 그 밑판과 줄기와 잔과 꽃받침과 꽃이 그것과 한 덩이로 되었고(17),

< 분향할 단 >

☞ 명하시기를 : 너는 분향할 단을 만들지니 곧 조각목으로 만들되 장이 일 규빗, 광이 일 규빗으로 네모 반듯하게 하고 고는 이 규빗으로 하며 그 뿔을 그것과 연하게 하고(30:1-2)

※ 명한 대로 : 그가 또 조각목으로 분향할 단을 만들었으니 장이 일 규빗이요 광이 일 규빗이라 네모 반듯하고 고는 이 규빗이며 그 뿔들이 단과 연하였으며(25).

◉ 영적 의미 : 떡 상에는 12개의 떡덩이를 드리라 명하십니다. 이 떡은 하나님 잡수시라고 드리는 것이 아닙니다. 이는 "나는 하늘로서 내려온 산 떡이니 사람이 이 떡을 먹으면 영생하리라"(요 6:51) 하신 주님을 상징합니다. 이 떡을 하나님께 나아오는 자들에게 주신다는 것입니다.

등대는 "참 빛 곧 세상에 와서 각 사람에게 비취는 빛이 있었나니"(요 1:9) 한 그리스도를 상징합니다. 나아가 그리스도의 구속으로 말미암아 "너희는 세상의 빛이라"(마 5:14) 하신 우리들의 사명으로 적용이 됩니다.

향단은 중보자 되시는 그리스도의 기도를 나타냅니다. 나아가 예수 그리스도의 이름으로 드리는 우리의 기도로 적용이 됩니다.

38장

성소 뜰에 기구들을 만들게 하심

조사를 받은 회중의 드린 은은 성소의 세겔대로 일백 달란트와 일천 칠백 칠십 오 세겔이니.

38장은 성소 뜰에 놓을 기구들을 만든 내용입니다. 번제단과 물두멍과 뜰의 포장과 문장 등입니다. 이로써 성소 기구 제작은 완료되는 것입니다. 명하신 대로 제작한 점을 살펴보고 그에 대한 영적 의미를 생각해 보겠습니다.

첫째 단원(1-20) **번제단과 물두멍과 뜰을 만듦**
둘째 단원(21-31) **속전으로 만든 받침들**

첫째 단원(1-20) 번제단과 물두멍과 뜰을 만듦

< 번제단 >

☞ 명하시기를 : 너는 조각목으로 장이 오 규빗, 광이 오 규빗의 단을 만들되 네모 반듯하게 하며 고는 삼 규빗으로 하고 그 네 모퉁이 위에 뿔을 만들되 그 뿔이 그것에 연하게 하고 그 단을 놋으로 쌀지며 (27:1-2),

※ 명한 대로 : 그가 또 조각목으로 번제단을 만들었으니 장이 오 규 빗이요 광이 오 규빗이라 네모 반듯하고 고는 삼 규빗이며 그 네 모퉁 이 위에 그 뿔을 만들되 그 뿔을 단과 연하게 하고 단을 놋으로 쌌으며 (1-2).

< 물두멍 >

☞ 명하시기를 : 너는 물두멍을 놋으로 만들고 그 받침도 놋으로 만 들어 씻게 하되 그것을 회막과 단 사이에 두고 그 속에 물을 담으라 (30:18),

※ 명한 대로 : 그가 놋으로 물두멍을 만들고 그 받침도 놋으로 하였 으니 곧 회막문에서 수종드는 여인들의 거울로 만들었더라(8).

◉ 영적 의미
① 번제단은 충분히 말씀드린 대로 그리스도께서 희생이 되실 십자 가의 모형입니다.
② 물두멍의 물은 "우리가 마음에 뿌림을 받아 양심의 악을 깨닫고 몸을 맑은 물로 씻었으니"(히 10:22) 하신 그리스도의 보배로운 피를 상징합니다.

③ 물두멍을 "거울"(8)로 만들었다는 것은 의미가 있습니다. 당시의 거울은 동으로 만들었는데 거울에 비친 자신의 모습을 볼 수 있는 자만이 씻을 것이기 때문입니다.

④ "여인들이 거울"을 드렸다는 것은 "너희 단장은 머리를 꾸미고 금을 차고 아름다운 옷으로 입는 외모로 하지말고 오직 마음에 숨은 사람을 온유하고 안정한 심령의 썩지 아니할 것으로 하라 이는 하나님 앞에 값진 것이라"(벧전 3:3-4)를 사모했다는 증거이기도 합니다.

< 성막의 뜰 >

☞ 명하시기를 : 너는 성막의 뜰을 만들지니 남을 향하여 뜰 남편에 광이 백 규빗의 세마포장을 쳐서 그 한 편을 당하게 할지니 그 기둥이 스물이며 그 받침 스물은 놋으로 하고 그 기둥의 갈고리와 가름대는 은으로 할지며(27:9-10),

※ 명한 대로 : 그가 또 뜰을 만들었으니 남으로 뜰의 남편에는 세마포 포장이 백 규빗이라 그 기둥이 스물이며 그 받침이 스물이니 놋이요 기둥의 갈고리와 가름대는 은이며(38:9-10).

< 뜰의 문 >

☞ 명하시기를 : 뜰 문을 위하여는 청색 자색 홍색실과 가늘게 꼰 베실로 수놓아 짠 이십 규빗의 장이 있게 할지니 그 기둥이 넷이요 받침이 넷이며(27:16),

※ 명한 대로 : 뜰의 문장을 청색 자색 홍색실과 가늘게 꼰 베실로 수놓아 짰으니 장은 이십 규빗이요 광 곧 고는 뜰의 포장과 같이 오 규빗이며(18).

● 영적 의미

① 문은 "내가 문이니 누구든지 나로 말미암아 들어가면 구원을 얻고 또 들어가며 나오며 꼴을 얻으리라"(요 10:9) 하신 말씀을 나타냅니다.

② 성소의 뜰에서 일어나는 일은 상반(相反)되는 두 면이 있습니다. 첫째는 "죽임" 당하는 일이 일어나는 장소입니다. 둘째는 "먹고 즐거워"(레 6:16, 신 14:26) 하는 장소입니다. 이러한 화목은 번제단에서 대신 죽임을 당하는 희생제물로 말미암아 가능해지는 것입니다.

③ 뜰에 놓일 기구들의 위치를 유념해야만 합니다. 문을 통해서 들어갑니다. 번제단의 대속을 힘입고, 물두멍에서 씻음 받은 후에, 성소에 들어가는 순서입니다. 이 순서를 지켜야만 하는 것입니다. 왜냐하면 아하스 왕 때 "다른 단을 만들고, 물두멍 받침의 옆판을 떼어내고 물두멍을 그 자리에서 옮기고"(왕하 16:10-17) 한 것처럼 이 식양을 변개(變改)하고 위치를 옮기려는 자들이 있기 때문입니다. 이것을 가리켜 "다른 복음"(갈 1:7)이라고 말씀합니다. "성령으로 말미암아 네게 부탁한 아름다운 것을 지키라"(딤후 1:14) 하십니다.

둘째 단원(21-31) 속전으로 만든 받침들

"조사를 받은 자가 이십 세 이상으로 육십만 삼천 오백 오십 명인즉 성소의 세겔대로 매인에게 은 한 베가 곧 반 세겔씩이라"(26).

본 단원은 성막의 기구들을 만드는데 사용된 "재료의 목록"(21)입니다. 이점에서 두 가지를 깨닫게 되는데 ① 관리를 정확하게 했다는 점입니다. 백성들이 드린 그토록 많은 물품들을 취급함에 있어서 빈틈이 없도록 관리했음이 "재료의 목록은 제사장 아론의 아들 이다말이 모세의 명대로 계산하였으며"(21)에서 엿볼 수가 있습니다.

② "성소의 판장 받침, 기둥 받침과 갈고리" 등은 계수함을 받은 자들이 드린 "생명의 속전"(26-27, 30:12-16)으로 만들었다고 말씀하고 있는 점입니다. "생명의 속전"이란 "그가 모든 사람을 위하여 자기를 속전으로 주셨으니"(딤전 2:6) 한 대로 주님께서 우리의 죄 값을 대신 지불하실 것에 대한 예표입니다. 그러므로 부자라고 더 내지 말고 가난한 자라고 덜 내지 말라 하셨던 것입니다. 그들이 대속함을 받은 근거(십자가의 공로)는 더 하고 덜 함이 없이 동일한 값이 지불되고 구속함을 얻었음을 나타내고 있는 것입니다.

모든(판장과 기둥) 받침은 이 속전으로 만들었다는 것입니다. 계수함을 받은 하나님의 백성들은 빈부귀천을 막론하고 대속의 받침 곧 기초 위에 서 있어야 하는 것입니다. 또한 기둥을 세우는 갈고리와 가름대(28)도 속전으로 만들었습니다. 한마디로 이렇게 말씀합니다. "이 집은 살아 계신 하나님의 교회요 진리의 기둥과 터니라"(딤전 3:15).

39장

명하신 대로 되었으므로

성소를 건축하고 기구를 만드는 일들은 38장까지에서 완료가 된 것입니다. 39장에서는 제사장의 옷을 만드는 것과, "이스라엘 자손이 이와 같이 성막 곧 회막의 모든 역사를 준공하되 여호와께서 모세에게 명하신 대로 다 행하고 그들이 성막을 모세에게로 가져오매"(32-33), "모세가 그 필한 모든 것을 본즉 여호와께서 명하신 대로 되었으므로 그들에게 축복하였더라"(43)는 내용입니다. 모든 역사를 필했다는 것만이 중요한 것이 아닙니다. 문제는 모든 것이 여호와의 명하신 대로 되었다는 것이 중요한 것입니다. 그러므로 본 장의 주제가 "명하신 대로 되었으므로"가 될 수가 있습니다. 이를 두 단원으로 나누어 상고하겠습니다.

첫째 단원(1-31) **거룩한 옷을 만듦**
둘째 단원(32-43) **그들에게 축복하였더라**

첫째 단원(1-31) **거룩한 옷을 만듦**

"그들이 여호와께서 모세에게 명하신 대로 청색 자색 홍색실로 성소에서 섬기기 위한 정교한 옷을 만들고 또 아론을 위한 거룩한 옷을 만들었더라"(1).

< 에 봇 >

☞ 명하시기를 : 그들이 금실과 청색 자색 홍색실과 가늘게 꼰 베실로 공교히 짜서 에봇을 짓되(28:6),

※ 명한 대로 : 그가 또 금실과 청색 자색 홍색실과 가늘게 꼰 베실로 에봇을 만들었으되(2).

< 견 대 >

☞ 명하시기를 : 그것에 견대 둘을 달아 그 두 끝을 연하게 하고 에봇 위에 매는 띠는 에봇 짜는 법으로 금실과 청색 자색 홍색실과 가늘게 꼰 베실로 에봇에 공교히 붙여 짤지며(28:7-8),

※ 명한 대로 : 에봇을 위하여 견대를 만들어 그 두 끝에 달아 서로 연하게 하고 에봇 위에 에봇을 매는 띠를 에봇과 같은 모양으로 금실과 청색 자색 홍색실과 가늘게 꼰 베실로 에봇에 붙여 짰으니 여호와께서 모세에게 명하신대로 하였더라(4-5).

< 흉 패 >

☞ 명하시기를 : 너는 판결 흉패를 에봇 짜는 법으로 금실과 청색 자색 홍색실과 가늘게 꼰 베실로 공교히 짜서 만들되(28:15),

※ 명한 대로 : 그가 또 흉패를 공교히 짜되 에봇과 같은 모양으로 금실과 청색 자색 홍색실과 가늘게 꼰 베실로 하였으니(8).

< 패(牌) >

☞ 명하시기를 : 너는 또 정금으로 패를 만들어 인을 새기는 법으로

그 위에 새기되 「여호와께 성결」이라 하고(28:36),

　※ 명한 대로 : 그들이 또 정금으로 거룩한 패를 만들고 인을 새김 같이 그 위에 「여호와께 성결」이라 새기고(30).

　◉ 영적 의미

　① "영화롭고 아름다운 거룩한"(28:2) 옷을 입고 견대와 흉패와 머리에 쓴 관에 여호와께 성결이라는 패를 붙이고 하나님께 나아가는 대제사장을 연상해 보십시오.

　② 이는 "그리스도께서 장래 좋은 일의 대제사장으로 오사"(히 9:11) 하고 설명해주고 있는 대로 예수 그리스도의 예표입니다.

　③ 주님께서는 영적 이스라엘을 어깨에 메고 가슴에 품고 십자가에 달리셨던 것입니다.

　④ 성경은 말씀합니다. "한 사람이 모든 사람을 대신하여 죽었은즉 모든 사람이 죽은 것이라 저가 모든 사람을 대신하여 죽으심은 산 자들로 하여금 다시는 저희 자신을 위하여 살지 않고 저희를 대신하여 죽었다가 다시 사신 자를 위하여 살게 하려 하심이니라"(고후 5:14-15).

둘째 단원(32-43) 그들에게 축복하였더라

"모세가 그 필한 모든 것을 본즉 여호와께서 명하신 대로 되었으므로 그들에게 축복하였더라"(43).

모든 역사를 준공함

"이스라엘 자손이 이와 같이 성막 곧 회막의 모든 역사를 준공하되 여호와께서 모세에게 명하신 대로 다 행하고"(32) 합니다.

① "여호와께서 모세에게 명하신 대로 다 행했다"고 말씀합니다(32).

② 명하신 대로 만든 성막을 모세에게 가져왔습니다(33).

③ 모세는 만든 모든 것을 점검해보았습니다(43상).

④ "여호와께서 명하신 대로 되었으므로 그들에게 축복했다"(43하)고 말씀합니다.

본 단원에는 "명하신 대로"라는 말이 열 번(1, 5, 7, 21, 26, 29, 31, 32, 42, 43)이나 나옵니다. 우리는 36장으로부터 39장에 이르도록 성막과 기구들을 "명하시기를, 명하신 대로" 만들고 있음을 관찰해 왔습니다. 명하신 대로 행했다는 점이 얼마나 강조되고 있음을 주목해 보았습니다.

참 것의 그림자도 이처럼 명하신 대로 행해야만 했다면 참 것은 더욱 더 명하신 대로 행해야 한다는 엄숙한 명령인 것입니다. 모세는 명하신 대로 되었으므로 그들에게 축복하였다고 말씀합니다. 만일 명하신 대로 되지 않았다면 어찌하였겠습니까?

주님의 몸 된 교회를 세우는 신약의 성도들에게도 하나님의 명이 주어졌습니다. 그것이 성경입니다. "내가 지혜로운 건축자와 같이 터를 닦아 두매 다른 이가 그 위에 세우나 그러나 각각 어떻게 그 위에 세우기를 조심할지니라"(고전 3:10)하고 말씀합니다. 저는 교회 설립을 서두르고 있는 후배 목사님들께 이 대목을 설명해주면서 이렇게 권면한 적이 있습니다. 모세가 시내산에 올라가서 40주 40야를 하나님과 함께 있으면서 성막의 식양을 받음같이 내가 섬기고자 하는 교회의 식양과 모습은 어떠해야만 하는가를 하나님의 말씀(성경)과 기도로 충분히 준비한 후에 착수하라고. 형제여, 우리는 하나님께서 명하신 성경대로 교회를 세우고 있습니까? 성경은 말씀합니다. "경기하는 자가 법대로 경기하지 아니하면 면류관을 얻지 못할 것이며, 그 때에 내가 저희에게 밝히

말하되 내가 너희를 도무지 알지 못하니 불법을 행하는 자들아 내게서
떠나가라 하리라"(딤후 2:5, 마 7:23).

*40*장

성소에 충만한 여호와의 영광

이제 출애굽기 마지막 장에 이르게 되었습니다. 드디어 성막이 하나님의 명하신 대로 완성이 되는 내용입니다. 모세가 두 번째 돌 판을 가지고 시내산에서 내려와 백성들을 모으고 "여호와께서 너희에게 명하사 행하게 하신 말씀이 이러하니라"(35:1) 하고 하나님께 받은 말씀을 전해준 이후로 하나님께서 친히 나타나시는 바가 한 번도 없었습니다. 오직 "말씀"만이 주어졌을 뿐입니다. 그들은 말씀대로 믿고 준행했습니다. 성막이 완성이 되자 "여호와께서 모세에게 일러 가라사대"(1) 하고 하나님이 등장하시는 것입니다. 이는 39장에서는 모세가 "필한 모든 것을"(39:43) 점검했고, 40장에서는 하나님이 점검해 보시고 명한 대로 되었음을 결재하신 셈입니다. 그리하여 "너는 정월 초 일일에 성막 곧 회막을 세우라"(2)고 명하십니다.

39장에서 모세는 "축복"하였고, 40장에서 하나님은 복을 주시는 것입니다. 이것이 "여호와의 영광이 성막에 충만하매"(34)로 나타났던 것입니다. 이는 모세가 "이스라엘이여 너는 행복자로다 여호와의 구원을 너

같이 얻은 백성이 누구뇨"(신 33:29) 한 대로 최고 최대의 복이었던 것
입니다. 명하신 대로 행하지 않았어도 "성소에 충만한 여호와의 영광"
이었겠습니까? 이를 두 단원으로 나누어 상고하겠습니다.

첫째 단원(1-33) **성막을 세우라**
둘째 단원(34-38) **모세가 들어갈 수 없었더라**

첫째 단원(1-33) **성막을 세우라**

첫째 단원은 성막을 세우는 내용입니다. 앙장과 덮개와 판자와 기구
들을 만들 때에 여호와께서 모세에게 명하신 대로 만들었음을 관찰하였
습니다. 이제 성막을 세우는데 있어서도 여호와께서 모세에게 명하신
대로 행해야함을 성경은 보여주고 있습니다. 특히 성막 기구들을 제 위
치에 놓아야만 하는 것입니다. 그래야만 성막이라는 모형을 통해서 계
시하려는 그리스도의 복음이 바르게 드러나게 되기 때문입니다. 1-16절
까지는 여호와께서 모세에게 명하시는 내용이고, 17-33까지는 명하신
대로 세우는 내용입니다. 얼마나 철저하게 복종하고 있는가를 살펴보겠
습니다.

☞ 명하시기를 : 여호와께서 모세에게 일러 가라사대 너는 정월 초
일일에 성막 곧 회막을 세우고(1-2),
※ 명한 대로 : 제 이년 정월 곧 그 달 초 일일에 성막을 세우니라(17).

☞ 명하시기를
① 또 증거궤를 들여놓고 또 장으로 그 궤를 가리우고(3),

② 또 상을 들여놓고 그 위에 물품을 진설하고(4상),

③ 등대를 들여놓고 불을 켜고(4하),

④ 또 금 향단을 증거궤 앞에 두고(5상),

⑤ 성막 문에 장을 달고(5하),

⑥ 또 번제단을 회막의 성막 문 앞에 놓고(6),

⑦ 또 물두멍을 회막과 단 사이에 놓고 그 속에 물을 담고(7),

⑧ 또 뜰 주위에 포장을 치고 뜰 문에 장을 달고(8),

⑨ 또 관유를 취하여 성막과 그 안에 있는 모든 것에 발라 그것과 그 모든 기구를 거룩하게 하라 그것이 거룩하리라(9).

⑩ 너는 또 번제단과 그 모든 기구에 발라 그 안을 거룩하게 하라 그 단이 지극히 거룩하리라(10).

※ 명한 대로

① 여호와께서 모세에게 명하신 대로 되니라(19).

② 여호와께서 모세에게 명하신 대로 되니라(21).

③ 여호와께서 모세에게 명하신 대로 되니라(23).

④ 여호와께서 모세에게 명하신 대로 되니라(25).

⑤ 여호와께서 모세에게 명하신 대로 되니라(27).

⑥ 여호와께서 모세에게 명하신 대로 되니라(29).

⑦ 여호와께서 모세에게 명하신 대로 되니라(32).

⑧ 모세가 그같이 행하되 곧 여호와께서 자기에게 명하신 대로 다 행하였더라(16).

⑨ 모세가 이같이 역사(役事)를 필하였더라(33).

둘째 단원(34-38) 모세가 들어갈 수 없었다

"그 후에 구름이 회막에 덮이고 여호와의 영광이 성막에 충만하매 모세가 회막에 들어갈 수 없었으니 이는 구름이 회막 위에 덮이고 여호와의 영광이 성막에 충만함이었으며"(34-35).

"그 후에"란 "모세가 이같이 역사를 필하였더라"(33하)한 그 후를 뜻합니다.

① 구름이 회막에 덮이고(34상),

② 여호와의 영광이 성막에 충만하매(34하),

③ 모세가 회막에 들어갈 수 없었으니(35상),

④ 이는 구름이 회막 위에 덮이고(35중),

⑤ 여호와의 영광이 성막에 충만함이었기(35하) 때문이라고 말씀합니다.

여호와의 영광이 성막에 얼마나 충만하였는가를 "모세가 회막에 들어갈 수 없었다"는 묘사가 단적으로 말해주고 있습니다. 어찌하여 성막을 "여호와의 명하신 대로" 세워야만 했는가? 바로 이를 위해서였던 것입니다. 성막이 여호와께서 모세에게 명하신 대로 되지 않았다 해도 "구름이 회막 위에 덮이고 여호와의 영광이 성막에 충만"하였겠습니까?

이점에서 25:8절 말씀을 상기할 필요가 있습니다. "내가 그들 중에 거할 성소"라고 말씀합니다. "여호와의 영광이 성막에 충만했다"는 것은 여호와께서 성막에 임재(臨在)하심을 나타내고 있습니다. 그리고 이렇게 하심은 "말씀이 육신이 되어 우리 가운데 거하시매(장막을 치매) 우리가 그 영광을 보니 아버지의 독생자의 영광이요 은혜와 진리가 충만하더라"(요 1:14)하실 임마누엘의 모형이었던 것입니다. 성경은 "옛적에 선지자들로 여러 부분과 여러 모양으로 우리 조상들에게 말씀하신 하나님이 이 모든 날 마지막에 아들로 우리에게 말씀"(히 1:1)하셨다고 증거하고 있습니다. 즉 하나님께서는 그리스도를 보내시기 전에 "예표와, 그림자와, 예언과, 모형"을 통해서 충분하리 만치 믿을 만한 계시를 하신 후에 그의 성취로 마지막에 아들을 보내주셨다는 뜻인 것입니다.

하나님께서는 이 계시를 모세를 통해서만 주신 것은 아니었습니다. 다윗과 솔로몬 당시 성전을 건축하는 과정에서도 보여주셨습니다. 다윗은 증거하기를 "이 위의 모든 것의 식양(式樣)을 여호와의 손이 내게 임하여 그려 나로 알게 하셨다"(대상 28:19)고 말씀합니다. 그리고 성전을 그 식양 대로 준공하고 솔로몬이 봉헌 기도를 드렸을 때에 "불이 하늘에서부터 내려와서 그 번제물과 제물들을 사르고 여호와의 영광이 그 전에 가득하니 여호와의 영광이 여호와의 전에 가득하므로 제사장이 그 전에 능히 들어가지 못하였다"(대하 7:1-2)고 말씀합니다. 이는 임마누엘에 대한 명백한 모형이었던 것입니다.

임마누엘

그런데 성막계시는 여기가 끝이 아닙니다. 왜냐하면 주님께서 육신의 장막을 입고 이 땅에 오신 것이 구속사역의 끝이 아니기 때문입니다. 그 점이 식양을 통해서 분명히 계시되어 있습니다. 식양을 통한 중심점은 "번제단-가로막혀 있는 휘장-여호와의 영광이 충만한 지성소"라는 연장선상(延長線上)에 있는 것입니다. 범죄 함으로 하나님 존전에서 추방당한 아담의 후예들이 어떻게 여호와의 영광 앞에 나아갈 수가 있는가? 그에 대한 해답이 "번제단과, 물두멍"을 통해서 제시되어 있습니다.

그러므로 "여호와의 영광이 성막에 충만" 했다는 이 계시는 도성인신(道成人身)에서 끝나는 것이 아닙니다. 예수 그리스도는 육신을 입고 오시기 전, 창세 전부터 "아버지와 함께 영화를 가졌던"(요 17:5) 분이

시기 때문입니다. 그러므로 "여호와의 영광이 성막에 충만" 했다는 이
계시는 예수 그리스도의 구속으로 말미암아 하나님의 교회에 충만할 것
으로 적용이 됩니다. 이를 놓쳐서는 아니 됩니다. 이를 위해서가 아니라
면 성막(성육신)도, 번제단(십자가)도 의미가 없는 것입니다.

그러므로 바울 사도는 이를 망각하고 있는 고린도교회를 향하여 "너
희(교회)가 하나님의 성전인 것과 하나님의 성령이 너희 안에 거하시
는 것을 알지 못하느뇨"(고전 3:16) 하고 일깨워주었던 것입니다. 지금
하나님의 영광은 성막이나 성전이라는 건물 안에 충만한 것이 아니라
성도의 모임인 교회에 충만하다는 이 영광스러움을 망각해서는 아니 됩
니다.

너희가 하나님의 성전

이점에서 강조해야할 점이 있습니다. 그것은 성경이 "모세가 회막에
들어갈 수 없었다(출 40:35), 제사장이 능히 그 전에 들어가지 못하였
다(대하 7:2)" 하고 말씀하고 있기 때문입니다. 들어 갈 수가 없었던 것
은 여호와의 영광이 성막(성전)에 충만했기 때문입니다. 마치 불이 집
에 가득하기 때문에 소방대원이 들어갈 수가 없었다는 말과 같은 뜻인
것입니다. 그렇다면 모세는, 솔로몬은, 그리고 제사장들은 분명 밖에 있
었다는 말이 됩니다. 바로 여기에 구약과 신약의 차이가 있습니다. 그림
자와 참 것이 다른 점이 이것입니다. 오순절에 임하신 성령은 다락방에
충만하고 120명 성도들은 밖에 있었던 것이 아닙니다. "불의 혀같이 갈
라지는 것이 저희에게 보여 각 사람 위에 임하여 있더니 저희가 다 성
령의 충만함을 받고 성령이 말하게 하심을 따라 다른 방언으로 말하기
를 시작하니라"(행 2:3-4)고 말씀합니다.

성막(그리스도의 몸)에 충만했던 하나님의 영광은 구속함을 얻은 성

도들에게 충만하게 임한 것입니다. 성경은 말씀합니다. "그(그리스도) 안에는 신성의 모든 충만이 육체로 거하시고 너희도 그 안에서 충만하여졌으니 그는 모든 정사와 권세의 머리시니라"(골 2:9-10). 머리에만 충만하고 몸의 지체들은 텅텅 비어있는 것이 아닙니다. 이를 알았기에 시편 기자는 이렇게 찬양합니다.

형제가 연합하여 동거함이(교회)
어찌 그리 선하고 아름다운고
머리에 있는 보배로운 기름이
수염 곧 아론의 수염에 흘러서
그 옷깃(온 지체)까지 내림 같고
헐몬(제일 높은 산, 그리스도를 상징)의 이슬이
시온의 산들(교회)에 내림같도다
거기서 여호와께서 복을 명하셨나니 곧 영생이로다"(시 133:2-3).

우리는 한 걸음 더 나아가야만 합니다. 그리고 명심, 또 명심해야할 말씀을 받게 되었습니다. 성경은 "너희 몸은 너희가 하나님께로부터 받은바 너희 가운데 계신 성령의 전 인줄을 알지 못하느냐"(고전 6:19)고 말씀합니다.
① 형제의 몸이 성전(성막)이라고 말씀합니다.
② 형제의 몸에 성령(하나님)이 거하신다고 말씀합니다.
③ 형제의 몸에는 여호와의 영광이 충만으로 거하고 있음을 믿으시기 바랍니다.
④ "알지 못하느냐"고 책망하십니다. 형제는 이를 망각하고 있지는 아니합니까? 알고 있다면 얼마나 자주 묵상하고 있습니까!

이처럼 영광스러운 성소는 그들 가운데 있었습니다. 우리나라는 남을 향하여 집을 짓는데 12지파는 영광스러운 성소를 중심으로 진을 쳤습니다. 어느 지파, 어느 장막에서도 "구름이 회막에 덮이고 여호와의 영광이 성막에 충만"한 것을 바라볼 수가 있었던 것입니다. 그리고 성막에 임한 하나님의 영광은 약속의 땅을 향하여 진군해 나가는 하나님의 군대를 인도하여주셨으며(36-37), 보호하여(38)주셨습니다.

첫 창조에 관하여 기술하고 있는 내용은 창세기 1-2장에 불과합니다만 재창조와 관련된 기사는 출애굽기 40개 장, 나아가 성경 66권을 통해서 기술하고 있는 것입니다. 그렇습니다. 재창조의 구속사역은 창세기 3장에서 "여자의 후손은 네 머리를 상하게 할 것이요"(창 3:15) 하고 선언하심으로부터 시작하여 계시록 마지막에 가서 "이루었도다 나는 알파와 오메가요 처음과 나중이라"(계 21:6)고 선언하시기까지 이어지고 있는 것입니다.

이를 요약하면 모세의 성막, 솔로몬의 성전에 충만했던 여호와의 영광이 임마누엘로 충만하였다가 십자가의 대속으로 말미암아 성도의 몸과 그들의 모임인 교회에 충만하게 되고 "보라 하나님의 장막이 사람들과 함께 있으매 하나님이 저희와 함께 거하시리니 저희는 하나님의 백성이 되고 하나님은 친히 저희와 함께 계셔서 모든 눈물을 그 눈에서 씻기시매 다시 사망이 없고 애통하는 것이나 곡하는 것이나 아픈 것이 다시 있지 아니하리니 처음 것들이 다 지나갔음이러라"(계 21:3-4)에서 완성되는 것입니다. 여기가 "여호와의 영광이 충만했다"는 성막계시의 절정입니다. 할렐루야!

구속사의 관점에서 본
구약성경 파노라마

출애굽기

초판 1쇄 발행 2002년 4월 15일
　　5쇄 발행 2019년 8월 1일

　지은이 유도순
　펴낸이 유효성
　펴낸곳 도서출판 머릿돌

등록번호 제17-240호
등록일자 1997년 5월 20일
　주소 경기도 성남시 분당구 성남대로 30, 동아그린프라자 501호
　　　　Mobile. 010-9472-8327
　　　　http://cafe.daum.net/gusoksa
　　　　E-mail yoodosun@hanmail.net / yoohs516@hanmail.net

총판 기독교출판유통
　　　경기도 고양시 일산동구 장대길74-6
　　　(031) 906-9191

ISBN : 978-89-87600-30-7 (03230)